COLLECTION ITINÉRAIRES

Léonise Valois, femme de lettres 1868-1936 de Louise Warren
est le dix-huitième titre de cette collection
dirigée par Jean Royer.

DU MÊME AUTEUR

Poésie

L'amant gris, Triptyque, 1984.
Madeleine de janvier à septembre, Triptyque, 1985.
Écrire la lumière, Triptyque, 1986.
Comme deux femmes peintres, Nouvelle Barre du Jour, 1987.
Notes et paysages, Éditions du remue-ménage, 1990.
Terra incognita, Éditions du remue-ménage, 1991.

Roman

Tableaux d'Aurélie, VLB éditeur, 1989.

LOUISE WARREN

Léonise Valois, femme de lettres

(1868-1936)

Un portrait

incluant de nombreux inédits:
poèmes, lettres et journaux intimes

l'HEXAGONE

Éditions de l'HEXAGONE
Une division du groupe
Ville-Marie Littérature
1000, rue Amherst, bureau 102
Montréal, Québec
H2L 3K5
Tél.: (514) 523-1182
Télécopieur: (514) 282-7530

Maquette de couverture: Nancy Desrosiers

En couverture: Photo de Léonise Valois, vers 1900
et lettre manuscrite de Léonise Valois, 13 mars 1901. Archives familiales.

Photographie des documents d'archives: Richard-Max Tremblay

Distribution: LES MESSAGERIES ADP
955, rue Amherst
Montréal, Québec
H2L 3K4
Tél.: à Montréal: (514) 523-1182
Interurbain sans frais: 1 800 361-4806

Dépôt légal: 2e trimestre 1993
Bibliothèque nationale du Québec
Bibliothèque nationale du Canada

REMERCIEMENTS

Cet ouvrage n'aurait pu s'écrire sans la précieuse collaboration de ma famille. Je tiens à souligner ma gratitude envers Georgette Cartier et son neveu Georges-Étienne Cartier, Marcelle Gohier et Gabrielle Valois-Hébert, qui avaient précieusement conservé des écrits de Léonise Valois, également toutes les personnes qui, par leur témoignage, ont pu me faire revivre quelques moments de sa vie.

La réalisation de ce livre n'aurait pu être possible sans l'aide financière du Conseil des Arts du Canada; je tiens à remercier les membres des jurys et les répondants qui ont cru en la réalisation de ce projet. Enfin, je remercie les archivistes des institutions suivantes: les Archives nationales du Canada, les Archives nationales du Québec à Montréal, les Archives du palais de justice de Montréal, la Bibliothèque nationale, le Centre d'études en civilisation canadienne-française, le collège de Rigaud, les Sœurs de Sainte-Anne, les Sœurs des Saints Noms de Jésus et de Marie, les Petites Franciscaines de Marie, la Fondation Lionel-Groulx et le musée régional de Vaudreuil.

J'aurais difficilement traversé ces années de travail sans la présence et le soutien constant d'André qui m'a encouragée jusqu'à la fin.

*À ma mère Mimi et à mon père Charles
qui m'ont légué chacun leur passion:
la littérature et l'histoire.*

Avant-propos

C'est le 11 octobre 1868, à 7 heures du soir, qu'est née à Vaudreuil Marie-Attala-Amanda-Léonise Valois[1]. Elle est la troisième fille de Marie-Louise Bourque et de Louis-Joseph-Avila Valois. Une petite sœur pour Orphélia et Flora. Elle est baptisée à l'église Saint-Michel de Vaudreuil et le registre est signé par le parrain et la marraine. C'est la première trace écrite concernant Léonise. Sur la seule photographie retrouvée d'elle enfant, elle a déjà huit ans.

Si des traces et des voix de cette enfance, de cette jeunesse et de cette vie de femme commencée à la fin du siècle dernier peuvent être lues et entendues aujourd'hui, c'est grâce à ses nièces et petites-nièces qui l'ont connue et aimée, grâce à leurs mères qui avaient entretenu des liens affectueux avec Léonise et ce, tout au long de sa vie. Grâce aussi aux textes: correspondance, journaux intimes, livres et articles de journaux, en partie précieusement conservés. Ainsi on entendra tantôt sa voix, tantôt une autre. Ce qu'il y a de commun à ces voix, c'est qu'elles sont toutes au féminin: ces souvenirs se sont transmis de mères en filles. Ce livre rejoint donc à la fois l'histoire des femmes, l'histoire littéraire et la petite histoire, en racontant une seule et même histoire, celle de Léonise Valois.

Voix de femmes

INTRODUCTION

> Une femme qui écrit et qui publie transforme tou-
> jours, quelque part, un peu de ce que chaque
> femme imagine d'elle-même et des autres.
>
> NICOLE BROSSARD[1]

Au Québec, l'histoire littéraire des femmes commence vraiment vers les années 1880, alors que Laure Conan s'illustre comme première romancière, se faisant ainsi l'exception à la règle. En 1884, au moment où paraît *Angéline de Montbrun*, Léonise Valois a seize ans.

C'est au courant des années 1890 que le journalisme, qui jusqu'alors était une chasse gardée masculine, ouvrira ses portes à quelques femmes: en 1891, elles ne sont qu'une dizaine[2]. Toutefois, on peut parler d'un grand événement, d'un changement dans les mentalités, puisque tous les grands quotidiens et hebdomadaires vont proposer une page féminine à leurs lectrices[3]. Les textes sont signés: Françoise[4], Madeleine[5], Gaëtane de Montreuil[6], pour ne nommer que celles-là. À ce groupe s'ajoutera, en 1900, Léonise Valois, cachée sous le pseudonyme d'Atala[7]. À l'intérieur de cette page qui leur est réservée, chroniqueuses et lectrices sont en quelque sorte encadrées, formant ainsi un regroupement de femmes. La première écriture publique des femmes naît alors de cet espace au féminin. Plus tard, ces pionnières voudront se détacher des grands quotidiens et fonderont leurs revues: Françoise, *Le journal de Françoise*; Madeleine, *La revue moderne*; Gaëtane de Montreuil, *Pour vous mes dames*.

Léonise Valois fut la première Québécoise à publier un recueil de poésie. Lorsque paraît *Fleurs sauvages* en 1910, un journaliste de *La Presse* affirme que cet ouvrage s'adresse davantage à des lectrices. C'est dire que ce que produisent les femmes doit, selon la règle, demeurer entre elles, restreignant ainsi la diffusion de leur œuvre.

Si Léonise Valois a pu publier un recueil, c'est parce qu'elle travaillait et qu'elle a pu en payer elle-même les frais d'impression. Rares étaient les femmes indépendantes et, qui plus est, indépendantes financièrement. Si son travail comme fonctionnaire aux Postes canadiennes a été un gage d'autonomie, il constituera pour elle une contrainte majeure. Comme elle l'écrira à son ami le poète Albert Ferland[8]: «Si vous étiez riche, c'est-à-dire libre de toute préoccupation financière, vous produiriez davantage sinon mieux, n'est-ce pas et moi aussi, peut-être[9]...» L'obligation de travailler vient expliquer en partie l'écart de vingt ans qui séparera le premier recueil du deuxième, *Feuilles tombées,* paru en 1934. Pour beaucoup de femmes, la poésie demeure un luxe.

Si les femmes abordent les lettres d'un point de vue plutôt pratique, comme journaliste par exemple, c'est qu'elles se sentiraient coupables de se consacrer uniquement à la création. Les femmes qui écrivent soulèvent un interdit. Mais le plaisir de l'acte de créer sera souvent dérivé vers un but pratique, ainsi que l'écrira madame Dandurand[10], pionnière du journalisme féminin:

> Pour plusieurs de la classe moyenne, l'idée de plaisir est intimement associée à celle de bienfaisance. Les fêtes de charité dont les profits ont couvert le pays d'institutions magnifiques, sont toujours organisées par les femmes[11].

Est-ce pour cette raison que Léonise Valois se demandera toujours si sa poésie peut *faire du bien* et qu'elle écrira tant de poèmes de circonstance? Écrire pour faire du bien, ce sera autant alléger la perte d'un enfant mort qu'informer les femmes de leurs droits, le travail de la poète rejoignant ainsi les préoccupations de la journaliste.

Tout au long de sa vie, elle n'a jamais cessé d'affirmer sa volonté d'écrire, alors que quelques femmes seulement commençaient à prendre la parole. Dans son *Introduction à la poésie québécoise,* Jean Royer lui reconnaît un rôle de précurseure:

En même temps que Lozeau, Léonise Valois, sous le pseudo-nyme d'Atala, fut la première femme à publier un recueil de poé-sie (*Fleurs sauvages,* 1910) et l'un de ses thèmes était celui de l'amour déçu. C'est grâce à elle et à des femmes poètes des années 1920 et 1930 que la poésie de l'amour s'est incarnée[12].

À sa voix, d'autres se sont ajoutées, Clara Lanctôt[13], Blanche Lamontagne[14] et Jovette Bernier[15].

Françoise Van Roey-Roux, dans son essai *La littérature intime du Québec,* écrit:

> Les auteurs féminins ne sont pas légion avant 1960. Jusqu'à tout récemment les femmes écrivaient peu au Québec et, lorsqu'elles le faisaient, c'était dans un domaine tout à fait restreint. [...]
>
> Nous savons peu de choses sur ce que pouvait réellement penser, en son for intérieur, une femme d'avant 1950. Personne ne l'a vraiment dit[16].

Non seulement Léonise Valois s'est exprimée à travers la poésie et le journalisme, mais elle nous a aussi laissé une correspondance signi-ficative et un journal qui nous introduit à la vie intime d'une femme du début du siècle.

Ce portrait de Léonise Valois peut paraître quelquefois incomplet. C'est que je m'en suis tenue aux souvenirs de mes informatrices, aux textes, sans broder, sans romancer. Les sauts dans le temps sont dus au manque de documents. Ce qui importait dans ce travail de biographe, c'était de faire se croiser des liens, au fil de sa vie. Ainsi cette vie se trace-t-elle progressivement. Il aurait été facile de choisir la voix uni-que de la fiction et de brosser un tableau romantique, mais là n'était pas le but que je m'étais fixé. Il m'importait de faire revivre Léonise Valois à travers les gens qui l'ont connue et surtout de rendre la parole à ses textes, en tenant pour acquis que le langage, les mots, sont suffisamment vivants pour faire revivre leur auteure.

PREMIÈRE PARTIE

Enfance et jeunesse: rites de passage
1868-1886

1

Enfance

Maman m'a déjà dit que j'étais née dans un *éclat de rire*. Quelle ironie du sort! Je n'ai pourtant pas ri toute ma vie.

L. V.
Journal, 14 octobre 1935

LA PETITE ÉCOLE

Les premiers documents ayant trait à Léonise Valois, mis à part son extrait de naissance et de baptême, figurent dans les archives des Sœurs de Sainte-Anne.

Léonise étudia à l'académie Blondin, à Vaudreuil, qui fut le premier couvent fondé par les Sœurs de Sainte-Anne et qui accueillit des élèves jusqu'en 1875. Le deuxième couvent où Léonise poursuivit ses études primaires jusqu'en 1879 fut logé dans l'ancien hôtel Desjardins, acheté pour les filles par les Sœurs de Sainte-Anne[1].

Léonise a quatre ans lorsqu'elle est inscrite au couvent[2]. Elle est encore trop petite pour suivre la classe, mais les sœurs l'acceptent quand même, comme elles accueillent d'autres enfants pour décharger les mères des familles nombreuses. Les petites aident parfois une religieuse dans de menus travaux, mais on attend d'elles un certain comportement. Afin qu'elles prennent leur rôle bien au sérieux, elles ont, comme les plus grandes, un carnet de bonne conduite rempli chaque semaine par une main sûre et appliquée. Faire ses premiers apprentissages à cet âge n'est pas rarissime. À cette époque, les enfants apprennent à se conduire «à quatre ans comme [des] enfants de sept ans[3]».

Il est aussi stupéfiant pour nous de voir qu'une colonne de la liste d'élèves est attribuée aux décès et que, pour chaque année, des noms y figurent. Être en contact aussi souvent avec la mort devait certes favoriser le fait que les enfants fussent sérieux très tôt, et devait ainsi leur enlever une part de leur enfance. D'ailleurs, Léonise sera confrontée au deuil à plusieurs reprises, à l'intérieur même de sa famille, car sa mère perdra six enfants à la naissance et en bas âge. Plus tard, lorsqu'elle sera adulte et que d'autres parents ou amis perdront des enfants, Léonise leur dédiera des vers. Ces poèmes de circonstance[4] étaient précieusement conservés par les mères éprouvées, à la manière de reliques[5]. Le thème de l'enfant mort au berceau sera fort répandu chez les poètes du début du siècle.

Dans ces registres, conservés par les Sœurs de Sainte-Anne, nous pouvons suivre non seulement Léonise mais aussi ses sœurs, Flora, Philomène et Angélina, puisque les petites Valois se succédaient au couvent.

La meilleure note étant «7», il faut croire que Léonise penchait vers l'indiscipline, puisqu'elle récoltait bon nombre de «4», à moins que les religieuses ne l'aient jugée sévèrement. La liste des règlements du couvent de Sainte-Anne pour l'année 1878-1879 témoigne d'ailleurs de la dureté de l'éducation à cette époque.

Fautes que les élèves doivent éviter:
– Crier dans les passages
– Courir, rire, parler dans les passages
– Se dissiper en prenant les rangs
– Tourner la tête d'un côté et de l'autre dans la chapelle
– Manquer de respect
– Faire de faux rapports aux maîtresses
– Faire [*sic*] des questions inopportunes
– Médire, railler, contester, murmurer
– Chanter des chansons, tenir des discours
– Parler de modes, de toilettes
– Aller toujours ou trop souvent avec les mêmes compagnes
– Se communiquer des affaires de famille[6].

PORTRAIT DE FAMILLE

Cette sévérité était bien en opposition avec le climat joyeux qui, raconte-t-on dans la famille, régnait à la maison Valois. Apparemment, il y avait souvent un événement à fêter: non seulement les anniversaires, mais également les fêtes religieuses, les élections gagnées, y compris les retours à la santé.

Ce climat de gaieté était dû en partie à la jeunesse de Marie-Louise. Georgette Cartier décrit ses grands-parents, Marie-Louise, mère de Léonise et Avila, son père:

«Elle était beaucoup plus jeune que son mari. Elle s'était mariée à seize ans, son mari en avait vingt-cinq. Elle était très jeune de caractère et l'est demeurée toute sa vie. Le jour de son mariage, elle avait étrenné trois robes[7]. La première: elle s'était emberlificotée dans son voile en revenant de la messe, en descendant de la voiture qui les ramenait à la maison. La deuxième: la galerie en arrière avait été repeinte pour l'occasion et la peinture n'avait pas eu le temps de sécher. Tache la robe, change de robe! Pour la troisième, elle est restée assise tranquille.

Les familles se connaissaient de longue date, car tous deux venaient de Vaudreuil. Lui était médecin, son père à elle était marchand, du côté de sa mère ils étaient cultivateurs. Marie-Louise était très belle, très blonde, une figure ronde, une femme bien en santé qui mit au monde quinze enfants dont neuf vécurent.»

Ainsi, la famille se divisera en sous-groupes: les aînées, Orphélia, Flora, Léonise, Philomène, Angélina; les garçons, Avila et Héliodore; et les petites, Marie-Anne et Alice. Sur une photo de groupe prise autour de 1885, ne manquent qu'Orphélia, qui était mariée, et Philomène.

Cette famille nombreuse, Léo[8] ne l'aura pas oubliée, comme en témoignent ces quelques lignes écrites à la fin de sa vie, alors qu'une parente était venue la visiter:

[Ils] venaient d'arriver avec leur *huit* petits enfants, dont l'aînée a à peine douze années. Je les ai félicités, mais cela me rappelait toute notre enfance à Vaudreuil, alors qu'il y en avait autant chez nous, alors aussi que notre pauvre maman avait tant de trouble avec cette marmaille. Heureusement que les bonnes ne coûtaient pas trop cher à cette époque-là.

L. V.,
Journal, 8 mai 1935

Malgré le recul des ans, Léonise n'embellit pas, elle, la réalité.

MARIE-LOUISE ET AVILA

«Peu de temps après son mariage, son mari l'a surprise dans le miroir à regarder son nombril. Alors, il lui a demandé: "Qu'est-ce que tu fais, ma Louise?" Elle a répondu: "Je veux savoir comment tu vas découper mon nombril pour sortir mon bébé de mon ventre." C'était son premier bébé. Quand la petite Orphélia est née, Marie-Louise avait seize ans et ne connaissait rien à la vie.

Un autre jour, elle est entrée vite vite à la maison, saluant sa voisine en vitesse et lui disant en riant qu'elle allait accoucher. Et de fait, elle accoucha rapidement d'une autre petite fille. Elle prenait tout en riant, elle aimait à avoir du plaisir.

Le père, lui, était autoritaire. Après la médecine, ce qui le passionnait, c'était la politique. Le médecin, dans ce temps-là, ne gagnait pas cher. Il faisait souvent du troc. Une année, il y avait assez de patates dans la cave que, même à leur régiment, ils ne les avaient pas toutes mangées[9]!»

LE PREMIER CAVALIER DE LÉO

Mis à part quelques souvenirs d'enfance et de jeunesse écrits, publiés, ou racontés dans son *Journal*, et ils ne sont pas nombreux, Léonise aimait bien raconter cette histoire dont se souvient sa petite-nièce Gabrielle Valois-Hébert. Lorsqu'elle commençait à la raconter, sa sœur Philomène, qui était bien scrupuleuse, disait: «Laisse donc ça, Léo!», de peur qu'elle ne se mette à parler d'autres amours...

«Le premier cavalier de la tante Léo? Le tout premier, elle avait douze ans! Le petit garçon était venu la voir et lui avait apporté un casseau de fraises des champs qu'il avait cueillies sur son chemin. Ils en mangèrent un peu puis décidèrent d'aller jouer et laissèrent les fraises sur une des marches. Mais voilà, l'escalier avait été peint et il n'était pas encore sec. Les fraises laissées au soleil tout l'après-midi ramollirent, et le jus coula tout le long des marches. Son père fut bien mécontent. "Mon escalier, Léo!" Le petit fut grondé aussi... et ne revint plus jamais.»

L'enfance, Léonise y reviendra en répondant à une lettre d'une lectrice qui lui demandait si elle aimait la terre.

Cécile. Si j'aime la Terre? Je serais ingrate de ne pas l'aimer puisque, comme tout le monde, je lui dois mon pain. J'ai d'ailleurs été élevée à la campagne et mes grands-parents maternels étaient cultivateurs. Aussi dans mon enfance, les beaux pique-niques que nous allions faire «en grande charrette» au bord de la «Petite Rivière» à l'ombre des beaux érables! Le bon pain «d'habitant» cuit au four! La belle crème fraîche, les confitures des champs! Si je m'en souviens!

La Terre de chez nous, 15 mai 1928

Léonise garde de son enfance des souvenirs qui sont davantage reliés à la nourriture et à la nature, et qui témoignent d'un lien sensuel avec la vie.

VAUDREUIL, PAYSAGE DE VELOURS

Habitée par une population intelligente et laborieuse, elle occupe le premier rang parmi nos vieilles et riches paroisses de la province de Québec.

GUSTAVE BOYER,
L'Écho de Vaudreuil, 29 novembre 1907

«Ce beau Vaudreuil que j'aime tant[10]», s'exclamera-t-elle. Les parents et amis de son village lui sont si chers que c'est à eux qu'elle dédiera ce poème, «Paysage de velours». C'est à l'abbé Lionel Groulx, natif de Vaudreuil, qu'elle s'adressera en 1934, pour lui demander une préface à son livre *Feuilles tombées*. Cette enfance commune, il la soulignera:

Atala est de mon pays. Elle est née et elle a vécu son enfance à Vaudreuil. Vaudreuil, nom évocateur, paysage harmonieux aux lignes classiques, avec des plongées en plein rêve: la ligne bleue des Laurentides, le lac, la «Grande Rivière», qui charrie tant d'histoires et de légendes!

Jusqu'en 1963, Vaudreuil est divisé en deux: Vaudreuil Village et Vaudreuil Paroisse[11]. La famille Valois est native de Vaudreuil Village.

Si Vaudreuil est considéré comme étant un riche village, c'est que les industries et le commerce prospèrent. Parmi ces commerçants, Azilda Valois, marchand général, qui deviendra le beau-frère de Léonise.

Selon *L'Écho de Vaudreuil* de 1907, à travers cette image que Vaudreuil se fait de lui-même, nous retrouvons autour de l'église les boulangers, les forgerons, les selliers, les cordonniers, les charpentiers réunis au service des paroissiens. Le village possède aussi une importante beurrerie et «une usine mue par la vapeur pour la confection d'attelles pour harnais». Et comme les voies ferrées traversent Vaudreuil et que les bateaux arrêtent régulièrement au quai Valois, cela rend plus aisé pour les fermiers le transport des animaux et autres produits agricoles.

Deux hôtels et plusieurs maisons de pension accueillent, chaque été, les citadins qui viennent se reposer. Dorion, le village voisin, donne rendez-vous aux «belles familles de la société canadienne-française de Montréal». Une rencontre entre distingués juges, avocats, médecins et journalistes[12].

Léonise reviendra toujours à la belle saison voir ses parents et amis, elle louera pendant plusieurs années une maison d'été à Dorion, où flottera le drapeau de la France. Elle y accueillera ses neveux et nièces, partageant avec eux ses souvenirs, sous-bois, fleurs sauvages, bords de l'eau de cette enfance, de cette jeunesse passée dans le Vaudreuil natal qui sous sa plume deviendra enchanteur.

Dans «Paysage de velours», dès le deuxième vers, il se produit sur son cœur «un effet de soleil». Ce soleil l'éblouirait-il au point d'idéaliser sa vision de Vaudreuil, devenu paradis perdu? Au départ simple reflet, ce même soleil enflammera son idéal. Mais cette vision idyllique laisse transparaître sa mélancolie. Ainsi transformé, «ce coin charmant» révèle «un amour incompris qui torture son cœur». Léonise ne reste pas à la surface de son regard ou de la caresse du vent. À mesure qu'elle avance dans le poème, elle souhaite «noyer ses soucis dans le grand lac profond». Le poème lui permet de cacher, d'enfouir les émotions négatives, afin de s'endormir, bercée, rassurée «à l'heure où le soleil descend». La conclusion du poème par le retour à l'idéal lui permet d'aveugler son regard. Nous sommes ici en face d'un mouvement qu'elle répétera et que nous retrouverons dans plusieurs poèmes.

PAYSAGE DE VELOURS[13]

à mes parents et amis de Vaudreuil

Il est un coin charmant, à nul autre pareil,
Qui produit sur mon cœur un effet de soleil,
Quand mes regards ravis ont cette heureuse chance
De l'aller contempler aux lieux de mon enfance.
C'est une pointe fière au site merveilleux,
Qui voit luire à midi trois clochers glorieux.
À ses pieds, un beau lac pleure, chante ou soupire
En déroulant ses flots vers le point qui l'attire.
Tel un poète aimant qui promène, rêveur,
Un amour incompris qui torture son cœur.
Et je vais tous les ans revoir la pointe-reine
Dont la beauté m'émeut dans sa grandeur sereine.
Un groupe de vieux pins, vainqueurs d'âpres autans,
Dressent près du chemin leurs faîtes triomphants;
De leurs rameaux émane un parfum balsamique
Qui, porté par le vent, semble un encens mystique.
On communie alors aux purs baisers du ciel,
Prodigués à la terre à ces banquets de miel;
Et notre idéal monte en cet endroit de rêve,
Plus haut que le ciel doucement il s'élève,
Au royal Créateur de ce lieu favori!
L'âme adresse tout bas son plus tendre merci!
Je voudrais vivre là, sous la douce caresse
D'une nature belle, heureuse, enchanteresse,
Qui calme nos douleurs, en colorant nos jours
Du vert de l'espérance, aux effets de velours;
Vivre son existence auprès des cœurs qu'on aime,
Et non loin du clocher où sonna son baptême,
Noyer tous ses soucis dans le grand lac profond
Qui nous sourit, quand même, ayant sa lie au fond;
Revivre ses bonheurs dans leurs rayons d'aurore,
Loin du souffle méchant qui nous les décolore,
Puis s'endormir un jour au doux chant des oiseaux
Qui bercent leurs amours à l'ombre des rameaux,
À l'heure où le soleil descend dans l'orbe rose,
Derrière les monts bleus quand s'endort toute chose
Sur l'oreiller divin. Moi je trouve idéal
Ce joli coin d'Éden: la pointe Cavagnal! (Vaudreuil).

2

Jeunesse

«UN BEAU TALENT»

Bien que, dans la seconde moitié du XIXᵉ siècle, les femmes aient été davantage scolarisées que les hommes, et malgré le développement des couvents dont le nombre était passé de six à deux cents[1], le nombre des filles qui poursuivaient leurs études était encore restreint. Si Orphélia, Flora (cette dernière fit des études moins longues que les autres, car à la maison elle devint le bras droit de sa mère), Léonise et Philomène (chez les aînées) ont pu poursuivre leurs études, c'est grâce à la générosité de la tante Lussier[2], née Philomène Valois, fille de Simon Valois, bienfaiteur du couvent d'Hochelaga. Cette parente était en fait une cousine, mais elle avait demandé à Avila que ses enfants l'appellent «tante» puisqu'elle n'avait pas d'enfants. Cette tante Lussier aurait aimé se marier avec Avila, mais celui-ci préféra la jeunesse de Marie-Louise et la choisit pour épouse[3]. Par affection pour Avila et ses enfants, possédant une grande fortune, c'est elle qui paya les études d'Orphélia au couvent d'Hochelaga. Très dévote, elle fut, à l'image de son père, aussi généreuse envers les communautés religieuses et fut notamment une des principales bienfaitrices des carmélites de Montréal. Elle leur fit don de sommes qui servirent à ériger une église attenante au Carmel, l'église Notre-Dame du Sacré-Cœur. À la fin de sa vie, pour la remercier de toutes ses largesses, Mᵍʳ Bruchési[4] lui obtint la permission d'avoir une chapelle privée dans sa luxueuse demeure[5].

Son cours primaire terminé, Léonise sera pensionnaire et complétera ses études au couvent de Beauharnois chez les Sœurs des Saints Noms de Jésus et de Marie. Malheureusement, peu de documents sont aujourd'hui accessibles[6], un incendie majeur ayant ravagé le couvent[7]. Toutefois, on dira dans la famille que «Léo était un beau talent et qu'elle avait bien réussi ses études». Léonise et Philomène firent leurs études au même couvent et on peut supposer que la tante Lussier (ou la tante Préfontaine, sœur de la mère de Léonise, qui était également fortunée) paya les frais d'éducation[8].

En leur payant ces études, espérait-elle des filles Valois qu'elles se découvrent une vocation religieuse ou qu'elles reçoivent une éducation leur permettant de monter dans l'échelle sociale pour réaliser un mariage bourgeois? Il n'y avait pas d'autres choix alors pour une jeune fille de bonne famille.

Seul témoignage de cette vie de pensionnaire: un article paru le 13 juillet 1903, lors de la fête jubilaire du couvent de Beauharnois où Léo, alors âgée de trente-cinq ans, s'épanche sur ses souvenirs de jeunesse.

[...] Encore quelques pas silencieux, d'une émotion intense contenue, et nous voici dans les murs de la maison divine qui vit consacrer tant de joies, qui sut consoler tant de deuils! Nous la reconnaissons toutes sous ses pimpants décors et nos yeux ne quittent les autels et les fresques que nous admirions tant jadis, que pour se reporter avec une nouvelle complaisance sur les anciennes maîtresses et compagnes que nous retrouvons aujourd'hui. Des sourires s'esquissent à droite et à gauche. Touchante reconnaissance des figures qui se revoient, des cœurs qui se rappellent! [...]

Et les anciennes élèves, elles sont là se promenant dans les allées, assises sur les pelouses, évoquant les douces réminiscences du passé, se racontant les devoirs et les soucis du présent, les espérances et les appréhensions de l'avenir, car la plupart sont mères et disaient ce que ce mot comporte de pensées sublimes et de sentiments douloureux.

J'ai failli ne pas venir, me disait l'une d'elles, et la joie aujourd'hui ne m'est due qu'au chagrin que j'ai éprouvé de la mort de mon enfant, il y a une dizaine de jours. Les bonheurs des mères sont toujours payés de leurs douleurs et nous remarquons encore que plusieurs sont retenues au foyer par le dévouement et le sacrifice. [...]

De vibrants coups de cloche, rappelant ceux d'autrefois, nous annoncent que le dîner est servi. Toutes les arcades sont ouvertes. Les tables ont été dressées dans les classes, témoins de nos assauts violents à la science aride. Chacune se place au petit bonheur. [...]

Et nous revoilà encore dans les avenues, dans les allées, dans les cours, dans les dortoirs, à la chapelle surtout, si belle dans sa blancheur éclatante et sa verdoyante parure, et nos yeux cherchent là plus qu'ailleurs peut-être, la place si chère à notre cœur. Nous revivons miettes à miettes la vie du pensionnat, ses impressions ineffaçables, ses juvéniles aspirations, ses triomphes enthousiastes, et jusqu'à ses petits chagrins qui préparaient si bien notre âme aux grandes épreuves de la vie future. [...]

Je ne sais plus quel poète a dit: «Car à tous les départs je sais qu'un spectre assiste.» Mais nous les ressentons profondément ces mots sinistres à cette heure émouvante des adieux. Mais toi! asile béni! qui abritas notre enfance et notre tendre jeunesse, nous te saluons allégrement, car tes assises sont solides et nous savons qu'à travers les âges, les jeunes générations feront revivre les vieilles traditions. Les flots harmonieux du Saint-Laurent berceront encore longtemps votre sommeil des soirs d'été, jeunes élèves qui nous succéderez[9].

Malgré le ton de circonstance, ce texte publié alors qu'elle avait entamé sa carrière de journaliste, rend compte de ses préoccupations d'alors à propos de la difficile situation des mères. Il faut savoir lire, sous le style conventionnel, l'apparition d'éléments négatifs qui viennent rompre l'idéalisation: des chagrins aux épreuves, jusqu'au spectre qui marque le départ, on voit la progression d'une émotion contenue.

1er SEPTEMBRE 1882

PARTING LINES

I never looked a last adieu,
To things familiar, but my heart,
Shrunk with a feeling, almost pain

Even from their lifelessness to part.

I never spoke the word "farewell",
But with an utterance faint and broken,
An earth sick longing for the time
When it shall never more be spoken.

From your sister
LÉONISE
Vaudreuil, Sept 1st, 1882

Première trace manuscrite d'une écriture encore écolière. Nous sommes en septembre, Léonise aura quinze ans le mois prochain. Sensible aux vers, elle signera dans le livre autographe de sa sœur Orphélia, cette poésie anglaise. Sommes-nous en face de ses tout premiers vers?

Au dire de ses nièces, Léonise maîtrisait fort bien la langue anglaise et cela jouera en sa faveur lorsqu'elle postulera un emploi aux Postes canadiennes. L'apprentissage de l'anglais faisant partie du programme d'études de la congrégation des Sœurs des Saints Noms de Jésus et de Marie, on peut supposer qu'elle fut apte à écrire ces strophes. On peut s'étonner d'une telle maîtrise de la langue anglaise, mais Henriette Dessaulles[10], à la même époque, ne démontrait-elle pas aussi une bonne connaissance de la langue anglaise[11]? Réciter des poèmes dans la langue de Shakespeare faisait partie du bagage culturel d'une jeune fille appartenant à une classe sociale privilégiée. Quant au thème de la mélancolie, familier à Léonise, il s'explique aisément dans le contexte de sa jeunesse.

Orphélia étant partie de la maison deux ans auparavant pour se marier, Léonise étant de son côté pensionnaire et devant quitter la maison d'un jour à l'autre puisque septembre commençait, on peut penser que la mélancolie, la solitude qui marquent ces vers proviennent de cette séparation que Léo devait envisager, après une heureuse période de vacances passée au sein de sa famille.

Dans le volumineux cahier autographe d'Orphélia, les pages vieillies sont retenues par une couverture laquée noire et l'illustration de pivoines en son centre est défraîchie. Toute la famille y a écrit un petit mot, un proverbe, une maxime, une poésie sous les vignettes victoriennes où fleurs et chérubins s'entrelacent. La famille Valois prenait facilement la plume. Le père de Léonise écrivait des vers de circonstance, Gaëtan et Roger Valois, les cousins de Léo, seraient connus plus tard eux aussi par leur écriture et leur père, Évariste Valois, avait signé une chronique dans *L'écho des Deux-Montagnes* de 1890 à 1895, sous le pseudonyme «Un notaire». L'exemple ne manquait donc pas autour de Léonise. Que cette poésie ait été un pastiche, qu'elle ait subi les influences des poèmes récités au couvent était tout aussi légitime à cet âge. Ce qui retient davantage l'attention, c'est son choix d'utiliser la poésie pour s'exprimer et, qui plus est, exprimer sa mélancolie dès l'âge de quatorze ans.

Ses modèles auraient donc pu être les femmes canadiennes-anglaises qui, à cette époque, avaient déjà une pratique d'écriture et publiaient des vers, une pratique fort peu répandue chez les femmes canadiennes-françaises.

Que la poésie vienne répondre à sa mélancolie, voilà une première esquisse d'elle-même que nous a tracée Léonise.

VIE DE FAMILLE

Ayant terminé ses études, Léonise reprend sa vie auprès des siens. La famille de Marie-Louise compte un nouveau bébé, qui ne vivra pas plus de deux ans. Héliodore ainsi qu'Alice sont encore tout petits: la besogne ne manque pas. La maison est sous l'égide de l'aînée, Flora, maintenant qu'Orphélia est mariée avec son cousin Azilda[12], marchand général de Vaudreuil. Léonise, Philomène et Angélina se partagent les tâches ménagères. Mais, le plus souvent, Léo est auprès de son père, l'aidant à tenir les comptes ou l'assistant auprès des malades. Léonise est davantage le bras droit de son père que de sa mère, sortant ainsi une première fois du cadre traditionnel, du «beau tableau» de la famille de Marie-Louise. Puisque Flora assiste sa mère, comme les garçons arriveront par après, on peut penser que Léonise a joué le rôle du garçon de la famille. Cinq filles sont nées avant que n'arrive le premier fils, Avila, puis, quelques années après, Héliodore. Qu'elle soit instruite et que son désir de parfaire ses connaissances soit grand — son *Journal* démontre qu'elle sera curieuse toute sa vie — cela la rapproche davantage de son père, qui est un érudit, plutôt que de sa mère, qui a peu d'instruction. Entre Léonise et son père règne une grande confiance et, apparemment, ce dernier lui aurait ouvert un livre de médecine et lui aurait dit en lui montrant la page en question: «C'est de ça que je vais mourir!» Il s'agissait d'une coupe du cœur, et effectivement c'est une crise cardiaque qui l'a emporté[13].

Dès qu'elle a du temps libre, Léo écrit, lit, remplit des spicilèges de poèmes qu'elle découpe dans les journaux ou en copie d'autres de sa belle plume. À la maison, il y a toujours beaucoup de bruit et de gens réunis. Elle aime aller en visite chez ses cousines et ses tantes à Vaudreuil, à Rigaud ou à Montréal. Là, elle peut s'adonner à ses passe-temps de solitaire et rêver peut-être d'une vie intérieure centrée sur des idées et des mots. Car, dans le monde fermé des couvents, une vie intérieure s'est peut-être enracinée, la destinant non pas à la vie religieuse, mais à l'écriture.

UNE PASSION «ROUGE»

Par-dessus tout, Léonise est assoiffée de justice, et la politique, qui passionne son père, la passionne aussi. Encore une fois, nous la retrouvons à ses côtés. Cette passion «rouge» est une véritable histoire de famille, car le grand-père de Léonise, Joseph-Eustache Valois[14], était un chaud partisan des Patriotes de 1837. Lorsqu'ils tinrent leurs assemblées, il s'engagea fortement, ce qui lui valut d'être poursuivi par la police. La petite histoire[15] raconte que, se sentant traqué, il se serait caché dans un vieux tonneau et qu'il aurait échappé à ses poursuivants, évitant ainsi quelques mois d'incarcération. Son frère Narcisse était le principal chef patriote de la région de Vaudreuil; il fut pris et jeté en prison pour finalement être libéré sous caution. Plus que partisan, il avait organisé une résistance armée dans sa paroisse. Leur frère, Michel-François, médecin, était le principal chef patriote de la rive sud du lac Saint-Louis[16]. Michel-François s'engagea politiquement tout au long de sa vie. «Les idées de liberté, d'individualisme, de démocratie et de souveraineté populaire l'attirent[17].» Le père de Léonise avait dû être fort marqué et impressionné par les récits de son père et de ses oncles Narcisse et Michel-François. Cette année-là, 1837, avait été aussi l'année de naissance d'Avila.

Avila, devant le sérieux de sa fille, n'hésite pas à lui confier ses espoirs politiques, à lui parler des ancêtres, des orientations du pays, des hommes politiques qu'il admire. Léo aime ces regroupements d'hommes discutant fort autour de la table, et elle aurait bien voulu prendre part à leurs échanges. Mais elle est là, elle écoute. Pour une jeune fille de cette époque, c'est beaucoup. Il nous apparaît donc que Léonise fut à la fois le fils et la fille de son père.

Georgette Cartier raconte:

> Tante Léo a dû être intéressée très jeune par la politique à cause
> des réunions que son père tenait à la maison. Il travaillait comme
> organisateur de parti. Une année, le comté de Vaudreuil qui était
> bleu est passé au rouge. Son père, avec ses discours, avait «libé-
> ralisé» le comté. Pour amener des gens à changer de couleur, il
> fallait qu'il s'en occupe beaucoup! Quand il y avait des élec-
> tions, des gens venaient prêter main forte au candidat et c'est son
> père qui les recevait à sa table. C'est comme ça que Léo a connu
> sir Wilfrid Laurier. Il n'était pas premier ministre à l'époque,
> mais ministre, et il était venu aider un candidat, accompagné
> d'un jeune étudiant en droit, Rodolphe Lemieux.

C'était vers 1885, avant que la famille quitte Vaudreuil pour s'établir à Montréal.

3

Rodolphe Lemieux

Il y a une vingtaine d'années, ceux qui commençaient leurs cours d'étude dans les séminaires entendaient dire qu'un jeune tribun venait de paraître, dont l'éloquence remuait les foules. Le nom de M. Rodolphe Lemieux était porté de bouche en bouche. On lui prédisait un brillant avenir. On ne s'est pas trompé.

VICTOR OLIVIER,
L'Écho de Vaudreuil, 23 avril 1908

C'était mon premier amour, un amour d'enfant de dix-sept ans. Que de jolies lettres j'ai reçues de lui depuis et quelques lignes m'ont appris qu'il n'avait pas oublié ce beau temps-là.

L. V.
Journal, 10 mars 1933

Né en 1866, Rodolphe Lemieux[1] est de deux ans l'aîné de Léonise. Il fait ses études au collège de Nicolet et à l'Université d'Ottawa. Son cours classique terminé, il se dirige vers le droit. Dans un article publié dans *La Presse*, le 13 octobre 1934, il raconte ses souvenirs de jeunesse des années 1885-1887.

> À ma sortie du collège, mon grand désir était d'étudier le droit. [...] J'assistais parfois aux plaidoiries de la Cour d'assises et, dans mes rêves, flottait devant mes yeux la toge d'avocat — mais il fallait vivre et j'étais pauvre. Et mon père avec sa nombreuse famille ne pouvait pourvoir à mes études de droit. Je me décidai à gagner mes cours à l'université par mon travail. J'avais appris l'anglais, avantage qui me permit d'entrer dans la presse anglaise.

Ainsi Rodolphe Lemieux signe des articles dans le *Times* qui vient tout juste d'être fondé à Montréal, mais ce journal ne tiendra pas le coup, faute de capitaux. Quand même, il aura eu le temps d'y faire un apprentissage de journaliste qui lui sera utile. Il suit les affaires municipales, assiste aux séances des tribunaux et interviewe les hommes politiques des deux partis. Il apparaît débordant d'optimisme:

> Je tâchais, armé de mon crayon, de mon calepin, de tirer le meilleur parti possible de ma situation en fredonnant toujours: vole, mon cœur vole[2].

Quelle étrange coïncidence de retrouver la même image, le même cliché, dans le poème «Réminiscence» d'Atala, probablement adressé secrètement à Rodolphe Lemieux, alors qu'elle évoque la jeunesse, ce temps où «nos cœurs sont des petits oiseaux».

Invité à prononcer un discours à l'occasion de la remise d'un titre honorifique qu'il reçoit de l'Université d'Ottawa, vingt-trois ans après y avoir été diplômé, Rodolphe Lemieux se penche avec nostalgie, tout comme Léonise, sur son passé:

> Je ne sais rien de plus réconfortant que ce commerce silencieux de l'âme avec les choses du passé, que cette éternelle élégie du cœur humain qui fait revivre en nous les jours heureux de la jeunesse où l'on croit entendre encore des voix confuses, graves ou enfantines[3].

Se qualifiant d'ambitieux mais non d'arriviste, Lemieux se taille un brillant avenir. Toujours en continuant ses études de droit, sa carrière journalistique se poursuit au journal *La Presse*, puis à *La Patrie,* où le poète Louis Fréchette est rédacteur en chef. Autour de lui se retrouve, à l'heure du lunch, l'élite des écrivains[4].

Cela n'est pas sans le nourrir puisqu'il se passionne non seulement pour l'histoire et la politique, mais également pour la littérature. Un profil d'homme qui nous rappelle le père de Léonise. Victor Olivier, dans un article publié dans l'*Écho de Vaudreuil,* à l'occasion d'un hommage rendu à Lemieux pour sa longue carrière politique[5], le compare à sir Wilfrid Laurier qui, du reste, suscite toujours chez lui une profonde admiration. À l'image de son maître, il puise dans les chefs-d'œuvre de la France sa culture intellectuelle et littéraire. On dit de lui que «les hommes de lettres et les amateurs de belles-lettres lisent ses discours avec plaisir[6]».

Reçu avocat en 1891, il travaillera en société au cabinet d'Honoré Mercier puis avec Lomer Gouin, tous deux anciens premiers ministres. Professeur à l'université, auteur d'une histoire du droit franco-ontarien, nommé solliciteur général en 1904, puis ministre des Postes en 1906, ministre de la Marine et des Pêcheries en 1911, il représentera fréquemment le gouvernement canadien à l'étranger[7].

C'est au cours de ses années de jeunesse que Rodolphe Lemieux rencontrera Léonise.

«Ce jeune étudiant en droit s'était montré bien intéressé à Léonise. C'était une jeune fille sérieuse, intellectuelle et elle avait une formation politique de par son père et il avait été sensible à tout cela. Il avait insisté pour la revoir et elle l'avait trouvé véritablement de son goût aussi.

Il lui avait dit: "Mademoiselle Valois, j'espère vous revoir. Vous devez venir à Montréal quelquefois?" "Oui, chez ma tante Préfontaine." Il lui avait écrit en réitérant son invitation puis, à Noël, il lui avait envoyé une carte affectueuse. Elle n'avait pas répondu parce qu'une jeune fille bien n'était pas en position de répondre à un jeune homme. Pendant les vacances du jour de l'An, Léo avait été se promener en ville chez sa tante Préfontaine. Cette tante était la sœur de sa mère et elle était riche comme Crésus! Léo demanda à sa tante la permission de voir Rodolphe. Elle la lui refusa. "Non, non ma petite fille, si tu penses que je vais me mettre à te surveiller avec tes cavaliers, tu te trompes[8]!"»

La tante Préfontaine constitue un obstacle, mais le fait aussi que Rodolphe n'ait pas encore de profession et qu'il soit issu d'une famille modeste n'est pas sans décourager ces rencontres. Ainsi, il cesse de lui écrire, voyant que ses lettres demeurent sans réponse. On peut se reporter au *Journal* d'Henriette Dessaulles, née à la même époque que Léonise Valois, pour comprendre combien l'«inconvenance» d'écrire ou de recevoir des lettres d'un prétendant était imprégnée dans les mentalités. Ainsi, Henriette écrira:

Maman, à mon grand ahurissement, me parle de mon amitié pour
Maurice et me dit que je suis, ou que je serais peut-être tentée
de recevoir ses lettres et d'y répondre et que ce serait de la dernière inconvenance. (Ça c'est une phrase, rien qu'une phrase!)
Elle insiste pour que je promette de ne pas lui écrire durant ces
trois années d'université. Il a fallu promettre ou bien j'avouais
mon intention de lui écrire[9].

Puisque Rodolphe Lemieux partait étudier à l'Université d'Ottawa,
cet éloignement aurait favorisé la correspondance.

«Peut-être que leur rencontre n'aurait pas nécessairement abouti à
un mariage, mais Léonise aurait au moins voulu connaître ce garçon qui
lui avait fait si bonne impression. Qui avait fait battre son cœur si fort[10].»

Il s'est marié le 15 mai 1894 à Berthe Jeté, fille de sir Louis Ama-
ble Jeté, lieutenant-gouverneur de la province de Québec. Ils ont eu deux
enfants, un fils et une fille qui devint religieuse. Leur fils, le lieutenant
Roddy Lemieux, mourra à la guerre de 1914-1918. Toujours proche de
Rodolphe Lemieux, Léonise dédiera un poème à la mémoire de son fils,
qu'elle intitulera «À l'Immortel».

LE SECRET

> Peut-être qu'on s'aime toujours
> Sans vouloir trahir sa pensée,
> Pourtant ce regard de velours
> N'est pas une chose insensée.
>
> «Réminiscence»,
> *Feuilles tombées*

Était-ce le même qui faisait toujours battre son cœur, bien des
années plus tard? Était-ce un autre? Elle s'était confiée à une de ses nièces, Gabrielle Gohier: «Quand je le vois, mon cœur bat vite, vite, vite
et se serre très fort.» Quoi qu'il en soit, la poésie de Léonise Valois ne fait
que parler d'impossible amour. Si dans sa jeunesse elle n'a pu répondre
aux lettres de Rodolphe Lemieux, elle se sera rendu justice en prenant la
plume.

Elle avait certes gardé pour lui un attachement profond et une grande reconnaissance et ce, jusque dans sa vieillesse, alors que certains passages de son *Journal* témoignent de cette vive affection, d'une grande admiration pour tout ce qu'il aura accompli. Léonise Valois n'a aimé qu'en secret.

Attachée à ses amours de jeunesse, Léonise avait ramassé des coupures de journaux, photographies, articles élogieux portant sur Rodolphe Lemieux, et les avait conservés dans un de ses spicilèges. Elle les avait insérés soigneusement dans les dernières pages d'un épais registre, à la suite d'une série de pages vides, de sorte qu'on ne pouvait supposer y trouver quelque chose encore.

> Renferme en toi ton mystère,
> Sois circonspecte en tout lieu.

Ces vers extraits du poème «Le secret», dédié à sa nièce Georgette Cartier alors que celle-ci était enfant, révèlent une attitude profonde de Léonise. Les grandes émotions doivent demeurer cachées. Elle justifie cet enfermement par un mûrissement possible:

> Le parfum le plus exquis
> Garde sa force dans l'ombre,
> Et c'est dans un endroit sombre
> Qu'on met les flacons de prix[11].

Cette attitude intérieure détermine autant son écriture poétique que sa vie privée.

Léonise Valois affectionnait ses secrets, employant à l'occasion dans son *Journal* le ton de la cachotterie. Aussi, lorsqu'elle écrit, le 14 février 1933:

> M. Albert Ferland m'annonce sa visite pour l'après-midi. J'en suis charmée. Ce que nous allons parler de l'autre... J'aurai de ses nouvelles. S'il s'est intéressé à moi durant mon accident. Il me le dira bien.

elle tient à ce mystère. Elle a passé sa vie à masquer ses sentiments amoureux, ses emportements du cœur qui, selon ses nièces, auraient été passionnés si l'époque l'avait permis.

«Tante Léo était une femme pleine de chaleur, elle aimait prendre les enfants dans ses bras, les coller sur elle, elle aimait embrasser et possédait une nature bien affectueuse, généreuse et toujours débordante. C'était une femme sensuelle. Elle a beaucoup souffert des interdits de sa tante Préfontaine et c'est peut-être pour cela qu'elle encourageait nos amours, elle aurait tant voulu que toutes ses nièces se marient et connaissent le bonheur d'une vie à deux. Elle essayait même de nous trouver des cavaliers qui ne nous intéressaient pas du tout[12]!»

Le poème «Réminiscence» est un des plus éloquents au sujet de cet amour impossible.

RÉMINISCENCE

Te souviens-tu des jours d'antan,
Te souviens-tu des clairs de lune,
Qui caressaient mon cœur d'enfant
Moins doux que ta prunelle brune?

Que n'es-tu resté mon soleil!
J'étais l'étoile de ta vie...
À ceux dont le rêve est pareil,
Notre bonheur eut fait envie.

J'allais doucement à ton bras
Dans les sentiers de la pénombre,
Sans effort tu te souviendras
De nos années au léger nombre.

Ô la splendeur de nos vingt ans!
Dont cet âge est tout un poème,
Une auréole de printemps
Nimbe nos fronts d'un diadème.

Nos cœurs sont de petits oiseaux
Qui chantent la belle nature,
Nos yeux sont de joyeux ruisseaux
Qui reflètent notre âme pure.

Puis s'émeut en nous l'infini,
Avant que nos cœurs le saisissent,

Notre premier rêve est fini
Bien avant que les fleurs rougissent.

Joie éphémère! astre divin!
Ta lumière éclaire quand même
Toute la longueur du chemin
Par le cher souvenir qu'on aime.

L'on est parti, chacun son bord,
Tout en gardant au fond de l'âme,
Parmi les épaves du sort,
L'image de sa prime flamme.

À la rencontre on se sourit.
Un beau salut si sympathique
À l'un, à l'autre, tout bas dit
Son sentiment mélancolique.

Peut-être qu'on s'aime toujours
Sans vouloir trahir sa pensée,
Pourtant ce regard de velours
N'est pas une chose insensée.

Qu'un jour le cœur s'entr'ouvre un peu,
Qu'un petit frisson le secoue,
Soudain jaillit le tendre aveu
Et le fil alors se renoue...

Te souviens-tu des jours d'antan,
Te souviens-tu des clairs de lune
Qui caressaient mon cœur d'enfant
Moins doux que ta prunelle brune?

Que n'es-tu resté mon soleil!
J'étais l'étoile de ta vie...
À ceux dont le rêve est pareil,
Notre bonheur eut fait envie...

DEUXIÈME PARTIE

De Vaudreuil à Montréal
1886-1900

4

«L'ombre du beau tableau»

Comme c'est loin! ce temps de jeunesse où j'avais
à peine vingt ans; mes sœurs n'étaient guère plus
âgées, Flora avait vingt et un ans et Philo dix-
huit. C'étaient de bien jolies filles, et comme ma
chère maman disait: «Tu es l'ombre du beau
tableau de ma famille.» Il a bien fallu le croire...

L. V.,
Journal, 2 mars 1933

L'OMBRE

En 1886, la famille quitte Vaudreuil et s'installe à Montréal, au 55
rue Saint-Antoine. Léonise a dix-huit ans. Avila espère bien marier ses
filles aînées en venant à la ville trouver, comme on disait à l'époque, un
bon parti pour elles. Mais, avant tout, ce départ précipité de la campagne
à la ville a surtout pour but d'essayer de se refaire une clientèle, car à
trop s'occuper de politique il en a oublié la médecine et il a perdu des
clients, ceux qui votent bleu...

C'est à cette époque que Léonise serait entrée chez les Dames du
Sacré-Cœur, au Sault-au-Récollet, conseillée par un ami de la famille
qui deviendra Mgr Bruchési[1]. Un séjour de courte durée, car son nom
n'apparaît pas dans les registres de la congrégation. Par ailleurs, nous
pouvons confirmer l'authenticité de ce fait par une lettre à sa sœur Orphélia et dans laquelle elle se remémore: «Outre l'ennui que j'appréhende

terriblement et dont j'ai tant souffert au Sacré-Cœur[2]», lui écrira-t-elle. D'une part, Léonise n'aurait pas supporté la discipline imposée par la communauté et, d'autre part, l'éloignement des siens l'affligeait beaucoup.

> Je ne sais rien de plus triste que de pleurer seule dans un coin étranger loin des cœurs qui nous aiment et des lieux qui consolent. À la campagne, tout est froid, jusqu'à l'église qui est froide.
>
> L. V.,
> *Correspondance*, 20 février 1901

Mais pourquoi Léonise avait-elle été vers les Dames du Sacré-Cœur? Conséquence de cet amour impossible pour Rodolphe Lemieux? Espoir de décharger la famille nombreuse? Réaliser un rêve auquel sa mère, semble-t-il, tenait beaucoup, «fiancer une de ses filles à Jésus»? Il ne faut pas oublier que la famille Valois compte un nombre impressionnant de religieux. Du côté de Marie-Louise, mentionnons Mgr Guillaume Forbes, évêque de Joliette, ainsi que Mgr John Forbes, évêque en Ouganda, cousins de celle-ci. Quant à Angélina, entrée à deux reprises chez les Sœurs de Sainte-Anne, elle fut renvoyée à cause de sa mauvaise santé[3].

> Une vocation religieuse est une gloire pour une famille. C'est un honneur, non seulement pour l'élu, mais pour tous ses proches, qui contractent de ce fait une sorte d'alliance divine. Dieu entre dans la famille.

dit-on à l'époque[4].

Quelle déception pour les parents! Quelle humiliation pour cette famille très liée à Mgr Bruchési. Ce dernier aurait dit: «Si j'étais rentré plus tôt de mon voyage en Europe [voyage effectué en 1888[5]], elle serait restée au couvent[6]!» Cette famille chrétienne dut considérer que son honneur était sauf, lorsque le plus jeune des fils, Héliodore, fut ordonné prêtre par Mgr Bruchési en 1904. À cette occasion, Léonise écrira un poème intitulé «Le prêtre», qui paraîtra dans *Fleurs sauvages*.

N'entraient pas toutes les filles chez les Dames du Sacré-Cœur, puisque ces religieuses étaient réputées, auprès des classes moyennes et supérieures de la société européenne, «en matière de qualité de l'éducation et de supériorité des études[7]». Léonise, qui est diplômée et fort pieuse, est la jeune fille toute désignée. Alors qu'on l'a reçue, en se disant qu'elle ferait sûrement une bonne enseignante, qu'on lui assure un avenir, Léonise se retire et continue son chemin, aspirant à une autre vie.

Elle a vingt ans, il lui faut faire des choix et les bons, car entrer et sortir ainsi d'une communauté est tout à fait déplacé. D'ailleurs, cet échec sera tenu secret et peu de personnes à l'extérieur de la famille immédiate seront au courant. C'est à cette époque que sa mère lui répétera: «Tu es l'ombre du beau tableau de ma famille.» Nous sommes davantage en mesure de comprendre à présent cette phrase blessante. Léonise ne tendra pas du côté des rêves de sa mère, ainsi que le révèle un poème, «Double rêve», où des parents se penchent sur le berceau d'un nouveau-né:

> Maman désire en faire un prêtre,
> Un missionnaire, si Dieu veut,
> Un évêque, qui sait, peut-être...
> Elle n'ose dire son vœu.

Contre ce vœu d'une vie religieuse pour l'enfant, Léonise aurait plutôt choisi le rêve du père: «Papa veut de son nom la gloire», qui s'accomplirait dans la vie publique. «Sera-t-il député, ministre, simple docteur, simple avocat?» Les professions libérales n'étaient pas accessibles pour Léonise. Refusant la vie religieuse, désirant s'approprier une part du monde masculin, il ne lui restait plus qu'un titre à viser, devenir écrivain.

POÉSIE RELIGIEUSE

Si Léonise n'a pas pas la vocation, sa foi est sincère et de nombreuses poésies en seront inspirées. Dans son *Essai sur la poésie religieuse canadienne*, publié en 1923, Albertine Ferland-Angers[8], soulignera ses vers.

> L'honneur de chanter les gloires de la Vierge Marie devait revenir à une femme. On ne pouvait trouver des vers plus gracieux, plus délicats que ceux d'Atala (Mlle Léonise Valois) pour chanter «La Reine du Printemps», celle des mois de Marie, celle des candeurs virginales.

Ce poème, «À la Reine du Printemps», sera publié à plusieurs reprises dans de nombreux quotidiens.

Comme le souligneront Nicole Brossard et Lisette Girouard dans l'introduction de l'*Anthologie de la poésie des femmes au Québec*[9]:

> En fait, il semble que ces femmes écrivent entre la matière irréconciliable de deux triangles, l'un spirituel et constitué de la poésie, de la nature et de Dieu, l'autre existentiel et constitué de la femme, du désir et de l'idéal. Triangles qui s'érodent et se nourrissent au point de produire simultanément un immense cri de joie et d'impuissance. [...] Dieu est un grand tout et il occupera une place importante dans les œuvres écrites par toutes les poètes nées avant 1920. Dieu cristallise la nature, reçoit les débordements affectifs et les interrogations existentielles. Celui qui gère la misère, les joies, la solitude, les amours terrestres ainsi que la mort, est au cœur du rapport d'adresse de toute une génération.

Prisonnière de ces triangles, Léonise Valois n'échappera pas à la règle selon laquelle Dieu est l'axe du monde imaginaire. Sortie du couvent, Léonise reprendra donc sa vie auprès des siens, aspirant, au plus profond d'elle-même, à l'amour et à l'écriture.

«AIMER!»

«Aimer!» Voilà le cri du cœur de Léonise, son grand idéal. Âgée alors de vingt et un ans, elle publie son tout premier texte poétique dans *Le Recueil littéraire*; ce poème est daté du 15 avril 1889, à Sainte-Cunégonde. C'est également le lieu de fondation du *Recueil littéraire*. E. Z. Massicotte[10], alors secrétaire de la rédaction de cette revue, ouvre ses pages à quelques femmes, ce qui ne passe pas inaperçu. Il ne faut pas oublier que ce geste était considéré comme une chose extraordinaire, originale, et que publier n'était pas conforme au principe «Qui dit féminin dit timidité et naïveté[11]». C'est le portrait que l'on se faisait alors des femmes, que reprendra la chroniqueuse Gilberte, qui signe également dans *Le Recueil littéraire*. Or, si Léonise est une timide, comme le dira sa sœur Marie-Anne, elle n'est pas naïve. En 1889, publier des femmes est alors vu comme une fantaisie, mais une fantaisie qui deviendra vite un double débat. Les questions du jour sont: y a-t-il une littérature canadienne-française? doit-on publier des femmes? Gilberte, porte-parole des femmes au sein de la revue, défendra la cause:

> Si la France s'honore de Mmes de Sévigné, de Staël, etc., je ne comprends pas pourquoi le Canada ne s'enorgueillirait pas de Mde Le Prohon, de Mlles Laure Conan, Elida Gonneville, dont les œuvres magnifiques ornent plus d'une bibliothèque dans notre pays et à l'étranger? Donc, comme le disait à juste titre le spirituel rédacteur du *Recueil littéraire*, puisque la Canadienne possède les grâces de la Française, pourquoi n'en aurait-elle pas l'érudition? Je n'y vois aucun obstacle et vous non plus j'allais dire[12].

La rédaction constatera «que la plume de la Canadienne se réveille de plus en plus» et soulignera le fait que le numéro du 1er août 1889 était un numéro exclusivement féminin. Il s'agit d'un événement dans l'histoire de la littérature et des femmes. Au sommaire, quatre femmes signeront les textes, poèmes et articles. Parmi elles, seule Léonise Valois a poursuivi sa carrière d'écriture. C'est aussi dans ce *Recueil littéraire* du 1er août 1889 qu'elle récoltera sa première critique pour son poème «Gabrielle!».

> La poétique Attala[13] avait bien voulu régaler lecteurs et lectrices d'une charmante poésie: stances admirables où la tendresse sympathique de son cœur s'ingénue à trouver pour le cœur maternel qui pleure ce
>
> *Souffle parfumé d'innocence*
> *Quittant ce terrestre séjour*
>
> Un baume consolateur, une rose à l'épine cruelle qui déchire cette âme agonisante de regrets.
>
> Gilberte

Léonise fera au *Recueil littéraire* trois apparitions. «À la mémoire de Paul-Émile» sera, tout comme «Gabrielle!», un poème de circonstance dédié à la mère d'un enfant décédé. «À la mémoire de Paul-Émile» sera repris dans *Fleurs sauvages* sous le titre «Départ d'Ange» et «Gabrielle!» deviendra «L'envol de Gabrielle». Les poèmes republiés par la suite seront révisés et comporteront plusieurs variantes.

Prendre la parole, écrire ses états d'âme, faire partie de ce qu'on appelle aujourd'hui un numéro de femmes, c'est se différencier. Que cette parole soit prise pour se mettre en opposition, c'est peut-être, une fois de plus, se poser comme «l'ombre du beau tableau» de la famille Valois. Que diront les tantes? Les tantes Lussier et Préfontaine ont une grande influence sur la mère de Léonise. Que diront tous les membres et amis religieux de la famille? devait penser Marie-Louise... Un mauvais exemple pour ses autres jeunes filles, Léonise faisant partie des aînées et sortant ainsi du rang, car écrire c'est se faire voir, se montrer. En s'affichant de la sorte, il y a matière à faire fuir un éventuel mari, devait aussi penser sa mère. Et Léonise de répondre, bien des années plus tard, dans le poème «Confidence»:

> De crainte qu'en un certain jour
> On soit une ombre délaissée,
> Doit-on refouler sa pensée
> Les mots sacrés de son amour[14]?

En défendant la liberté de parole et l'expression des sentiments, Léonise Valois s'affirme prête à assumer le célibat. Si le rôle féminin interdit la déclaration de sentiments, l'écriture, elle, permettra *l'éclosion* de cette expression.

Léonise doit donc s'adresser à sa mère, puisque c'est elle qui a dû s'inquiéter de ce que sa fille, à peine sortie du couvent, publie. Léonise n'a pas d'autre choix que d'apaiser sa mère par ses vers. Le poème «Aimer!», qui ne sera repris nulle part ailleurs, mérite qu'on s'y attarde, puisqu'il est révélateur du rapport entre Léonise et sa mère, et parce qu'il renferme la voie toute tracée de Léo.

Ce poème de quatre quatrains évoque en tout premier lieu l'amour d'une mère pour son enfant, amour que Léonise croit peut-être avoir perdu, et qu'elle tente de retrouver. Puis vient, dans le deuxième quatrain, «le doux souvenir d'enfance» empreint d'un écho nostalgique, mais balayé dans le troisième quatrain par le rêve et, dans cette remontée, cette ivresse, «c'est une étoile qui brille au ciel». Cette étoile, ce rêve ne sont rien d'autre qu'une traduction de sa passion pour l'écriture, pour l'amour qu'elle porte à son «ami XXX», à qui ce poème est dédié. Tout son avenir rêvé est là: écrire, aimer, être aimée de sa mère et par un amour, un grand amour.

AIMER!

À mon ami XXX

Aimer... c'est le souffle d'une mère
Sur le berceau de son enfant,
C'est, de ses lèvres, la douce prière
Qui s'échappe en le contemplant

Aimer... c'est un doux souvenir d'enfance
Qui parfume tout jeune cœur,
C'est l'écho d'un de ces jours d'innocence
Qu'on se rappelle avec bonheur.

Aimer... oh! c'est un rêve de jeunesse,
Caressé par une jeune fille,
Car dans l'aurore de ses jours d'ivresse
C'est une étoile au ciel qui brille

Aimer... c'est toi qui m'appris ce mystère,
Alors qu'enfant insouciante
Nul être occupait ma pensée entière
Car, par toi seul... je suis aimante.

ATTALA
Sainte-Cunégonde, 15 avril 1889

Il semble que Léonise, après ces trois poèmes, n'ait pas publié avant 1900, mais sans cesser toutefois d'écrire tout au long de cette décennie qui sépare ses premiers textes des suivants. Elle passera du poème à la chronique journalistique et non pas comme collaboratrice, mais comme directrice d'une page féminine.

Se serait-elle tue au cours de ces dix ans parce que peu de journaux ouvraient leurs portes aux femmes ou simplement parce que les pressions familiales auront été trop fortes, son père aspirant à un avenir politique? Être de ces femmes ayant des idées, abordant une réflexion et voulant la faire partager, n'était-ce pas développer un esprit féministe qui n'était pas conforme à ce que la société et un éventuel mari attendaient d'une jeune fille? Nous pouvons penser que, pour toutes ces raisons, les élans de Léonise furent freinés. La vie à Sainte-Cunégonde[15] et l'indigence dans laquelle la famille est plongée depuis son départ de Vaudreuil l'emportent aussi sur ses rêves.

INDIGENCE

Tous ces enfants à faire vivre donnent bien des tourments au père de Léonise, qui n'a pas encore atteint la soixantaine et qui pourtant ressemble à un vieillard. Tant de soucis, tant d'espoirs déçus, lui qui pensait marier ses filles aînées si instruites. Tout ce monde à table, à nourrir, sans compter tous ceux qui s'y rajoutent, cela devient un véritable casse-tête pour ce médecin de Sainte-Cunégonde, une paroisse qui compte des gens à très faibles revenus et qui, très souvent, n'ont rien pour payer. Les comptes en souffrance s'accumulent, mais ses patients sont encore plus démunis que lui et il continue d'accourir au chevet des uns et des autres.

Il en tombe malade et cette maladie s'ajoute aux tourments de la famille. Dans une lettre à sa sœur Orphélia, le 27 décembre 1896, Léonise écrit:

> Papa était mieux hier qu'aujourdhui. Il a beaucoup toussé ce matin. Inutile de te dire que nous ne l'avons pas laissé aller à la messe ce matin. Ses glandes du cou sont très sensibles. Le docteur aurait dit, il y a quelques jours, que ce serait un bon signe. Il n'est pas venu depuis la veille de Noël. Nous l'attendons demain. C'est une maladie rare et lente. Comment tournera-t-elle? [...]

> Je t'assure qu'on le soigne de notre mieux. Maman s'y dévoue particulièrement, et consacre une bonne partie de son temps à jouer aux dames avec lui, pour le désennuyer. Les soirs, ce sont les cartes qui se brassent.

> As-tu pu voir pour les œufs frais? Il en reste encore à peu près une douzaine. Mais ce sera vite consommé. Si tu peux t'en procurer, cela ferait bien l'affaire. [...]

Heureusement qu'Azilda, leur beau-frère, tient magasin général et qu'il peut fournir la famille de denrées alimentaires à meilleur marché. Heureusement que la maison de la rue Saint-Antoine appartient à la richissime tante Lussier et que cette dernière leur a offert d'être ses locataires invités, car la famille serait déjà à la rue avec les problèmes qui s'additionnent depuis leur arrivée à Montréal[16]. Il faut trouver une solution et on peut imaginer les discussions, tard le soir, entre Marie-Louise et son mari. Marie-Louise qui voudrait tant garder toutes ses filles autour d'elle, qui voudrait ne pas les voir sur le marché du travail. Un soir que son mari dut se montrer encore plus fatigué, plus vieux et plus déprimé qu'à l'ordinaire, elle décida de passer à l'action pour aider tout son monde à se sortir de ce désastre.

Elle écrivit à l'honorable sir Wilfrid Laurier (ce n'est probablement pas la première fois), alors premier ministre du Canada, laissant parler son cœur si prêt d'éclater en sanglots[17].

1er déc. 97
À l'honorable monsieur W. Laurier

Très honorable monsieur,

Pardonnez-moi encore une fois d'enlever à vos nombreuses occupations quelques instants pour vous suggérer une pensée qui m'est venue il n'y a que quelques minutes, et je m'empresse de vous la communiquer. Il est onze heures du soir, et le Dr mon mari arrive de Sainte Cunégonde où il demeure depuis onze ans, m'apprenant que monsieur Fortier maître des postes de ce quartier avait déserté la place. Le Dr me dit, si je n'avais pas aidé à faire signer une requête pour M. Pelletier, je ferais de suite application pour cette place qui me conviendrait très bien, étant aidé de mes enfants qui ont une bonne instruction, ce qui les empêcherait de sortir en dehors, chose qui serait pour moi et pour elles si pénible. J'ai saisi toutes ces paroles, et je me suis dit: «Charité bien ordonnée commence par soi» après tout le Dr est bien plus âgé que ce monsieur, et il est aussi plus vieux dans la politique, de sorte qu'il a beaucoup plus travaillé que lui, et outre cela, il peut plus facilement gagner sa vie que le Dr. J'espère que vous considérez cela, et comme cette place est vacante et sourit au Dr, j'espère que vous n'hésiterez pas à lui donner et nous garderons avec nous nos chères enfants que vous obligerez beaucoup; et vous ne sauriez croire le plaisir que vous feriez à tous, si vous pouviez nous arracher de la situation pénible où nous nous trouvons actuellement, car vraiment c'est plus que désolant de nous voir vivre dans de telles inquiétudes sans savoir comment les choses tourneront plus tard. J'espère honorable monsieur, que vous serez assez bon d'exercer toute votre influence et que tous nos honorables ministres se feront un devoir d'arracher au précipice toute une nombreuse famille qui saura reconnaître soyez-en certain ce que vous aurez fait pour elle. En attendant encore avec grande anxiété le résultat de mes justes supplications je demeure.

Madame Dr Avila Valois
55, St-Antoine

LA MORT DE SON PÈRE

Pendant que le temps file ces heures difficiles, la maladie du père, cette «maladie rare et lente» qui a tant inquiété la famille, arrive à la fin de son parcours.

Georgette Cartier raconte ce souvenir qui lui vient de sa mère:

«C'était la veille du premier vendredi du mois. Alice, la plus jeune allait au couvent. À cette époque, les enfants se rendaient à la messe avec la classe. Pour cette occasion, Marie-Louise avait changé le col de la robe de son costume. Elle était assise non loin de son mari, lui était allongé sur le lit, elle cousait. Il lui dit: "Couche-toi donc, Louise, tu dois être fatiguée." Elle de répondre: "Je dois finir le col avant, il ne me reste que quelques points à faire, je voudrais tant qu'Alice ait son petit collet propre pour demain matin. Je me couche tout de suite après." Et quand elle s'est couchée, il était mort. Ce furent ses dernières paroles. Il avait soixante et un ans. Une crise cardiaque dans son lit.

Il avait beaucoup travaillé en politique et on lui avait promis une récompense, il s'attendait à être conseiller législatif. Il espérait beaucoup ce poste. Pratiquer la médecine dans Sainte-Cunégonde, ce n'était plus possible, il gagnait trop peu. La veille, il rencontre un collègue qui lui dit: "Tu sais, Valois, c'est toi qui va être nommé." Mais le lendemain, soit la veille de sa mort, il apprend que c'est quelqu'un d'autre qui a obtenu le poste. C'est dans la nuit qui suivit qu'il est mort, le 1er avril 1898.»

Dans *La Presse* de ce jour, une colonne lui est consacrée. Quant à sa candidature au poste de conseiller législatif, *La Presse* rapporte qu'il avait «le support d'hommes les plus éminents, tant du parti libéral que du parti conservateur et que tout l'ouest de Montréal et les clubs libéraux préconisaient sa candidature». Le même jour, les lecteurs de *La Presse* apprennent aussi qu'«à la réunion du cabinet provincial, le Dr J. Lanctôt de Saint-Henri, est nommé conseiller législatif pour la division de Rigaud, en remplacement de feu l'honorable Wilfrid Prévost[18]».

LE TRAVAIL AU FÉMININ

> C'est dans un climat de réprobation si ce n'est
> d'hostilité que des milliers de travailleuses ont
> dû gagner leur vie[19].

Léonise a trente ans lorsque meurt son père. Nous sommes en 1898 et «le travail féminin n'est pas encore accepté: une jeune fille qui travaille est considérée comme déclassée. Mais, nous dit Georgette Cartier, Léo n'était pas contre le travail des femmes à l'extérieur, au contraire. Cependant, à la mort de son père, elle aurait voulu travailler uniquement comme journaliste. Une fois de plus, ce bel idéal qu'elle caressait vint en partie se briser.» Bien que la carrière journalistique soit bien mal payée, il reste que pour les femmes instruites ce choix jouit d'un certain prestige et permet «d'avoir une certaine influence dans la société[20]».

Ce décès va précipiter Philomène et Léonise sur le marché du travail. Les filles Valois n'ont pas le choix. Flora va continuer de s'occuper de la maison, Léonise et Philomène vont trouver à se placer. Elles entreront toutes les deux au bureau d'enregistrement de la Ville de Montréal. Philomène y fera carrière, Léonise y travaillera quelque temps, mais elle envisage un autre emploi. Peu de postes à la fonction publique sont ouverts aux femmes. Si Léonise veut que ses frères et sœurs poursuivent leurs études, si elle désire que la famille sorte de cette indigence et aider sa mère veuve, elle doit trouver meilleur salaire et meilleures conditions. À trente ans, elle devient ni plus ni moins que chef de famille. Elle, si proche de son père, prend en quelque sorte sa place.

Elle cumulera pendant un temps deux emplois, celui de journaliste et de fonctionnaire. Car c'est finalement à l'hôtel des Postes, rue Saint-Jacques, puis à la station postale «C», à l'angle des rues Plessis et Sainte-Catherine[21], qu'elle occupera diverses fonctions[22], de l'automne 1907, soit une année après que Rodolphe Lemieux ait été nommé ministre des Postes, jusqu'à sa retraite le 7 août 1929.

HÔTEL DES POSTES

En tant que ministre, Rodolphe Lemieux «augmente les bureaux de poste. Il traite bien les employés de son département, les facteurs et les courriers. Il veut que tous soient contents de leur fonction et de leur salaire et satisfaits de leur sort[23].»

À cette époque, le service postal est en plein développement. Dans une entrevue au journal *Le Canada*[24], Rodolphe Lemieux révèle que de 1896 à 1907, le nombre des bureaux avait augmenté de 25 pour cent et, dans *La Patrie*[25], il annonce l'établissement de 513 nouveaux bureaux. Que ce soit par chemin de fer, par voiture ou par bateau, la distribution du courrier ne cesse d'augmenter.

À Montréal, à l'hôtel des Postes[26] où travaille Léonise, à la période des Fêtes, les employés sont débordés: «24 610 livres» de matière postale à manipuler par semaine. Dans cet encombrement, les employés réussissent à voir clair, bénéficiant enfin de l'installation de nouvelles lumières électriques[27].

Les petites lampes pâles, dites incandescentes, ont été remplacées. Une amélioration qui s'imposait, vu le nombre croissant d'employés malades des yeux, à cause de ce manque d'éclairage adéquat. En 1907, on passe à «38 270 livres» de matière postale à la même période des Fêtes, et la superficie de l'hôtel des Postes devient insuffisante[28]. On projette de décentraliser et de construire, dans l'est de Montréal, un édifice beaucoup plus spacieux. Il s'agit de la station postale «C», à laquelle Léonise sera affectée.

Son emploi, elle dira le devoir à Rodolphe Lemieux:

> [...] l'honorable Rodolphe Lemieux s'est informé deux fois de moi. Cela m'a fait grand plaisir et m'a aussi émue, parce que je lui dois une haute et permanente protection dans ma position au bureau de poste, que je lui devais et auquel je dois aussi ma pension actuelle. C'est que c'était mon premier amour, un amour d'enfant de dix-sept ans. Que de jolies lettres j'ai reçues de lui depuis et quelques lignes m'ont appris qu'il n'avait pas oublié ce beau temps-là. J'en ai gardé aussi un profond et vivace souvenir et c'est bien en lui rappelant cela que j'ai pu obtenir ma position au bureau de poste.

L. V.,
Journal, 10 mars 1933

Ses lettres! Elles suivront Léonise lors de ses déménagements, rue Saint-Antoine, rue Berri, rue du Plateau, rue Émery, puis à l'avenue Greene; et même lorsqu'elle séjournera à l'hospice Morin, elle les gardera précieusement. Il lui arrive de les relire, même à sa sœur Philomène. Malheureusement, elles n'ont pas été retrouvées et furent probablement détruites.

Ce «ministre des secrets», à qui elle s'adresse entre parenthèses dans le poème intitulé «Les Lettres», est sans aucun doute le ministre... des Postes, Rodolphe Lemieux[29].

LES LETTRES

Peut-on savoir ce que vaut une lettre?
Comment apprécier ses mystérieux plis?
Tous les mignons péchés qu'elles ont fait commettre
Quand s'exalte parfois la folle du logis?

On peut bien en parler, puisque c'est chose sûre,
Pour deux lettres d'affaires, il en est dix d'amour
Que la poste promène en sa tournée obscure;
Billets écrits la nuit, billets livrés le jour.

Les grands esprits virils font fi des douces choses.
«*Time is money*» d'abord... Que leur calcul est froid!
Les chiffres épineux, valent-ils bien les roses
Qu'on sème au vent léger, sans trop savoir pourquoi?

On dit si bien qu'on aime, on croit pouvoir l'écrire.
Si des affaires, l'âme est vraiment le secret,
Tous les secrets de l'âme, on ne doit pas les dire.
Mais le cœur est si fou, que n'est-il donc muet!

Le délicieux refrain de la Vieille Romance
Est écrit sur nos fronts, est écrit dans nos yeux.
Son décalque en principe est de divine essence,
Buriné dans nos cœurs par l'Artiste des Cieux!

(Au Ministre des Secrets)
Veillez donc sur le flot qui traverse le monde
En le fertilisant de ses moissons de fleurs.
À vous de protéger sa course vagabonde
Et de rendre à bon port tous les secrets des cœurs!

5

Mélancolie

Mon bonheur, celui que je rêve, habite des régions
éthérées que je désespère presque d'atteindre.
Mon cœur est comme un oiseau aux ailes trop
faibles pour s'envoler jusque-là. Aussi, à chaque
effort retombe-t-il abattu, brisé... Que me réserve
l'avenir? Je ne sais.

L. V.,
Correspondance, 16 mars 1901

«LA NOTE PLAINTIVE»

Et combien de mélancolie
Fermente et fait un fond de lie
Dans l'urne où dort notre secret.

«Confidence», *Feuilles tombées*

Après avoir été pensionnaire, Léonise s'est ouverte, blessée et
mélancolique, elle a traversé la vingtaine en vivant d'impossibles amours
qui ont donné naissance à de nombreux vers où son cœur tourmenté est
venu s'épancher. Et puis, il y eut d'un côté ce que la société imposait à
une jeune fille et, de l'autre, cet idéal de vivre de sa plume.

«Remplacer le mariage par une vie intellectuelle démontre son côté avant-gardiste. Le choix de ne pas avoir d'enfant fut sans doute un des plus douloureux à faire pour elle qui était si maternelle», raconte Georgette Cartier.

Marquée par les déceptions amoureuses, les rêves et les souvenirs idylliques d'une enfance passée à Vaudreuil, ses trente ans seront absorbés par la profonde douleur que lui causent le décès de son père et celui de sa sœur Orphélia. Antonio Pelletier l'a vue et décrite dans son portrait d'Atala[1] :

> Je remarque, dans ses productions littéraires, la note plaintive, un gémissement: elle est triste. A-t-elle souffert? A-t-elle prié sur la tombe des siens?

Léonise lui répond par la voie du journal en lui offrant ce poème, «Réveil[2]».

RÉVEIL

À Antonio Pelletier

Mon cœur est un oiseau meurtri,
Souffrant encor de sa blessure.
En l'éveillant, tout attendri,
Il s'est rappelé sa nature.

Ses ailes ont perdu l'essor,
Et vers le ciel bleu qui le tente
Il voudrait s'envoler encor,
Mais appréhende la descente.

Ses notes n'ont plus cet accent
Où vibrait sa vive tendresse.
Il s'en rend compte et se repent
D'avoir autant de hardiesse.

Malgré tout, il voudrait chanter,
Et dans l'effort de cette lutte
Il ne parvient qu'à soupirer
Le trouble auquel il est en butte.

Ma muse ingrate ne veut plus
Régler les cordes de ma lyre.

Et dans ce désordre confus
Je vous fais part de mon martyre.

Comment affronter sa vie future, subvenir à ses besoins, à ceux de
sa mère et des enfants plus jeunes, encore aux études? Comment se réaliser elle-même? Comment prendre autant de décisions importantes alors
qu'elle vit intensément le deuil de son père, ce deuil qui la projette dans
«un désordre confus», et lui fait même se demander si elle n'en perdra pas
la raison ou si elle n'en mourra pas?

Ces inquiétudes s'inscriront dans «L'orage», qui témoigne de sa
vive douleur et s'apparente aux visions noires du romantisme. Il s'agit
d'un de ses textes poétiques les plus forts.

Elle doit orienter sa vie, seule, «pas une voix tendre ou amie» pour
l'accompagner, elle se sent prise dans un «gouffre» et, écrira-t-elle, «en
vain j'appelle la raison pour définir ce que je souffre». Comme le mélancolique, elle «appréhende la descente».

La première version de «L'Orage» fut publiée dans le *Journal de
Françoise* en 1903. Le poème sera repris dans *Feuilles tombées* en 1934,
cependant il a été retravaillé probablement en 1924, ainsi qu'indiqué à la
fin du poème. Il est intéressant de comparer les deux versions. Comme
elle l'a fait souvent, plusieurs vers sont déplacés. Il importe surtout de
remarquer que d'une version à l'autre, elle accentue son désarroi: «Une
noire mélancolie me prend, me déprime et m'abat.» Le dernier vers de la
version de 1924 insiste davantage sur le drame évité de justesse et constitue une sorte de retour sur le passé, commentant la première version.

L'ORAGE
(Impromptu)

Que l'atmosphère est dense et lourd!
Un ciel de plomb couvre la terre
La bête fuit et l'oiseau court
Au nid qu'ébranle le tonnerre.

Les éclairs sillonnent la nue
Et l'effet n'est pas sans beauté;
Mais ce feu qui trop souvent tue
N'a qu'une sinistre clarté.

Les arbres ont l'air en détresse,
On dirait de vieux êtres fous
Pour qui nul n'a plus de caresse
Et qu'on livre à tous les courroux.

La Nature semble en colère,
Tout en elle paraît frémir;
Las! elle pleure! Âme fière!
Dis donc ce qui te fait souffrir?

....

Dans mon cœur, il fait sombre aussi,
Sous un ciel noir gronde l'orage,
Qu'est-ce donc qui gémit ainsi
Au fond de cet antre sauvage?

Tout est obscur, pas un rayon
Qui pourrait éclairer ce gouffre;
En vain j'appelle la raison
Pour définir ce que je souffre.

Une morne mélancolie
S'empare de mon rêve fou,
Pas une voix tendre ou amie
Pour m'arracher à ce dégoût.

Quel marasme! Vais-je en mourir?
Je sens dans mon âme oppressée
Un flot du cœur monter... courir.
Il pleut très fort!... Je suis sauvée!

ATTALA
Montréal, octobre 1903

L'ORAGE[3]

Un ciel de plomb couvre la terre,
Que l'air du temps est dense et lourd!
Au nid qu'ébranle le tonnerre
Le pauvre petit oiseau court.

Vers son refuge au toit de chaume,
Dans le champ clos la bête fuit,
Croit-elle que sur son royaume
Doit s'abattre tout ce grand bruit?

Les éclairs sillonnent la nue,
Et l'effet n'est pas sans beauté,
Mais ce feu qui trop souvent tue
N'a qu'une sinistre clarté.

Les arbres ont l'air en détresse,
On dirait de vieux êtres fous,
Privés à jamais de tendresse
Et livrés à tous les courroux.

La Nature semble en colère,
Tout en elle paraît frémir.
Las! elle pleure. Ame fière
Dis donc ce qui te fait souffrir!

....

Sous un ciel noir gronde l'orage,
Dans mon cœur, il fait sombre aussi.
Au fond de cet antre sauvage
Qu'est-ce donc qui gémit ainsi?

Pour définir ce que je souffre,
En vain j'appelle la raison
Qui pourrait éclairer ce gouffre.
Tout est obscur, pas un rayon!...

Hélas! pas une voix amie
Pour m'arracher à ce débat.
Une noire mélancolie
Me prend, me déprime et m'abat.

Je sens dans mon âme oppressée,
Un flot du cœur monter... courir,
Il pleut très fort!... Je suis sauvée!
J'ai cru que j'en pouvais mourir...

Westmount, 1924

LE RÊVE FOU

> Dans la culture d'Occident, et durant des siècles,
> la mélancolie a été inséparable de l'idée que les
> poètes se faisaient de leur propre condition.
>
> JEAN STAROBINSKI,
> *La mélancolie au miroir*[4]

En contemplation solitaire devant le paysage, devant des ruines, devant l'eau, comme le mélancolique, Léonise ressasse constamment ses souvenirs. Dans «Calendrier 1926[5]», elle écrit:

> Tout s'efface et tout se remplace
> Moins le souvenir... toujours là.
>
> Vivace au fond de la pensée
> Il en régit le mouvement;
> Dès que notre âme est oppressée
> C'est vers lui que tourne le vent.

Pour le mélancolique, il existe un passé intérieur et c'est à l'extérieur que le temps s'écoule. Dans le profil du mélancolique que trace Jean Starobinski, et qui peut s'appliquer à Léonise, il postule une double virtualité, d'exaltation et d'abattement «comme si l'un de ces états extrêmes était accompagné par la possibilité – péril ou chance – de l'état inverse[6]». Ainsi, l'esprit du mélancolique peut à la fois voler au ciel et s'abattre dans la solitude, l'immobilité, se laissant envahir par un profond désespoir. Plus rien n'a de prise sur le mélancolique: face à l'hostilité, il choisit la chute, la descente. C'est un autre type de vol qui, au lieu de s'opérer par le haut, se dirige vers le bas.

Comme sous l'effet d'un poison, autre métaphore de la mélancolie, et qui figure parmi les images d'Atala, l'état qui l'habite, Léonise en sera consciente et désirera le vaincre.

> Ramez, ramez, ma très jolie,
> Frappez fort les flots bouillonnants,
> Pour vaincre la mélancolie
> Des cœurs et des *grands lacs tremblants!*
>
> «Le lac Tremblant», *Feuilles tombées*

Au contraire de certains poètes romantiques, Léonise se tiendra toujours à une certaine distance de ses émotions, tournant très souvent ses dernières strophes en une pirouette, comme si elle donnait un coup de baguette à ses états d'âme et que tout rentrait dans l'ordre. Cela, afin de ne pas se perdre. Le poème «Chante» est un bel exemple de cette démarche «optimiste» et exaltée qu'elle tentera de conserver face aux événements même les plus graves. Cette façon d'approcher le monde, nous la retrouvons chez Blanche Lamontagne. Dans son recueil *Par nos champs et nos rives...* publié sept ans après *Fleurs sauvages,* un poème qui s'intitule «Chante» présente plusieurs similitudes avec un texte de Léonise portant le même titre.

CHANTE

Tu souffres; le dard de l'amour
T'a fait, au cœur, une blessure,
Tu pleures; la misère, un jour,
A mis en toi sa meurtrissure;
Plus de bouleau, plus de sapin,
Pour nourrir ta flamme mourante,
Dans ton armoire plus de pain:
Chante!...

BLANCHE LAMONTAGNE[7]

Non seulement partagent-elles une même attitude morale, mais elles utilisent aussi un même procédé poétique, le même refrain.

CHANTE!

Si le doute en ton âme a jeté son poison,
S'il distille en ton cœur sa fièvre consumante,
Combats en ton esprit l'étreinte du frisson,
Et bois à forte dose un lait d'espoir et chante!

Si le doute en ton âme est devenu volcan,
Si de ton cœur jaillit une lave brûlante,
Arrache ton esprit au soufre suffocant,
Étouffe ton chagrin sous cette cendre et chante!

Si le doute en ton âme est un affreux cancer
Qui va prendre en ton cœur sa racine souffrante,
Défends à ton esprit d'éterniser... l'enfer,
Assourdis ta douleur, trompe ton mal, et chante!

«Chante»,
Fleurs sauvages

«Assourdis ta douleur, trompe ton mal, et chante!»

Cette dualité mélancolie/optimisme habite Léonise Valois. La mélancolie de fond sera toujours refoulée sous les formes de langage de convention. Mais comment une femme de 1900 peut-elle briser ce carcan, dans un Québec qui étouffe sous le poids de la religion? Peut-on oser dire ses émotions sans contrainte, quand on vient d'une «bonne famille»?

D'Évariste Valois, le beau-frère de sa sœur Orphélia, elle dira, et cela vient renforcer cette idée que Léonise Valois aurait pu être une femme de passion si l'époque l'avait permis:

Pauvre Évariste! Je le trouve bien heureux d'avoir pu, de son *droit masculin,* avouer toute sa flamme à celle qu'il aimait... Les femmes elles, n'ont pas ce bonheur... et je me crois bien près d'en souffrir[8].

Au-delà du deuil, de l'impossible amour, il y a ce rêve qu'elle entretient depuis si longtemps, écrire, devenir journaliste, vivre de sa plume. Mais comment concilier le travail à l'extérieur de la maison avec l'écriture? Aucune des ambitions de Léonise n'a été réalisée facilement. Est-ce pour cette raison qu'elle écrit: «Une morne mélancolie s'empare de mon rêve fou»?

Les derniers événements de sa vie contrarient Léonise. Il en avait été de même pour son père. Il attendait une récompense: c'est la mort qui le frappe. Ainsi, à l'image d'Avila, les projets de Léonise sont contrecarrés et, comme ses émotions sont toujours à vif, et en pareille circonstance sa sensibilité exacerbée, elle ira, comme nous l'avons lu dans le poème «Réveil», jusqu'à décrire son état comme un «martyre». La presque totalité de l'œuvre poétique de Léonise Valois dit la douleur qu'elle tentera toujours d'atténuer.

L'HÉRITAGE DU PÈRE

Le décès de son père vient renforcer l'image positive qu'elle en a. Cette image la guidera. Quel autre exemple qu'un modèle masculin une jeune femme intellectuelle au début du siècle peut-elle avoir? L'exemple de son père, associé à la politique en tant qu'organisateur de parti, déterminera sa vie publique. Il apparaît que la carrière politique de son père, ayant à la fin de sa vie échoué, puisqu'il convoitait un poste qui fut attribué à un autre candidat, poussera Léonise à dépasser cet échec. Celle qui, par sa mère, a été traitée d'ombre au tableau cherchera à briller. Sa passion des mots, des idées, et le sens de la justice qu'elle veut faire partager, tout cela est empreint de l'héritage culturel et affectif de son père.

Je me souviens, lorsque j'étais fillette, d'un gigantesque érable bien enraciné sur la propriété de mon père, dans ce beau Vaudreuil que j'aime tant! À l'époque «des sucres», mon père saignait le géant, après nous avoir préalablement gratifiées, mes petites sœurs et moi, d'un joli gobelet en fer blanc tout neuf et très brillant. À tour de rôle, il nous était permis de remplir jusqu'au bord nos petits récipients de la suave liqueur. Les alternatives duraient jusqu'à ce que l'arbre généreux eût distillé la dernière goutte de ses veines. Tous les printemps, l'érable nous prodiguait ainsi sa sève. Je le revois toujours avec beaucoup d'émotion! Et je garde une affection fière et reconnaissante à notre arbre national dont le produit exquis et recherché fait notre gloire à l'étranger et nos délices «chez nous».

ATTALA,
Causerie, «Les sucres»,
L'Écho de Vaudreuil, 19 avril 1907

LE JARDIN DU PÈRE

Cette affection «fière et reconnaissante», ne s'adresse-t-elle pas, en vérité, au père? Et cette allusion historique à l'arbre national, n'est-elle pas un autre déplacement vers lui?

Comme héritage, il lui a laissé aussi son amour de la nature, de la terre, de la campagne et il l'aura nourrie de souvenirs et de symboles. Il est à noter aussi que le texte «Souvenirs d'Enfance» fut parmi les premiers publiés, seulement deux ans après la mort de son père.

> J'ai revu le jardin vaste et fertile qui occupait les loisirs de mon père, faisait le tourment de ma mère, où nos petits pieds d'enfants, trouvant trop étroite l'enceinte d'une place de jeu limitée, franchissaient sans souci l'endroit prohibé où l'on nous surprenait arrachant les fleurs, froissant les plantes, dérobant et savourant dans le secret les fruits défendus, quitte à recommencer demain les larcins d'aujourd'hui, après une gronderie que tempérait toujours l'indulgence paternelle et la tendresse maternelle.

«Souvenirs d'Enfance»,
Le Monde illustré, 17 août 1901

Ce paradis perdu de l'enfance, associé à la présence du père, ce jardin qui s'ouvrira plus tard comme un refuge pour les angoisses de Léonise, cet espace «vaste et fertile» donnera naissance à ses *Fleurs sauvages*.

Le jardin, écrit Marie-José Chombart de Lauwe, «est un thème fréquemment associé à l'enfant, sous forme de lieu où les choses ont leur véritable sens, de paradis initial, de monde rêvé, d'abri rassurant[9]». Peut-être que cette ouverture à un espace à la fois défendu (en apparence) et permis (en réalité), dont elle a pu jouir dès l'enfance, a aidé Léonise à «cultiver son jardin» à travers l'écriture.

Avec le début du siècle, elle s'incrira dans un autre cycle. Mademoiselle Léonise Valois deviendra, à ses heures, Atala.

TROISIÈME PARTIE

De l'amour, du mariage, du célibat

Introduction à la correspondance
1900-1901

6

«L'Étoile conductrice»

> [...] tout ce bourdonnement d'abeilles autour de
> son nom et du mien ne m'a jamais émue, un seul
> instant, pas plus que ses paroles réservées et pru-
> dentes ont fêté dans mon âme le trouble de su-
> blimes enivrements.
>
> L. V.,
> *Correspondance*, 13 mars 1901

«CANEVAS EN MAINS»

En 1900, Léonise a trente-deux ans et elle n'est pas mariée. Elle a
refusé de porter le voile, on sait à la lecture de son *Journal* qu'elle a bien
eu des «cavaliers», ses amours rêvées avec Rodolphe Lemieux ne se
sont pas réalisées. Il ne lui restait donc que le choix de demeurer célibataire, «vieille fille» comme sont couramment appelées les femmes non
mariées, appellation et image qu'elle défendra dans une de ses chroniques
au *Monde illustré*[1]. Or, la condition de célibataire commence tout juste
à se transformer. «Ce n'est pas que le célibat diminue, il augmente mais
il se transforme», écrira une chroniqueuse de l'*Écho de Vaudreuil*, en
1908[2]. Il ne s'agit pas de célibataires sacrifiées pour la famille, mais de
femmes «qui volontairement s'abstiennent du mariage». Ces modifica-
tions atteignent davantage la classe bourgeoise. Le jeune homme recule
devant «le lourd fardeau d'une famille à nourrir, à vêtir, à soigner, à ins-
truire». Les conditions de vie étant de plus en plus difficiles, «le jeune

homme à marier se met à la recherche d'une personne largement dotée». Quant à la jeune femme de la classe bourgeoise, qui a fait ses études, «elle devient plus exigeante par rapport à son futur compagnon».

> Et, lorsqu'elle ne rencontre pas assez vite celui qui lui paraîtrait digne de partager sa vie, elle se résout facilement à rester seule. [...] Plus instruite, plus forte, sous certains rapports, ayant pris contact avec les réalités, elle est devenue clairvoyante et surtout indépendante, ne se sent plus contrainte d'accepter le mariage, le mari, comme une nécessité économique, comme le seul moyen d'assurer son existence[3].

On dirait une description exacte de ce qui s'est passé pour Léonise. Comme elle n'est pas démunie, elle peut évaluer le candidat que lui proposera sa sœur et le refuser, d'autant plus qu'elle semble avoir quelqu'un d'autre en vue: «L'avenir te rendra peut-être témoin d'un bonheur que j'estimerai infiniment plus grand», écrira-t-elle à Orphélia. Pourtant, avant d'en arriver à cette confidence, elle lui dira qu'elle a fait le vœu d'être célibataire.

Ce choix affecte son aînée, Orphélia, qui voudrait tant le bonheur de sa sœur. Elle pense que le vœu de Léonise de ne pas se marier est une erreur: elle connaît les épanchements du cœur de sa sœur et l'imagine au bras d'un homme. Léonise a toutes les qualités qu'il faut moins une: elle n'est pas, d'après sa sœur, très jolie. Qu'importe, Orphélia se lance dans une correspondance tout à fait romanesque avec son beau-frère, Évariste Valois[4], notaire de Lachute, qui est veuf, père de deux enfants, et se languit d'amour. Si elle réussissait à les réunir, elle consolerait deux âmes en peine qui lui sont chères, et leur permettrait de convoler. Ainsi, elle maintiendrait également les liens de parenté avec son beau-frère qu'elle affectionne.

Elle-même connaît «les bonheurs du mariage» et ne manque pas d'en faire part à sa sœur. C'est donc débordante de sentiments généreux à l'égard de Léonise et de son beau-frère qu'Orphélia se proposera comme leur «Étoile conductrice». Il n'est pas rare du reste à cette époque de voir la famille intervenir «fréquemment dans le déroulement des rencontres, des fréquentations et dans la décision du mariage[5]». Ce qui fait que les «remariages semblent davantage se faire au sein de la parenté[6]». Ainsi les liens sont resserrés. Mais, dans le cas de Léonise, d'autres raisons s'ajoutent. Elle n'a pas de dot. De plus, c'est une femme qui travaille, une femme qui a des idées et qui est journaliste! On peut imaginer qu'Orphélia se demande quel mari autre qu'un généreux cousin voudrait d'une femme pareille!

Orphélia prendra bien au sérieux son rôle d'«Étoile conductrice» et fera même entrer sa mère dans le jeu, en favorisant une rencontre sous son toit[7].

Mais voilà qu'elle se heurtera aux idées de sa sœur sur l'amour et le mariage, et à son esprit d'indépendance. Léonise, de son côté, n'étant absolument pas intéressée par ledit «candidat», ira même jusqu'à proposer d'autres candidatures, tout en signalant à sa sœur le peu de chance que son «protégé» a dans la course.

Pendant que les sœurs brodent leurs intrigues à propos du «héros de leur roman» et qu'elles devisent sur l'amour, Évariste cherche et finalement trouve celle qu'il attendait: il est «dans l'amour par-dessus la tête»! De cette union entre Évariste Valois et Marie-Eudoxie Bouthiller naîtront plusieurs enfants.

Au printemps 1901, Léonise est toujours seule, mais elle attend «quelque chose d'heureux et de providentiel». Elle termine sa dernière lettre en citant un poème qui l'a touchée. Elle se tourne vers les mots, vers ce qui la protège, ce qui la défendra toujours contre sa douleur d'aimer et de ne pas pouvoir offrir «toute son âme» à la personne convoitée.

ÉCRIRE SUR L'AMOUR

Non seulement cette correspondance se ferme par la citation d'un texte poétique, mais on peut l'éclairer à l'aide de trois poèmes inédits, dont son plus long poème en vers, «Oui, mon cousin», qui recoupe plusieurs éléments de la correspondance. Un autre inédit, celui-ci non daté, «Décalque du Sonnet d'Arvers», a dû être écrit vers la même époque, car Atala a écrit au bas de la page: «Ma part du concours dans le *Journal de Françoise*». Or, les années de parution du *Journal de Françoise* coïncident avec celles de la correspondance. Le poème porte la mention «pièce pas publiée», donc on peut avancer qu'il n'aura pas été retenu. Ajouté aux autres, il contribue à créer un ensemble d'émotions toutes reliées à cette période de sa vie.

«Décalque du Sonnet d'Arvers» offre aussi la particularité d'être un pastiche et nous renvoie à la poésie lue et appréciée au début du siècle.

Alexis-Félix Arvers (1806-1850) est un poète français dont la réputation littéraire s'est établie à partir d'un seul sonnet, que l'on disait être le sonnet du siècle! Il est intéressant de lire parallèlement les deux textes afin de constater à quel point Léonise s'en est d'abord imprégnée et combien elle s'en éloigne à la fin.

DÉCALQUE DU SONNET D'ARVERS

J'avais un doux secret et j'en faisais mystère,
Un amour bien naïf en un beau jour connu,
Survint l'heure fatale où j'aurais dû le taire,
Mon tort et mon regret, c'est que vous l'ayez su.

Vous auriez donc bien dû passer inaperçu
Et ne jamais troubler mon âme solitaire,
Vous aurez fait, vilain, votre temps sur la terre,
Osant tout demander... sans n'avoir rien reçu.

La femme a donc contre elle un cœur parfois trop tendre
Que devient son aveu lorsqu'il s'est fait entendre.
L'être aimé saura-t-il en arrêter le pas?

Si le devoir défend de lui rester fidèle,
Son rêve le plus doux devra mourir en elle,
Pourvu que de son mal... on ne se moque pas...

SONNET

Mon âme a son secret, ma vie a son mystère:
Un amour éternel en un moment conçu:
Le mal est sans espoir, aussi j'ai dû le taire,
Et celle qui l'a fait n'en a jamais rien su.

Hélas! j'aurai passé près d'elle inaperçu,
Toujours à ses côtés, et pourtant solitaire,
Et j'aurai jusqu'au bout fait mon temps sur la terre,
N'osant rien demander et n'ayant rien reçu.

Pour elle, quoique Dieu l'ait faite douce et tendre,
Elle ira son chemin, distraite, et sans entendre
Ce murmure d'amour élevé sur ses pas;

À l'austère devoir pieusement fidèle,
Elle ira, lisant ces vers tout remplis d'elle:
«Quelle est donc cette femme?» et ne comprendra pas.

ALEXIS-FÉLIX ARVERS[8]

Pour défendre ses idées, Léonise se servira de la poésie et de la correspondance, auxquelles s'ajouteront ses chroniques du *Monde illustré* sur le féminisme, le célibat, l'amour. Trois types d'écriture à travers lesquelles, à propos du mariage et du célibat, elle pèsera toujours le pour et le contre. Cela la plonge continuellement dans une réflexion qui, on le sent souvent, accentuera son désarroi face à l'avenir. Par exemple, bien qu'elle écrive dans le poème «Oui, mon cousin», «jamais, jamais, jamais», en répondant à sa demande, il reste que le titre revient dans le vers final; mais ce oui apparent est assorti de tant de conditions qu'il s'avère impossible. Dans la poésie et davantage encore dans sa correspondance, puisque ses sentiments ne sont pas arrêtés par les jeux de la forme, ses émotions se révèlent.

À tous ces écrits s'ajoutent, dans ses cahiers et spicilèges, des centaines de morceaux choisis, d'aphorismes, de pensées sur l'amour et le célibat, sur les hommes et les femmes, et dont la plupart sont écrits par les auteurs masculins les plus lus de son époque. Ces citations servaient sans doute de base à sa réflexion et parfois réaffirmaient ses convictions profondes. Mais il s'agit aussi du discours, du ton d'une époque, de la vision des hommes à propos des femmes. Ainsi, elle note une citation de Franklin qui, parlant des célibataires, écrivait:

> Le célibataire est une paire de ciseaux dépareillés qui ne sert de rien sans la moitié qui lui manque, que l'on jette dans la rue ou dans le tas des vieux fers.

Ou encore cette citation anonyme:

> Le plus grand défaut pour une femme c'est d'être homme.

Cette citation a dû la marquer fortement, car refuser le mariage, la maternité, être sur le marché du travail et écrire, s'appeler Léo, signer Léo quand il s'agit de la correspondance avec ses proches, prendre comme

George Sand qu'elle cite, un nom masculin, désirer avouer sa flamme à l'homme qu'elle aime, privilège réservé aux hommes (écrira-t-elle à sa sœur Orphélia), toutes ces attitudes sont considérées par l'époque comme étant non conformes.

Des passages de ce «Calendrier de pensées choisies tirées des meilleurs auteurs», titre qu'elle donnera à un de ses carnets, de même que des extraits de ses lectures sur l'amour seront utilisés comme matériel de sa chronique au *Monde illustré*. Il ne faut pas s'étonner de l'abondance d'auteurs masculins cités, ne pas perdre de vue que les femmes qui écrivaient étaient peu nombreuses, qu'on ne comptait qu'une dizaine de femmes journalistes, et qu'un recueil de poésie de femme francophone n'était pas encore paru au Québec. Il ne lui restait d'autre choix que de citer les auteurs masculins ou d'écrire elle-même, en n'y voyant là «aucun défaut». Être une femme qui écrit sur l'amour, tel aura été, un des mérites de Léonise Valois.

ORPHÉLIA

La santé fragile d'Orphélia, comme on pourra le constater par la fréquence des visites médicales, s'explique facilement. De son union avec son cousin Azilda Valois naîtront Marie-Alma, puis Marie-Rachel et, par la suite, elle accouchera de neuf garçons qu'elle perdra tous à la naissance. Ces grossesses à répétition, chargées de surcroît d'émotions par ces décès, menaceront davantage sa santé. En septembre 1901, à la suite d'une opération, elle meurt à l'âge de trente-sept ans, quelques mois après cette correspondance.

À sa mort, Léonise récupéra les lettres qu'elle avait envoyées à sa sœur, ce qui explique que la correspondance soit complète. En 1988, enfermées au fond d'une boîte, les lettres étaient jaunies et friables, presque un siècle venant de passer sur l'encre et le papier.

La richesse de cette correspondance écrite entre le 17 mars 1900 et le 26 mars 1901 est multiple. Incluant toutes les lettres, y compris les retranscriptions de celles d'Évariste Valois, cela forme un ensemble complet, une sorte de petit roman, tableau d'une époque. En plus d'avoir une valeur littéraire, cette correspondance nous éclaire sur les sentiments et les idées d'une femme à propos du mariage, de l'amour, du célibat, rarement exprimées dans notre littérature au début de ce siècle. Elle montre aussi comment les femmes s'organisaient entre elles pour favoriser les rencontres.

Cette correspondance apporte certaines informations sur la vie quotidienne de Léonise, au travail, à la maison, et comme journaliste au *Monde illustré*. L'image de la journaliste, les croyances religieuses, les expressions et la langue utilisée, la place de la maladie et de la prière, l'image de la ville et celle de la campagne sont toutes représentatives de cette époque.

Léonise étant touchée une autre fois par la mort, le décès d'Orphélia en septembre 1901 ne sera certes pas propice à des projets d'ordre amoureux.

POÈMES INÉDITS

OUI, MON COUSIN*

Voyons donc, mon cousin, laissez-moi je vous prie
Quand allez-vous cesser cette plaisanterie?
Voulez-vous vous taire, ou j'appelle maman
Finissez, mon cousin, vous êtes... assommant!...
Je vous ai dit que non, cela doit vous suffire
C'est réglé! c'est conclu! Ce que je viens de dire
Je le répéterais en face d'un canon
Enfin, vous le savez, quand j'ai dit non, c'est non!

Et d'abord, s'il me plaît de rester vieille fille!...
C'est mon droit après tout! Qu'en dira ma famille
Cela m'importe peu! Je peux faire à mon gré
J'ai ma petite tête et je le montrerai!
Des raisons mon cousin? En voici des centaines
Que je vais vous donner sans prendre des mitaines.

Les hommes, vous avez, je crois, tous les défauts
Vous êtes suffisants, égoïstes et faux...
Le mensonge — un péché qu'entre tous je déteste
Puis gourmands, paresseux, frivoles... et le reste!

_____
* Inédit daté de mars 1900.

Je peux continuer, si cela vous convient.
Vous prendrez dans le tas, la part qui vous revient.

Vous dites? Oh! je sens des lèvres très mielleuses
Pleines de jolis mots, de choses enjôleuses;
Yeux en coulisse, gros soupirs en coup de vent!
Je connais cela, vous êtes fort savant!
Dans cet art, mon cousin, vous progressez sans trêve
Et vous eussiez joué près de notre mère Ève
Le rôle du serpent avec un plein succès!
Mais depuis ce temps-là, bien des jours sont passés,
Vous étalez en vain, Messieurs, votre science
Car nous avons acquis un peu d'expérience!
Le vieux serpent a beau s'être transfiguré,
Pour nous séduire mieux, nous revenir paré
D'une peau toute neuve et s'être fait bel homme
À son nez déconfit, nous renvoyons la pomme!
Quoi! vous vous permettez de sourire! Vraiment
Je vous parle cousin, très sérieusement
Fille! J'entends rester!

              Voyez ma sœur Marie
Un jour — ô jour fatal — voilà qu'on la marie;
Qu'elle était donc heureuse avant cet accident
Maintenant n i n i, c'est fini! Cependant
Son époux fut coulé dans le monde des autres.
Il a vos qualités ses... vertus sont les vôtres
Il est même fort bien mince, brun, distingué;
On l'entoure, on l'admire, il est aimable, gai,
Spirituel, doué d'un charmant caractère
Bref! ma très chère sœur passe sur cette terre
Pour posséder le plus charmant des maris,
Une perle, un trésor! Vous pensez si j'en ris!
À peine à la maison, grande métamorphose!
L'homme charmant devient un monsieur froid, morose.
Horriblement quelconque, atrocement banal,
Qui parle à peine, bâille et dort sur son journal
Il a tout suspendu, mon excellent beau-frère,
Ses amabilités, son parfait caractère,
Sa gaieté, son esprit qu'on admirait tantôt
Au clou, dans l'antichambre, avec son paletot!

Et ma sœur? Oh! ma sœur est femme de ménage
La cuisine, Monsieur, voilà son apanage!

On la trouve plongeant pour en savoir le goût
Son petit doigt mignon dans quelque affreux ragoût
Armoires et placards rentrent dans son domaine
Le long des corridors on la voit qui promène
À son flanc glorieux, un grand trousseau de clefs.
Deux boutons ce matin lui furent signalés
Qui menaçaient de fuir «Vite qu'on les recouse!»
Déclare nettement la vigilante épouse
Car on se marie — ainsi veut la raison —
Que pour voir régner l'ordre austère en sa maison

Et vous pensez, qu'au prix de ces soins domestiques
Bien propres à ravir les âmes poétiques
Madame peut du moins faire ce qui lui plaît
Erreur! Mon cher erreur! Son servage est complet
Elle est esclave alors que vous la croyez reine!
Madame veut sortir! Monsieur a la migraine
Or, comme il doit souffrir considérablement
Pas de bruit... Pas le plus léger bruit... C'est charmant

Elle adore le bal, le plaisir, les toilettes
Mais lui grogne d'avoir à solder les emplettes
Et plein d'irrévérence, il traite d'oripeaux
Les manteaux les plus chics, ses plus jolis chapeaux
Oh! accord merveilleux! Oh! touchante Union
L'un dit: «Reposons-nous», quand l'autre dit: «Partons»

Ah! Ah! me voyez-vous recousant vos boutons
Houspillant sans motif les bonnes effarées,
Soucieuse, épiant si le gigot est cuit
Ou comptant vos mouchoirs et vos bonnets de nuit?
Pour cet emploi cousin, il faut être plus brave
Vraiment que je ne suis!...

                    Comme vous voilà grave!
Que murmurez-vous de la sorte tout bas?
Comme vous voilà triste!... Oh! je ne voulais pas
Vous faire de chagrin. — Quelquefois je plaisante
Vous savez, mais au fond, je ne suis pas méchante

Je me souviens du temps où nous étions tous deux
Des enfants partageant les mêmes jeux;
Vous aviez, mon cousin, un peu plus que mon âge
Je vous considérais comme un grand personnage

Mais vous étiez si doux et si complaisant!
À mes petits malheurs, si bon, si compatissant
Vous mettant au niveau de mes gamineries
Indulgent à l'excès pour mes mutineries
Dans vos jeux, vous vouliez — c'était d'un noble cœur
Être toujours vaincu, quoique toujours vainqueur
Vous aviez avant tout, une âme généreuse
Et quand j'avais commis quelque sottise affreuse
Bien des fois, à ma place, il faut en convenir,
En galant cavalier, vous vous laissiez punir!
Si vous me surpreniez gravement occupée
Vous daigniez me donner des conseils pleins de goût

Vous le voyez, monsieur, je me souviens de tout,
De tout absolument, et comme je me flatte
Si je suis folle un peu, de n'être point ingrate
N'ayant rien oublié de ce que je vous dois
Je vous garde en mon cœur, une place de choix

Bon! voilà qu'à présent, je chante une autre gamme
Et vous devez vous dire: Oh! la femme! La femme!
Être léger, mobile, en surprises fécond
Et bien! vous vous trompez! Quant à moi je réponds
De ne point m'écarter de la route choisie!
Veuillez ne point compter sur une apostasie
Car, pour vous épouser, jamais! jamais! jamais!
Tenez-le vous pour dit, monsieur mon cousin.
Mais, je ne veux certes pas être votre ennemie
Voici, ma main, prenez-la, c'est la main d'une amie
D'une amie et pas plus... pas plus, entendez-vous?
Au revoir, mon cousin!...

            Comment! À mes genoux!
Ciel! vous n'y pensez pas! Que voulez-vous qu'on dise?
Si par maman ainsi, j'allais être surprise!
Relevez-vous, monsieur, laissez-moi m'en aller!...
Oh! c'est ma faute aussi! Pourquoi les rappeler
Ces souvenirs lointains de mes jeunes années
Pourquoi les respirer, ces pauvres fleurs fanées
Dont le subtil parfum vous grise! Ah! oui! pourquoi
Ayez pitié, monsieur! mon cousin! Laissez-moi!
Je veux... Ce que je veux, hélas! le sais-je encore!
Non non!... Je vous défends de dire: «Je t'adore»

Laissez-moi! J'en ai fait le serment je le tiendrai
Avec amour, jamais je ne me marierai!
Car ce n'est pas de vous que j'ai peur, je vous jure
J'ai peur du mariage! Oh! Paul, je t'en conjure
Va! Tu mériterais, vilain, d'être battu!
Ah! mon Dieu! maintenant, c'est moi qui vous dis tu
Comme autrefois, voyons, laissez-moi! Ma détresse
Ne vous touche donc pas méchant? Votre tendresse
Ne saurait s'exprimer sans me faire souffrir?
Non! ne me dites pas que vous voulez mourir
Parce qu'à vos désirs je ne veux pas me rendre
À ce faux désespoir, n'espérez pas me prendre...

....

Si cependant, j'osais croire à votre serment?
Si vous deviez m'aimer là, bien sincèrement?
Si je devais, étant votre petite femme
Posséder le meilleur de votre âme
Si je croyais qu'il fut pour les pauvres humains
Des rêves sans réveil, des jours sans lendemains
Si j'osais espérer, Paul, que tu me comprisses
Comme je voudrais l'être et qu'à tous mes caprices
On souscrivît avec un bonheur sans égal!
Que vous ne fussiez pas... Comment?... trop conjugal
Si j'étais sûre enfin, au lieu de prendre un maître
De retrouver l'ami si bon, si franc... Peut-être,
Je dirais, renonçant à mon premier dessein,
Je dirais: «Vous voulez?...
                    Eh! bien, oui, mon cousin!»

L'AMOUR ET L'ESPÉRANCE*

Au bord de l'océan, l'Amour et l'Espérance
Regardaient au matin se lever le soleil
Les vapeurs de l'éther avaient la transparence
Et comme l'orient le flot était vermeil

Midi vint, le soleil embrassait le rivage
En souriant l'Amour dans son esquif monta
Disant à l'Espérance: «attends-moi sur la plage!
Je te quitte un instant.» L'Espérance resta!

Et du bord de l'esquif, l'Amour disait encore
Ne crains rien, je reviens avant la fin du jour
Son regard était doux, aussi doux que l'aurore
L'Espérance était femme, elle crut à l'Amour

La barque disparut. Tout entière à son rêve,
L'Espérance en comptant chaque heure qui passait
Restait seule debout en traçant sur la grève
Le nom cher que la vague en montant, effaçait

Le soir vint, une barque, à l'éclatante voile
Voguant sur le rivage, à l'horizon parut
Un fanal à son bord brillait comme une étoile
Au devant de l'esquif, l'Espérance accourut!

D'une trompeuse joie, elle s'est enivrée
Celle qui fend les eaux sur son palais brillant
Ce n'est rien que la *Richesse* dorée
Tandis que c'est l'*Amour* que l'*Espérance* attend

Mais! un second esquif s'approche de la rive!
La lune, au frais rayon éclaire son retour
Hélas! déjà trompée, elle accourt mais craintive
Ce n'est que l'Amitié! pâle sœur de l'Amour

Et le jour disparaît. Confiante au mensonge
L'Espérance à l'Amour tend encor les bras
Mais son bonheur d'hier était mort comme un songe
En vain... elle attendit. L'Amour ne revint pas!

---

*Inédit daté de mars 1900.

«Évariste, le brave héros de notre roman»
Correspondance intégrale
1900-1901

NOTES D'ÉDITION

Ces lettres sont reproduites intégralement. Cette édition se fonde en majorité sur des originaux: huit lettres de Léonise à Orphélia, douze lettres d'Orphélia à Léonise, une lettre d'Orphélia à sa mère. Les autres documents sont des retranscriptions de la main d'Orphélia: cinq lettres qu'elle a adressées à Évariste Valois et deux lettres qu'elle a reçues de lui.

Orphélia écrivait toujours en tête de lettre: «Mademoiselle Léonise Valois». J'ai conservé simplement la formulation qui suivait: «Ma chère sœur» ou «Chère Léo». Bien que la plupart aient été datées en toute fin de texte, les dates ont été indiquées en tête des lettres, de façon à unifier la correspondance.

Quelques corrections orthographiques ont été faites: par exemple, «Mde» est changé pour «Mme», respectant l'emploi actuel de l'abréviation. L'usage fréquent des majuscules a été respecté, considérant que cela fait partie des formules de politesse et de l'expression courtoise d'une époque. Les mots et passages soulignés ont été mis en italique.

Vaudreuil Village, 17 mars 1900

Mon cher Évariste,

Nous avons dû décliner ton invitation. Je ne suis pas assez bien pour entreprendre un aussi long voyage[1]. Je le regrette, d'autant plus que nous aurions eu beaucoup de mérite à faire une aussi *grande pénitence*.

J'ai appris avec plaisir que tu jouis d'une bonne santé ainsi que Madame ta Mère. Ici, tout mon monde se porte bien.

Je te remercie de tes bons souhaits, Dieu veuille qu'ils soient exaucés. Ceci m'amène à te parler d'un sujet auquel tu attaches trop d'importance. Ne va pas croire que je veuille faire du mystère à propos de la personne dont je t'ai parlé. Loin de là est ma pensée, crois-moi. Je te la nommerai quand tu voudras, mais à condition que tu la laisses ignorer que je t'aurai parlé d'elle. Quoi qu'elle soit bon enfant, je la connais assez indépendante et assez susceptible pour savoir qu'elle me pardonnerait difficilement ma témérité à son égard. Et, à vrai dire, elle aurait raison.

Je voudrais bien te voir heureux comme autrefois. Si je connaissais quelqu'un que tu aimerais et qui voudrait associer son sort au tien, je n'hésiterais pas à me faire «Étoile conductrice». Mais hélas! l'idéale à qui tu rêves n'existe pas. Si elle existe je ne la connais pas. Mon cher ami, les femmes parfaites sont rares. Je ne te dis pas cela pour te décourager et je ne veux pas, non plus, te laisser sous l'impression que je désire que tu fasses un choix dans ma famille. Au contraire, j'ose espérer que tu vas oublier ce que je t'ai écrit. Ta curiosité est-elle satisfaite? Quoi qu'il arrive, j'espère que votre affection ne sera aucunement altérée.

Je t'envoie mes meilleurs amitiés en attendant que j'aie le plaisir de te voir.

Je te prie de saluer pour nous Madame ta Mère.

Je t'embrasse affectueusement

ORPHÉLIA

Vaudreuil, 16 avril 1900

Mon cher Évariste,

Je t'attendais samedi, je croyais que tu viendrais nous annoncer quelque nouvelle, mais nenni. Donc il faut conclure qu'*elle* n'est pas encore prête. Comment va le cœur de ce temps-ci? Si j'en crois les rumeurs, quelque chose de doux se brasse à Montréal depuis quelque temps. On m'a même dit que tu vas me donner une belle-sœur sous peu. Que Dieu le veuille, si cela peut se réaliser une bonne fois, j'en serai bien heureuse.

Puisque tu es épris d'une autre, je puis te parler de Mlle Joséphine. Nous avons le mot de l'énigme relativement à ses sentiments amoureux. Figure-toi qu'elle aime Walter. Quand le cœur de la cousine bat pour le petit cousin, halte-là messieurs les étrangers, c'est trop aimable un petit cousin[2]. Tu ne connais pas cet amour-là, mais il paraît que c'est sérieux quand ça prend fort. Ah! les chers cousins pourquoi sont-ils aussi aimables?

Vous êtes bien, je suppose, Madame ta Mère et toi. Ici tout mon monde se porte bien. Je suis contente de te dire que j'ai pris un peu de mieux. J'espère que les chaleurs vont me rétablir parfaitement.

Nous avons beaucoup de maladie dans Vaudreuil. Chez les grandes personnes, Mme Antoine Valois, Mme Berthe Léger et Mme Valéry Lalonde sont gravement malades. Cette dernière inspire même beaucoup de craintes à son médecin. Chez les enfants, on dit qu'il y a plusieurs cas de rougeole, j'espère qu'il n'y en aura pas de fatal.

Au revoir, je te souhaite beaucoup de succès et je t'embrasse affectueusement.

Tu voudras bien présenter nos saluts respectueux à Mme ta Mère.
Ta belle-sœur

ORPHÉLIA

Vaudreuil, 9 mai 1900

Ma chère sœur,

Je suis encore à attendre la réponse à la lettre que je t'ai adressée le 26 avril[3]. Je tiens beaucoup que tu me répondes, donc mets-toi à l'œuvre le plus tôt possible.

J'ai reçu une lettre de Maman hier, j'ai été quelque peu surprise de voir qu'elle ne donne aucune nouvelle concernant la réponse que vous devez avoir reçue de Mlle Charlebois. Vous a-t-elle répondu?

Je n'ai pas pu avoir la servante dont je t'ai parlé, mon mari est allé jeudi matin pour l'engager, mais elle lui a dit qu'elle préfère rester à Dorion, *Mademoiselle* n'aime pas le village. Éva[4] est ici depuis lundi, mais elle retourne chez elle ce soir. Il lui est tout à fait impossible de rester plus longtemps, il lui reste à faire encore plusieurs ouvrages et de plus ils ont de la maladie.

J'ai pris du mieux mais je me sens bien faible. Le Docteur Harwood est venu me voir dimanche, il m'a recommandé de garder le lit toute cette semaine.

Quoique ce soit bien ennuyeux, je suis ses conseils scrupuleusement, je crains trop d'avoir une rechute.

Le service de Mme Ludger Valois a eu lieu ce matin, il y avait beaucoup de monde, paraît-il. Le notaire Valois de Lachute était parmi l'assistance. Il est venu prendre le dîner avec nous. J'ai eu un long entretien avec lui dont je te ferai part quand je te rencontrerai, si tu y tiens, bien entendu.

Tout mon monde est bien portant. J'ai reçu ce matin une lettre de Marie-Alma[5], elle me dit être bien, elle aussi. Encore une fois, je te prie de m'écrire le plus tôt possible, j'y tiens fortement.

Je t'embrasse de tout mon cœur, en attendant que j'aie le plaisir de te voir.

Ta sœur affligée

ORPHÉLIA

Montréal, vendredi,18 mai 1900

Ma chère Orphélia,

Tu t'impatientes, n'est-ce pas, de ne pas recevoir de réponse à ta dernière lettre. Malheureusement, les circonstances ne me favorisent guère. J'ai à peine le temps de souffler ces jours-ci. Marie-Anne nous est arrivée bien malade. Des frissons et des points par tout le corps. Le Docteur nous a fait l'envelopper de cataplasmes et de bouteilles chaudes renouvelés à toutes les deux heures la nuit dernière. Ce matin elle est un peu mieux. Moins de fièvre, mais les points ne font trève qu'après les injections de morphine. Je crois que si elle échappe à une inflammation de poumons, elle pourra s'en féliciter ou plutot remercier son médecin qui ne lui épargne aucun soin. Cet après-midi elle semble moins souffrante et repose doucement. J'ai pu rester ici aujourd'hui, mais ce n'est qu'en retardant mon ouvrage au bureau que je trouverai accumulé lundi. Il me faudra allonger mes heures de travail. Ajoute à cela les listes électorales que nous sommes à faire en dehors de nos heures régulières et qu'il faut nécessairement faire au bureau et trouve-moi le temps où je pourrai t'écrire *selon ton désir. À plus tard les affaires sérieuses* (qui me concernent particulièrement et personnellement j'entends.) Ici, c'est toujours le bardas. Il reste encore le soubassement pour la semaine prochaine[6]. Inclus le lavage et le repassage dans cette semaine et tu verras si chacun a de la besogne à remplir. Nos nouveaux locataires sont arrivés. Ils sont fort paisibles, mais semblent se plaire à demi dans leur nouveau local. Madame n'avait pas remarqué le tapis, les petites vitres, etc. Je crois pourtant qu'ils y resteront à cause de notre pratique pour l'épicerie de M. Vanier[7].

As-tu pu avoir la servante en question? Tout le monde se plaint de la rareté des servantes. Je te conseille de te recommander à Saint-Antoine. Je t'enverrai un timbre, on l'applique à la dérobée sur la porte, puis on fait une promesse d'argent pour les pauvres, proportionnée à notre demande. La recette est merveilleuse d'efficacité. Essaie et tu ne riras plus après. Tous les croyants les emploient et les vantent. Si j'en avais un à ma disposition, je te l'enverrais, mais je n'en ai plus. Je t'en procurerai quelques-uns ces jours-ci. C'est bon pour toutes sortes de choses. Je t'écris à la hâte, et n'ai pas envie de plaisanter. J'oubliais de te dire qu'Héliodore prend quelques jours de repos dont il avait un absolu besoin, paraît-il. La *maison* est bien *pleine.* Il reste cependant un coin pour Angélina quand tu pourras t'en passer. Au revoir, à un peu plus tard cette *réponse,* je t'écrirai si cela va plus mal. Je vous embrasse tous, Léo.

Maria et Thérèse sont entrées chez Morgan. Elles-mêmes ne connaîtront les conditions de leur marché que la semaine prochaine. D'ici là, nous ne pouvons dire si cela leur sera favorable ou non. Je t'en reparlerai. Léo. Elles gardent toujours leurs chambres ici. Léo.

Montréal, 7 juin 1900

Ma chère Orphélia,

Tu trouves sans doute que je retarde beaucoup à te répondre. Que veux-tu? Notre temps jusqu'ici a été tellement pris par la maladie de Marie-Anne que malgré toute ma bonne volonté à *vous* rendre service, j'ai été obligée de négliger les affaires des autres pour ne m'occuper exclusivement que des nôtres.

Heureusement que cette grave maladie nous laisse un peu de répit, et que nous avons maintenant un peu le temps de souffler et penser à autre chose. J'aurais bien voulu trouver l'occasion de te revoir seule, lors de ta visite à Montréal. Les circontances ne nous ont guère favorisées. Je t'aurais demandé l'impression que t'a causée Bernadette. N'est-ce pas que c'est une très jolie fille? Ajoute à cela un bon talent musical et de grandes qualités domestiques. De plus, cette union créerait à M. ton beau-frère des relations fort enviables. N'est-elle pas la sœur de l'aimable et distingué Curé de Maisonneuve?... de M. *Bélanger, riche entrepreneur* de Valleyfield dont l'épouse est la sœur de Mgr Émard, de M. Amédée Bélanger, pharmacien de la Pte St-Charles, avantageusement connu, etc.

Bernadette n'a que vingt-trois ans, mais elle est *sérieuse comme une fille de trente.* Mais puisqu'en pareille circonstance, je dois tout te dire, il faut bien que je te laisse voir aussi l'autre côté d'une si belle médaille. Bernadette, quoiqu'intelligente, n'est pas très instruite, elle est un peu timide (sans gaucherie cependant, comme tu as pu le constater toi-même) mais cela la rend peu communicative au premier abord. Dois-je aussi te dire que ses autres belles qualités devront lui tenir lieu de dot. Voilà. Si ton beau-frère y tient, je me ferai un plaisir de le mettre en communication avec elle, pourvu, toutefois, que cela se fasse avec la plus absolue discrétion. J'ai un certain motif pour en agir ainsi. Maintenant, au nombre de mes amies à marier, je pense bien à Laure, d'une nature si richement douce, mais à qui l'idée d'aller vivre à la campagne répugne énormément, sans doute à cause de ses frères et sœurs orphelins de mère et qui en retrouvent une autre en la personne de leur sœur aînée.

Je pense aussi à Ubaldine Garand, dont l'âge se rapproche plus de celui de ton beau-frère. Ubaldine, si sage, si bonne, si capable, mais hélas peu jolie et il ne faut pas que j'oublie que ton aimable *protégé* a fait le rêve de ne se marier qu'à une femme jolie, élégante, intelligente, instruite, musicienne, enfin distinguée sous tous rapports. Franchement, ma chère Orphélia, si j'étais plus intime avec ton beau-frère, je crois que je lui conseillerais de se marier à une... *huître.* Peut-être, trouverait-il au fond, la perle si précieuse et tant désirée.

Tu me demandes de le vanter auprès de mes amies. Ah! par exemple, *voilà qui n'est pas aussi difficile.* Outre le plaisir tout naturel de louer quelqu'un de ma propre race, je peux dire avec conviction qu'il est beau, qu'il est bon, intelligent, musicien même, qu'il a donné ses preuves, etc., mais pour calmer un peu l'enthousiasme que ferait naître un tel portrait, et réprimer la trop forte envie de posséder un tel mari, il me faudra bien dire aussi, qu'il a quarante-deux ans, d'assez nombreux cheveux blancs, *(and the last but not the least)* deux enfants... puis, sans vouloir parler de la question pécuniaire, plus ou moins favorable, il me faudra bien laisser entrevoir la perspective *souriante,* pour une jeune fille de Montréal, de renoncer à la ville et à ses plaisirs, pour s'en aller s'enterrer à la campagne et vivre là, toute sa vie en compagnie d'un homme doux et charmant, si tu le veux, mais enfin, pas du tout sûr de son cœur mal guéri, je crois, de la blessure d'un grand deuil qui fut son premier amour. Si j'étais à ta place, il me semble qu'au lieu de chercher une femme à ton beau-frère, je lui conseillerais de ne pas songer à se marier maintenant. Avec ses désirs de possession d'une jolie femme musicienne, il me fait l'effet d'un enfant qui cherche à se distraire avec une *toupie colorée.*

En attendant encore un peu et s'abandonnant à la Providence, elle finira par le guider mieux que tout autre, non pas vers l'idéal qu'il rêve, presque impossible à trouver, mais vers *une âme sœur de la sienne* qui l'appréciera, l'aimera et se dévouera pour lui, heureuse de vivre de sa propre vie, fût-ce au fond d'un bois, parce qu'elle y trouvera son propre bonheur, car vois-tu, l'amour mutuel, pur rayon, illumine tout, et il me semble que tu dois penser un peu comme moi, toi surtout, qui as fait un si beau mariage d'amour. D'ailleurs, tu connais mes sentiments sur ce sujet.

Tu sais que, pour ma part, j'ai fait vœu de mourir vieille fille, plutôt que de ne pouvoir donner toute mon âme à mon mari, avec confiance et bonheur. Mon vœu s'accomplira probablement. Qu'importe. Mieux vaut bercer languissamment son cœur vide dans le néant des choses, que d'y river un boulet de fer, dont le poids se fait sentir de plus en plus lourd tous les jours, jusqu'à ce que la chaîne des années soit rompue par une mort souvent trop lente à venir, parce qu'elle est trop ardemment désirée.

Les hommes sont mieux partagés que nous sous ce rapport. Que de malheureuses sont forcées de se plier aux circonstances qui leur imposent tel ou tel mari qui leur plaît à demi, et souvent pas du tout. L'esclavage, les humiliations et les souffrances d'une femme en ménage ne font que compléter leur malheur. Que je les plains! et quand je pense à toutes ces misères désavouées, ou cachées, comme je me trouve heureuse! et comme je bénis ma plume et mes pas de chaque jour qui m'assurent mon pain quotidien et me rendent fière de le devoir à moi-même, plutôt qu'à un être que je détesterais de tout mon cœur, si je ne parvenais pas à l'aimer de toute mon âme.

Revenons à ton beau-frère. Il est moins à plaindre que bien d'autres. Laisse-le faire. Je crois que toute notre médiation servirait à faire peu de chose. Lui-même, et lui seul, inclinera tout naturellement vers la femme assez habile qui lui enlèvera son cœur sans qu'il s'en doute, et peut-être, tout cela, par un seul tour de finesse ou de grâce. Suivant moi, les tiers nuisent plutôt qu'ils n'aident dans ces sortes d'affaires. Tout de même, si Évariste tient à ce que je lui présente Bernadette, je le ferai avec plaisir. Alors, dis-lui tout simplement ce que je t'ai écrit à son sujet, puis écris-moi.

Je n'ai pas besoin de te dire que mes impressions sont pour toi seule. Aussitôt lue, fais-moi le plaisir de déchirer cette lettre. Des lambeaux d'âme qui traînent se souillent sous des yeux profanes.

Au revoir, je vous embrasse tous. Crois à ma profonde affection. Encore une fois mon dévouement est à ton service pour toutes les causes, *même pour celle-ci.*

LÉO

[sans date]

Mon cher Évariste,

Quand je te disais que mon *candidat* était susceptible et indépendant, je ne me trompais, pas n'est-ce-pas? Malgré le grand désir de plusieurs membres de ta famille de te la voir prendre pour épouse et qui m'a déterminée un jour de vouloir te la proposer, je crois que vos idées *concordent trop* pour que vous

vous unissiez. C'est pourquoi j'ai toujours refusé jusqu'ici de te la nommer. Si je me suis décidée de t'envoyer cette lettre, c'est pour que tu ne m'imputes aucun blâme plus tard. Léo fera j'en suis certaine une épouse modèle, affectueuse et dévouée, mais qu'à la condition qu'elle me fait connaître.

Plusieurs personnes m'ont parlé de vous deux, mais ainsi que tu le disais sur ta dernière, les affaires de cœur ne se maîtrisent pas. Aussi suis-je tout à fait satisfaite de connaître tes sentiments envers elle et les siens envers toi.

Comme je te l'ai déjà dit, elle m'a dit te connaître bien trop et avoir peur de toi *comme du feu*. Tu trouves que c'est étrange, la même raison qui ferait l'affaire d'autres personnes dans le même cas, vous éloigne tout à fait.

ORPHÉLIA

14 juin 1900

Ma chère Léonise,

Je t'envoie une copie de la réponse à la lettre que j'ai écrite à Évariste la semaine dernière. Maintenant, si tu me réponds, ne laisse pas voir que je t'ai envoyé le texte au complet, car il en serait peut-être mécontent. Si (malgré ton conseil de détruire ta lettre me faisant connaître tes impressions), si, dis-je, je me suis décidée de lui faire lire la tienne, c'est que je n'avais pas le temps de la transcrire et que, de plus, je voulais qu'il fût bien convaincu que personne des miens n'avait posé de candidature. Ta lettre doit le lui avoir bien prouvé.

Pauvre Évariste! Connaîtra-t-il des jours plus heureux? Je le lui souhaite de tout mon cœur.

Ainsi que je l'ai écrit à Marie-Anne, Azilda désire que Marie-Alma s'en vienne à Vaudreuil le jour même de la sortie. Nous l'enverrons à Montréal la veille du jour qu'elle devra se présenter pour ses examens.

Tout mon monde se porte bien. Au revoir, je t'embrasse tendrement,

ORPHÉLIA

Lachute, 25 juin 1900

Ma chère Orphélia,

Hier, comme je commençais à t'écrire, il m'est arrivé une foule de personnes qui m'ont tenu occupé toute la journée. J'ai été obligé de remettre à ce matin la présente que j'aurais dû t'écrire il y a déjà quelque temps.

Tu n'avais pas besoin de me dire sur ta dernière à propos de «personnes qui ne connaissent que le plaisir de la rue» que les demoiselles mentionnées par Léonise ne sont pas de mœurs légères. Ma chère Orphélia, ce n'est pas ça que j'ai voulu dire. Telle chose ne m'est jamais venue à la pensée. Si j'avais voulu dire ça, vous auriez parfaitement raison d'en être offensées. Et ce serait très maladroit de ma part, pour ne pas dire plus, que d'offenser des personnes qui veulent bien condescendre à me chercher avec moi un *remède* contre l'ennui et la solitude. J'ai cru découvrir dans la lettre de Léonise que les personnes recommandées ont l'air bien attachées à la vie des grandes villes, avec une petite moue dédaigneuse pour le séjour des villages de campagne, comme si rien n'égalait pour elles une promenade sur les grandes et jolies rues de la Métropole et c'est ce qui m'a fait conclure que les personnes qui tiennent tant à l'alignement des maisons et à l'asphalte des rues, et trouvent beaucoup de plaisir à en jouir, ont rarement l'occasion de trouver le bonheur à la maison, quand même leur mari y serait enfermé et se tiendrait prosterné à deux genoux devant elles, en adoration perpétuelle.

Quant à la sévérité de leurs mœurs, je n'y ai pas pensé du tout, tellement j'étais convaincu que tout était correct. D'ailleurs la compagnie qu'elles fréquentent m'en était garant.

Saluts et amitiés à tous,

ÉVARISTE

[La lettre qui précède a été recopiée par Orphélia, qui avait ajouté ce qui suit.]

Je t'enverrai la copie de l'autre réponse ces jours-ci. Cela me fatigue d'écrire. O.V.

[Non datée, bas de page coupé. Lettre d'Orphélia à Léonise.]

Ma chère Léonise,

Je t'arrive un peu plus tard que j'aurais dû le faire, cependant, tu peux être persuadée que ce sont les circonstances qui m'ont empêchée de t'écrire plus tôt.

Depuis la lettre qu'Évariste m'a écrite et dont je t'ai envoyé une copie, j'en ai reçu deux autres, une en réponse à la lettre que je me *suis empressée* de lui écrire et dans laquelle je lui ai dit, moi aussi, ma façon de penser et une autre en réponse à la tienne que je n'ai pas manqué de lui faire parvenir. Tu trouveras le texte des deux sur une feuille que je vais t'envoyer avec la présente.

Philomène vient de recevoir ta lettre, elle est très contente des nouvelles que tu lui donnes, elle me charge de te dire qu'elle t'écrira vers le milieu de la semaine.

J'ai engagé pour cette semaine une modiste et une apprentie pour habiller mes petites filles. Je te remercie du trouble que tu t'es donné pour Marie-Rachel. Le carreauté va très bien faire je crois, je suis contente que tu l'aies acheté, cela va m'exempter de lui faire une autre toilette, elle a la jupe comme cela. Marie-Rachel est bien contente de son «sailor». Angélina lui a garni son autre chapeau bien à son goût. Celui de Marie-Alma est aussi bien joli. Mlle Brasseur a fait aujourd'hui une jolie blouse de «lawn[8]» garnie de valenciennes pour Marie-Alma, demain elle va lui faire la jupe de robe qu'elle s'est achetée elle-même. Mercredi, Mlle Brasseur travaillera pour Marie-Rachel. Il est tout probable que je vais envoyer cette dernière à Lachute jeudi. Évariste vient de m'écrire qu'il serait content que je les envoie toutes deux dès à présent. Comme je ne tiens pas à ce qu'elles aillent ensemble, je vais envoyer d'abord Marie-Rachel. D'ailleurs, il faut que je fasse réparer toutes les robes de Marie-Alma avant qu'elle fasse ses promenades.

Je suis encore souffrante de cette inflammation de tissu cellulaire, le Docteur est venu jeudi soir, il me *prescrit de la patience*. Je veux bien essayer d'endurer patiemment tout ce qui m'arrive, mais hélas! malgré toute ma bonne volonté et mes résolutions, je me surprends à trouver quelquefois mes épreuves bien grandes. Comment tout cela se terminera-t-il? [...]

Montréal, 20 juillet 1900

Ma chère Orphélia,

J'aurais tant voulu répondre à ta lettre aussitôt après sa réception. Mais de la visite avant-hier, de la visite hier, m'a empêchée de me rendre plus tôt à ton désir.

Je te trouve vraiment bien à plaindre avec toutes ces souffrances qui te tiennent si languissante, et je me demande avec toi «Comment tout cela finira-t-il?» J'ai hâte pour toi qu'un changement plus favorable se produise. Espérons-le de la bonté d'un Dieu tout-puissant.

J'entre déjà en matière pour parler une fois de plus de ce sujet si important, ou plutôt si amusant qui nous intrigue un peu, tous ensemble avouons-le. Et d'abord, laisse-moi te dire que je regrette que ta maladie m'ait privée si longtemps du plaisir de connaître et les nouvelles pensées et les nouveaux désirs de ton... capricieux beau-frère. Avec cela, que ce retard peut bien à ses yeux me donner tout l'air d'une penaude qui veut se faire tirer l'oreille. Et pourtant, Dieu sait ce que j'ai mis de gaieté de cœur à concevoir mon plan et ce que je crois pouvoir en mettre davantage à l'exécuter, si possible. Je te l'expose.

Un samedi ou dimanche après-midi, Laure vient me chercher pour m'emmener faire une promenade avec elle au bout de l'île. Mon cousin nous attend à la pharmacie Leduc. Un ami que j'ai prévenu et qui croit me devoir quelque chose, est aussi là, prêt à m'accompagner, payer mes dépenses et m'amuser. Nous nous rendons, en tramway jusqu'à Maisonneuve. Quelques pas à pied avec mon ami et nous sommes rendus au presbytère de M. Bélanger, tandis que Laure et son compagnon nous attendent, tout en causant, dans la salle d'attente. Nous réclamons Bernadette à qui son révérend frère a probablement permis de nous accompagner, et nous voilà de nouveau dans le tramway (à 25 cts par tête, ce n'est pas vraiment trop cher pour le plaisir que ça donne) jusqu'au parc du bout de l'île, où la nature brillante et parfumée jette à flots toute sa poésie dans nos yeux, dans nos oreilles et voire même dans nos cœurs si nous voulons bien les ouvrir. Au retour, le cousin change de compagne. Pour moi, *l'autre* est toujours là qui m'amuse. Donc voilà mon plan tout tracé. Il me reste à le soumettre à tous les intéressés. Je compte sur toi pour le communiquer à ton beau-frère. Tu voudras bien lui dire qu'à tout cela, je me crois en droit de poser une petite condition. Une seule, l'assurance d'une visite, après cette rencontre, à l'une et à l'autre de mes amis à qui j'aurai joué ce beau tour. Est-ce trop exiger? Non, assurément et si le plan et la condition lui conviennent, que le cousin me le fasse savoir et je m'efforcerai de lui rendre service.

Maintenant, cette rencontre ne pourra avoir lieu que dans la première quinzaine d'août, alors que je serai en vacances. Avant cela, je n'ai pas le temps de m'en occuper, et plus tard que cela, je serai à Vaudreuil, répondant à votre aimable invitation d'aller me reposer quelque temps chez vous.

Tu vois que je suis forcée de limiter ma bonne volonté à cette quinzaine où je serai plus libre qu'en tout autre temps. Tu ne t'étonneras pas, j'espère, si j'assigne un rendez-vous dans un tout autre endroit que celui de notre propre salon. Mieux que tout autre, tu comprendras pourquoi. Les cœurs ne sont pas des choses au gré des vents. D'aucuns n'ont pas les mêmes idées que nous là-dessus.

Avant de clore cette lettre, je tiens à relever le passage de ma dernière où monsieur ton beau-frère a trouvé, avec toute la bonne volonté possible à mal comprendre, que j'ai voulu le traiter de *freluquet*. J'explique. Un freluquet peint par le pinceau railleur d'un artiste consommé dans son art, ce dernier est-il le freluquet lui-même? Concluons. Juste une ligne que je charge de baisers et d'amitiés pour tous.

LÉO

Vaudreuil, 8 août 1900

Ma chère Léonise,

Tu trouveras ci-inclus la copie de la dernière lettre d'Évariste. Il est bien disposé à vouloir faire la connaissance des demoiselles dont tu lui as parlé. Malheureusement, tu vas avoir à changer ton plan, car Mlle Laure se marie prochainement avec M. Mc Hercher. C'est Mlle Turcotte qui a annoncé cette nouvelle à Philomène dimanche dernier.

Hâte-toi de me faire savoir ce que tu vas décider afin que j'avertisse mon beau-frère. En m'écrivant dès cet après-midi, je pourrai lui écrire demain pour la malle de l'après-midi et il aura sa lettre samedi avant-midi.

Je n'ai pas pu t'écrire plus tôt, le trouble et surtout la maladie m'en ont empêchée. Je me sens moins souffrante depuis hier. Tout mon monde est bien portant.

Je t'envoie mes meilleurs amitiés en attendant que j'aie le plaisir de te voir.

Ta toute dévouée,

ORPHÉLIA

Vaudreuil, 8 août 1900

Ma chère Léonise,

Je ne sais pas encore si Marie-Alma va pouvoir partir ce matin, ou rien que cet après-midi par le train de 2 h 25. Dans tous les cas, si elle se rend à la ville par l'un ou l'autre de ces trains, vois donc à ce qu'elle se rende à la gare Viger vers 4 h 30, je crois que le train de Lachute part vers 5 h moins quart. Je désire qu'elle se rende à cette dernière place dès ce soir, elle est attendue depuis longtemps. Lundi j'ai écrit à Mme Valois que je l'enverrais aujourd'hui si le temps le permettait. Ne cherchez pas à la retenir. Lorsqu'elle reviendra de Lachute, ce qui aura lieu samedi en huit, je lui permettrai de passer le dimanche à Montréal, mais elle devra revenir à Vaudreuil lundi soir le plus tard.

Je m'attends d'avoir une bonne servante vers le 15 août. C'est madame Desales Bastien qui s'est intéressée pour moi.

Je vous suppose tous en bonne santé. Ici mon monde jouit d'une santé excellente. Quant à moi, j'ai été forcée de garder le lit toute une journée cette semaine. Je me sens beaucoup mieux depuis hier.

J'ai reçu une lettre de Marie-Anne hier matin, elle me dit qu'elle souffre beaucoup du mal de ventre depuis quelques jours. Héliodore est bien portant, lui, ainsi que toute la famille chez mon oncle. Chez Arthur sont bien, excepté la petite Marguerite qui souffre d'une maladie d'intestins.

Si le beau temps se fait sentir durant le reste du mois, les travaux du magasin vont se faire rapidement. Azilda se propose d'employer trois maçons à la fois afin que l'ouvrage se fasse en moins de temps.

J'attends Joséphine ce soir avec sa petite fille. Il est probable qu'elle va séjourner quelque temps à Vaudreuil.

Je vous embrasse tous cordialement.

Si tu as quelqu'ouvrage de couture à te faire ou du raccommodage, tu peux l'apporter avec toi. Ma machine à coudre est montée dans la grande chambre, tu pourras t'en servir à discrétion et tu ne seras pas dérangée du tout les jours que tu désireras travailler à ton linge.

Ta toute dévouée, Orphélia.

Vaudreuil, 9 octobre 1900

Ma chère Léo,

Ainsi que je te l'ai fait savoir par Angélina et Marie-Anne, Évariste m'a dit qu'il se fera un plaisir de se rendre chez vous dimanche afin d'y rencontrer les demoiselles auxquelles tu seras assez aimable de le présenter. Je lui ai promis que les jeunes filles intéressées ignoreraient absolument que tu l'auras invité, lui, afin de faire connaissance avec elles. Il désire que l'on suppose que le hasard seul le fait se trouver à la ville ce jour-là. Je me suis permise de l'inviter à aller prendre le dîner et le souper avec vous autres mais je ne crois pas qu'il accepte les deux invitations. Dimanche après-midi, il se propose d'aller voir Roger[9] au collège de Montréal.

J'espère que cet arrangement te conviendra sur toute la ligne. Quant à lui, il m'a assuré que cela lui allait très bien et qu'il sera bien content de se rendre à mon désir et au tien, pourvu toutefois que cette soirée ne l'engage à rien vis-à-vis des jeunes filles qu'il rencontrera ce soir-là. Il ne doute pas que vous vous amuserez bien tous ensemble et j'espère que tu t'efforceras de lui faire une réception bien cordiale.

Je compte sur toi surtout et je te serai reconnaissante de l'hospitalité que vous lui accorderez. Si la Providence ne le conduit pas encore cette fois-ci vers celle qui doit faire son bonheur, que l'accueil affectueux et bienveillant que vous lui ferez soit un rayon de soleil dans son ciel ombragé.

Je lui ai dit que je t'écrirais afin de savoir si tu étais toujours disposée à recevoir les amis et amies dimanche prochain. Bien, c'est fait, il va me tarder maintenant d'avoir une réponse de ta part que je me hâterai de lui faire parvenir.

J'avais l'intention d'aller à Montréal ces jours-ci, malheureusement, ma promenade chez Adolphe m'a bien trop fatiguée pour que je puisse mettre mon projet à exécution. Donc à plus tard ce voyage de ville, bien nécessaire cependant.

Tout mon monde est bien portant et bien joyeux.

Au revoir ma chère, et en attendant que j'aie le plaisir de t'embrasser, je t'envoie mes plus sincères amitiés.

Ta sœur qui t'aime bien.

ORPHÉLIA

P.S. Singulière coïncidence, le 9 octobre 1882, au soir, Évariste faisait notre contrat de mariage à la même heure que je t'écris. O.V.

10 octobre 1900

Ma chère Maman,

Mon mari est allé à la ville ce matin, mais il était tellement affairé qu'il n'a pas pu aller vous voir. Il est parti par le train qui passe ici à 8 h moins 10 et il est revenu par celui qui laisse Montréal à midi 10. Comme vous le voyez il a fait son voyage en peu de temps.

Pour ce que vous me demandez sur votre lettre, que j'ai reçue hier matin, nous ne pouvons vous envoyer ces jours-ci que le beurre. Azilda me charge de vous dire que vous en recevrez une tinette de 70 lb demain ou samedi. Quant aux œufs, ils sont extra rares dans le moment. Si nous pouvons nous procurer du bon lard frais salé, nous tâcherons de vous en envoyer en même temps que des œufs, si on peut en dénicher quelque part.

Ne soyez pas inquiète d'Alice, c'est moi qui l'ai gardée. Ce soir elle est allée chez Marie ainsi que mes petites filles et plusieurs autres personnes qui, pour chômer[10] l'anniversaire de sa naissance, doivent lui présenter un bouquet et un cadeau. Je crois qu'ils vont bien s'amuser tous ensemble.

J'ai reçu mardi soir une lettre de mon Éva, elle me dit qu'elle sera disponible vers le 20 courant. J'ai hâte qu'elle m'arrive, c'est presque impossible que je reste seule avec ma servante.

Je suis un peu désappointée que Léo ne m'ait pas écrit aujourd'hui. Elle a dû vous mettre au courant de nos projets. J'ignore ce qui en résultera pour Évariste. Dans tous les cas, pauvre garçon, je lui souhaite toute la chance possible. J'ose espérer que vous ne serez pas mécontente que je l'aie invité à aller prendre le dîner et le souper chez nous dimanche.

1

3

4

5

6

Bureau de - -

J. A. VALOIS

Marchand

Vaudreuil, 8 Août, 1900.   189

Ma chère Lionise,

Tu trouveras ci-inclus la copie de la dernière lettre d'Évariste. Il est bien disposé à vouloir faire la connaissance des Demoiselles dont tu lui as parlé. Malheureusement, tu vas avoir à changer ton plan car Melle Laure se marie prochainement avec Mr Mc Thrioher. C'est Mde Lucette qui a annoncé cette nouvelle à Philomène dimanche dernier. — Hâte-toi de me faire savoir ce que tu as décider afin que j'avertisse mon beau-frère. En m'écrivant dès cet après-midi je pourrai lui écrire demain par la malle de l'après-midi et il aura sa lettre samedi avant-midi. — Je n'ai pu t'écrire plus tôt, le trouble et surtout la maladie m'en ont empêchée. Je me sens moins souffrante depuis hier. Tout mon monde est bien portant.

Je t'envoie mes meilleures amitiés en attendant que j'aie le plaisir de te voir.

Ta toute dévouée — Orphélia

11

12

13

14

Alice retournera samedi, n'en soyez pas inquiète. Pour son linge ne craignez rien non plus, elle met une robe à Marie-Alma pour tous les jours.

Je crois que nous commencerons à transporter nos marchandises lundi prochain, j'aimerais bien que vous veniez nous voir et nous aider en même temps, néanmoins, si vous tenez à faire votre retraite, ne vous privez pas pour nous, vous pourrez venir jeudi si cela vous accommode mieux.

Au revoir, chère Maman, je vous embrasse tendrement ainsi que toute la famille.

ORPHÉLIA

Montréal, 11 octobre 1900

Ma chère Orphélia,

J'ai reçu ta lettre ce matin. Le Dr Cartier et Marie-Anne nous avaient parlé de cet arrangement conclu à Vaudreuil, d'où il résultait pour nous la visite de ton *toujours très intéressant* beau-frère. Je trouve pour le moins superflue la demande que tu nous fais de bien le recevoir à cause de toi. Est-ce que tu douterais de la cordialité avec laquelle nous le recevrons? Tu nous connais mieux que cela pourtant. Sois sans crainte. Il nous fait plaisir à tous de le recevoir. D'ailleurs lui-même, se souvenant des beaux jours d'autrefois, jugera vite que *seule* notre vieille affection de famille lui aura préparé l'accueil le plus sympathique. Est-ce assez te dire? Maintenant *on* nous prépare pour le soir une jolie petite fête. Je dis *on* car tu comprends qu'avec mes nouvelles charges, j'ai peu le temps de voir à tout. Néanmoins, Marie-Anne, sur mes instructions, et Philomène aussi, pour ne pas être injuste, exécutent le plan de mes combinaisons, sans paraître même s'en douter. Tu vois que ton beau-frère n'a rien à craindre. Il sera parfaitement compris de tous qu'il n'est chez nous que par hasard. C'est du moins ce que je cherche et tiens à établir. Nous ne serons qu'un cercle intime à nous amuser, une vingtaine tout au plus. Dois-je t'exposer mes craintes? Laure est venue veiller ici hier soir avec ses cousines Mmes Campeau et Décary. Son mariage est décidé, elle ne nous l'a pas caché. La confection de son trousseau se poursuit avec activité. Je l'ai invitée tout de même, mais elle m'a répondu «Avec plaisir, *s'il veut bien venir.*» Il m'a fallu ajouter «Nous le recevrons avec plaisir aussi».

Pour Bernadette, j'ai dit à Marie-Anne de l'inviter à venir passer l'après-midi, elle soupera avec nous. Pour le soir... c'est une mystérieuse, nous ne saurons rien d'elle. Mais Angélina m'apprend qu'à Saint-Joseph de Richmond on parle du mariage de Mlle Bélanger avec... — les uns disent celui-ci, les autres, celui-là —— ce qui me fait douter que la chose soit vraie. Si, pourtant, tel était le cas, nous jouerions de malheur, et ton *pauvre beau-frère* encore plus que nous. Pour dernière ressource, pour le moment du moins, il y a Marie-Louise Desjardins qui, encore bonne musicienne et chanteuse, appartient aussi à une première famille de Sainte-Cunégonde. Elle sera chez nous aussi dimanche. Je l'ai fait inviter à cause d'Angélina dont elle est l'amie. Enfin j'aurai fait pour ton beau-frère plus que je n'aurai fait pour aucun autre de mes amis. Serez-vous contents tous deux?

Au revoir, fais savoir le plus tôt possible à ton beau-frère qu'il sera le bienvenu chez nous. Je vous embrasse tous.

LÉO

Tâche donc de venir dimanche, tu t'amuserais avec nous. Envoie Alice demain, ou samedi. Lundi et les jours qui suivent devront compter pour elle. C'est assez s'amuser. Maman n'est pas très bien ces jours-ci. J'espère que ce ne sera qu'un effet de la température. N'oublie pas de lire le *Monde illustré* de mardi[11]. Tu y verras un erratum réparant les fautes grossières que le typographe m'a imposées. Toute cette page est gâtée d'ailleurs. À mon début cela froisse un peu l'amour-propre...

Vaudreuil, 16 janvier 1901

Ma chère Léo,

J'ai reçu ta carte postale ce matin. Tu m'intrigues au sujet des «certaines petites choses que tu as à me dire». Comme il m'est impossible d'aller à Montréal ces jours-ci et pour cause majeure, écris-moi bientôt.

Madame Valois et Angélina sont-elles allées vous voir hier? Vous ont-elles fait quelques confidences au sujet d'Évariste? D'après le langage que Mme sa Mère a tenu ici, j'augure qu'il va se marier sous peu. Qui sera ma belle-sœur?... L'avenir nous le dira. Quelle qu'elle soit, j'ai hâte qu'il la marie. T'a-t-il dit que je lui ai écrit la veille des Rois? Sur cette lettre je lui faisais mes souhaits et lui disais de se hâter de me donner une belle-sœur, que je lui promettais de lui témoigner une franche et cordiale amitié. Je tiendrai ma parole, et de son séjour à Vaudreuil quand elle viendra nous visiter, je veux qu'elle emporte un souvenir agréable. Tu m'approuves, n'est-ce pas?

Marie-Alma est revenue enchantée de sa promenade de ville. Je suis bien contente de savoir qu'elle a cherché à se rendre aimable. Le *boudin* qu'elle avait fait l'a rassasiée, je ne crois pas qu'elle en fasse de sitôt. Elle a eu une fière chance d'avoir sa tante Angélina pour lui donner un oiseau pour son chapeau. Ma chère, je ne pouvais pas la punir plus que cela, toutes ses amies en avaient, tu comprends si ça lui faisait de la peine d'être dépourvue de cet ornement. Comment avez-vous aimé sa toilette d'hiver?

Marie-Alma m'a appris que vous êtes allés chez Mme Lussier avec Évariste. Comment la bonne tante a-t-elle accueilli votre visite?

J'ai lu ta chronique d'hier, je t'en félicite, je trouve moi aussi qu'il n'y a rien de plus choquant que de se faire abaisser par moins drôle que soi.

Te proposes-tu de venir à Vaudreuil dans le courant de l'hiver? Si oui, tu me feras bien plaisir.

Azilda m'a appris ce matin que Mme Desales Bastien a fait hier l'achat[12] d'un gros garçon. Pauvre Joséphine! elle a failli mourir la semaine dernière dans une attaque d'éclampsie. J'ose espérer que, à présent que son enfant est au monde, tout danger va disparaître et qu'elle va relever aussi bien que possible.

Je termine mon épître en t'embrassant cordialement.

Ta sœur *curieuse*.

ORPHÉLIA

Montréal, 20 février 1901

Ma chère Orphélia,

Je vois que je ne pourrai me rendre en train assez tôt pour te parler encore une fois. D'ailleurs, il faut nécessairement que j'aille au *Monde illustré* après le bureau.

Écoute-moi bien. Je préférerais beaucoup ne pas te voir mêler de cette affaire. Outre que je crains que tu t'emballes dans ce méli-mélo, je peux te dire encore une fois ce que j'en pense. Ton beau-frère ne m'aime pas du tout. Ces choses-là se sentent, et de mon côté, je crois que véritablement je ne pourrais parvenir à l'aimer assez pour lui sacrifier mes idées et mes goûts et surtout le désir que j'ai de ne pas m'éloigner de Montréal où je me sens attachée par plus d'un lien. Outre l'ennui que j'appréhende terriblement et dont j'ai tant souffert au Sacré-Cœur, je trouve aussi que ce n'est pas le temps encore de laisser Maman avec tous ses soucis et embarras. Elle a assez d'inquiétudes pour le printemps sans y ajouter celle-là. J'ai pensé à cela tout l'après-midi, et plus j'y pense plus je crois profondément que je ne regretterai jamais la décision que je fais de renoncer complètement à l'idée même d'un mariage possible entre nous. Donc, si tu veux me faire plaisir, laissons-là toute cette affaire qui a eu le mérite de nous amuser un peu tous ensemble. Tu me trouves peut-être sotte de te parler ainsi, mais tu sais, moi seule peux démêler ce que j'ai au fond du cœur. Je ne t'aurais pas dit tout cela, si je ne te voyais si décidée à pousser la chose plus loin.

Je te prierais de ne communiquer cela à personne de la famille, pas même à ton mari et je pourrais dire encore moins à lui. À quoi bon froisser les sentiments des uns et des autres? Et cette liberté de cœur n'est-elle pas la première, ou pour mieux dire la seule qui nous soit permise? Je préfère que chacun croie que nous ne nous aimons pas ni l'un ni l'autre suffisamment pour nous marier, et je puis te dire encore que je crois être dans le vrai en te le répétant.

Si ton beau-frère ou quelqu'un de sa famille te parle de moi, dis tout simplement que je ne tiens pas à me marier à présent. J'ai mille raisons pour cela.

Il me fait peine de te voir renoncer à ton beau rêve. Mais je crois que toi seule regrettera la chose. Ne dis rien, l'avenir te rendra peut-être témoin d'un bonheur que j'estimerai infiniment plus grand. Sinon, il me sera facile de me consoler auprès de mes parents et de mes amies des déceptions de la vie et de la part d'épreuves que Dieu envoie à tous ses enfants de la terre. Je ne sais rien de plus triste que de pleurer seule dans un coin étranger loin des cœurs qui nous aiment et des lieux qui consolent. À la campagne, tout est froid, jusqu'à l'église qui est froide. Me comprends-tu?

Brisons là et je te remercie de tout mon cœur de ce que tu as voulu faire pour moi.

Garde-moi tes bonnes dispositions pour d'autres beaux jours que je désire.

LÉO

Vaudreuil, 22 février 1901

Mon cher Évariste,

L'année dernière à pareille date, à la suite d'un involontaire désagrément que nous t'avions causé Azilda et moi, je t'écrivais quelques lignes de sympathie. Bien plus, sans avoir consulté le cœur d'une personne qui m'est bien chère, j'ai hasardé de t'écrire ce qui suit: «Sors beaucoup, essaie ailleurs, et si dans quelque temps, tu n'as pas trouvé de compagne, je te proposerai une personne qui n'a certainement pas les charmes et les avantages de Mlle H... mais qui a une nature sympathique et un cœur affectueux et dévoué.» Immédiatement après avoir mallé cette lettre, j'ai regretté mon action ainsi que durant toute l'année qui vient de s'écouler, car j'ai pu constater que je me suis mise vis-à-vis de toi dans une position singulière pour ne pas dire plus. Pour moi, le temps est arrivé de sortir de cette impasse. J'ai cherché à connaître les sentiments que vous éprouviez l'un pour l'autre, je n'ai trouvé qu'une chose, c'est que j'ai eu tort de me mêler de cette affaire... Sous l'impression d'un vif sentiment de sincère amitié, connaissant tes goûts et des prétentions, j'avais cru que ma sœur Léonise réaliserait quelque peu, sauf la beauté, l'idéal que tu semblais alors rêver. Je la savais affectueuse, sympathique et dévouée et il me semblait que ces trois qualités seraient suffisantes pour combler les désirs que tout veuf un peu âgé peut éprouver... Me suis-je trompée? seul l'avenir nous le dira.

Maintenant, Évariste, je vais te demander une chose que, j'espère, tu ne me refuseras pas, c'est de me remettre toutes les lettres que je t'ai écrites à ce sujet; je ne veux pas que, plus tard, ces épîtres tombent entre des mains étrangères... on pourrait supposer une intrigue tramée par elle, en les lisant, et tu la connais assez pour savoir combien sa fierté et sa susceptibilité souffriraient d'un tel soupçon à son endroit. Moi seule suis coupable dans cette affaire. Pour mon excuse, je t'alléguerai que j'avais cru que vous étiez créés l'un pour l'autre et vous chérissant tous deux bien fraternellement, j'avais rêvé pour vous deux une union formée de sympathique affection et d'amour dévoué, j'avais rêvé une vie douce et calme tissée d'une mutuelle entente et d'amour réciproque, un bonheur semblable à celui dont nous jouissons Azilda et moi, enfin, j'avais rêvé de pouvoir un jour vous voir jouir de l'état heureux que je vous aurais préparé, à toi d'abord, en t'offrant un cœur aimant et pur avec une nature franche et délicate, et, à elle, un cœur honnête tendre et loyal, mal guéri, c'est vrai, d'une blessure profonde, mais que je croyais susceptible de cicatrisation.

Hélas! dois-je croire avoir fait une grave erreur en cherchant à vous rapprocher?... Tu t'es tenu dans une certaine réserve vis-à-vis de moi jusqu'à ce jour. Rien dans tes procédés ne m'a fait entrevoir quels étaient tes sentiments réels pour *mon candidat*... Au risque de subir un échec dont *le froid* m'atteindra moi seule, j'espère, je viens te prier de m'exprimer avec franchise et sincérité, soit d'une manière ou d'une autre, ce que tu éprouves à son égard. Encore une fois, le temps est arrivé pour moi — et dans l'intérêt de plusieurs — de voir la [*il manque un mot*] de mon rêve.

Sois confiant, ne crains pas de me blesser, dis-moi tout ce que tu penses, mon âme est prête à recevoir toutes sortes de confidences. Je veux même oublier qu'elle est ma sœur, considère-la comme tout à fait étrangère et ouvre-moi ton cœur afin que j'y lise ce que j'ai tout intérêt à connaître.

Quoi qu'il arrive, sache que mon affection sera toujours pour toi ce qu'elle a toujours été, celle d'une belle-sœur amie et dévouée. Je t'envoie mes plus tendres baisers en attendant que je reçoive une réponse qui anéantira à jamais mes espérances ou qui me demandera comme il y a déjà plusieurs mois de me faire «Étoile conductrice» etc.

Espérant que dans un avenir prochain tu trouveras le vrai amour je me souscris,

Ta toute affectionnée,

ORPHÉLIA

Vaudreuil, 1er mars 1901

Ma chère Léo,

La lettre que tu m'as envoyée jeudi dernier m'a rendue très perplexe. Ton
cri d'effroi m'a été droit au cœur et presque neutralisé mes projets. Mais permets-
moi de te faire quelques remarques et à ton tour, écoute-moi bien. Tu me dis: «Je
préférerais beaucoup ne pas te voir mêler de cette affaire. Outre que je crains que
tu t'emballes dans ce méli-mélo je veux te dire ce que j'en pense. Ton beau-
frère ne m'aime pas du tout. Ces choses-là se sentent.»
    Pour ce qui me touche, sois sans inquiétude, je connais mon monde. Quant
à l'opinion que tu exprimes relativement aux sentiments de mon beau-frère pour
toi, permets-moi d'en douter. Toutefois tu pourrais bien avoir raison et je ne
dissimulerai pas que je serais presque contente s'il en était ainsi. Pourquoi?
Parce que de cette manière, aucun cœur ne serait meurtri... Tu me sembles imbue
de préventions contre lui. Je ne te dis pas cela dans le but de plaider sa cause que
d'ailleurs il ne m'a pas confiée, mais je tiens à te faire cette remarque dont tu
pourras te rappeler dans un cas analogue. Il n'est pas bon de voir rien que les mauvais côtés d'une chose et il ne faut pas non plus trop se hâter dans ses juge-
ments.
    Parlons d'autres sujets. As-tu été entendre «Antoinette de Mirécourt»?
Mlle Cartier a-t-elle été vous voir? Albina prend-elle un mieux sensible? Et son
médecin espère-t-il une cure radicale?
    Crois-tu que «Glory» va obtenir un prix pour son «Idéal[13]»?
    Comment ça, Évariste n'a pas accusé réception du billet que tu lui as
envoyé le 11 février? Je suis tout à fait étonnée de ce long silence. Je ne serais
pas surprise de le voir dans nos parages dimanche. Si par hasard il arrête chez
Maman, ne lui témoigne pas trop d'animosité, fais-lui plutôt un accueil bien
sympathique, suivant moi c'est le meilleur moyen de lui faire voir que tu ne
veux pas t'occuper de lui. Il sera toujours, quand même, quoi qu'il arrive, un
parent agréable, sinon agréé
    Je t'embrasse cordialement,

Toujours ORPHÉLIA

Vaudreuil, 6 mars 1901

Ma chère Léo,

Quand vas-tu te décider de m'écrire? Tu m'avais promis pourtant de me
faire parvenir la réponse d'Évariste aussitôt que tu l'aurais reçue. Voilà tout

près d'une semaine qu'il t'a écrit et tu ne m'a pas fait parvenir cette lettre. J'ai plus que jamais un grand intérêt à connaître ce qu'il t'a écrit et ne me fais pas attendre plus longtemps. J'attends de savoir certaines choses pour vous faire part d'un projet quelconque...

Si tu n'as pas le temps de m'écrire quelques lignes, malle-moi la lettre *seule,* mais hâte-toi, il est déjà un peu tard pour que je mette mon projet à exécution. Tu reproches à *certaines personnes* de témoigner peu d'empressement quand elles te doivent une réponse, laisse-moi te dire que sur ce point vous êtes bien ressemblantes.

Tu diras à Angélina que je viens de recevoir sa lettre. Je trouve cela bien gentil de la part de Mlle Fournier de lui offrir, à Angélina, de travailler pour elle-même, mais je ne comprends pas comment cela pourrait accommoder Angélina, attendu que c'est trop cher de prendre les marchandises dans le détail. Et les acheter dans le gros, il faudrait n'en prendre qu'une petite quantité et je ne sais si les marchands consentiront à lui délivrer ces effets en petite quantité. Qu'elle s'informe auprès de Mlle Fournier et qu'elle m'écrive ensuite.

Paul Des Rosiers vient de remettre à Marie-Alma le paquet de remèdes ainsi qu'une lettre d'Alice. Tu diras à Angélina et à Alice que je les remercie de leur trouble.

Mon mari me donne un set de salon pour mon présent de fête; il désire que je l'achète à mon goût. Aussitôt que je pourrai aller à Montréal (sans risquer d'y séjourner encore deux semaines pour vous causer des ennuis et du trouble), j'irai m'en choisir un. Azilda m'a dit qu'il en avait vu de très jolis.

Éva fait de la catalogne comme une bonne, hier, elle en a teint 1 3/4 lb en vert (couleur des jalousies), elle a très bien réussi.

Je vous suppose en bonne santé et je vous embrasse tous bien affectueusement.

Encore une fois, empresse-toi de m'écrire, un plus long retard me dérangerait beaucoup.

Toujours ORPHÉLIA

Montréal, 6 mars 1901

Ma chère Orphélia,

Te voilà bien intriguée, n'est-ce-pas, au sujet de cette lettre, reçue quinze jours en retard? Afin de répondre à ton désir, je te l'envoie. Pour cette fois encore, prends bien garde de lire entre les lignes, certaines arrière-pensées qui n'y sont pas exprimées. Canevas en mains, tu sais si bien broder... Et quel affreux enchevêtrement pour des yeux experts! Sais-tu qu'aujourd'hui même, j'ai encore appris le mariage du *brave* héros de ton roman... Pauvre *Lui,* sa position m'inspire de la sympathie et je doute fort qu'il en arrive à retrouver tout son bonheur perdu.

Je me hâte de te dire que tu as gagné, ou plutôt mérité, une mention honorable au concours, la onzième sur les douze prix et mentions énoncées sur la page prochaine du «Coin du feu». Ce concours n'a pas eu le résultat que j'en attendais. Tu verras l'explication que j'en donnerai dans le second numéro à venir et qui m'a été fournie par le rédacteur lui-même qui était présent au débat. «Glory» a été rejeté dans l'ombre avec bien des autres. *À qui veut l'amour, point de gloire.* Les jeunes cœurs de quinze à vingt ans «tout feu, tout flammes» n'ont pas trouvé grâce devant les membres du jury, parce qu'il y avait chez eux une trop grande recherche de bonheur personnel qui altérait la pureté de leur Idéal. Qu'avaient-ils à faire d'un flambeau presque éteint, désespérément avide de réchauffer de vieux sentiments à la chaleur d'un brasier plus ardent?...

Je n'ai pas vu Albina[14] cette semaine. Elle a été vite en état de retourner chez elle. Deux fois chaque jour, elle va chez le spécialiste se faire injecter une *eau bien forte,* m'a dit Gustave. J'ignore ce que c'est et je n'ose l'interroger.

Mademoiselle Cartier est venue veiller le soir que nous l'attendions. Nous l'avons beaucoup aimée. Bien faite et très jolie, elle plaît à première vue. Ses manières aisées et peu gênantes, son esprit naturel sans recherche et sans prétention lui ont vite assuré notre sympathie. Si elle voulait marier un veuf et s'en aller demeurer au nord-ouest...

Je suis allée entendre *Antoinette de Mirécourt.* J'ai bien goûté la pièce et suis revenue satisfaite, car j'y tenais.

J'ai toutes les peines du monde à t'écrire, tant ça parle dans la chambre de Maman. Aussi je crois que je fais mieux de terminer, d'autant plus qu'il me reste peu de chose à te dire. Chez Hodgson ne veulent rien nous vendre à moins que cela soit chargé. Nous irons donc le moins souvent possible et avec des mémoires un peu plus longs. Azilda sera toujours payé dans la semaine qui suivra l'envoi. Cela ne fait pas de différence, n'est-ce-pas?

Qu'as-tu fais de mes lettres *belle voleuse?* J'envoie celle-ci rejoindre les autres. Mais prends-en bien soin et songe à me les remettre toutes.

Au revoir, je vous embrasse tous.

LÉO

P.S. Si mes moyens me le permettent, j'irai peut-être faire un tour à Vaudreuil à Pâques. Ce n'est pas sûr, mais enfin, j'essaierai. Léo.

Mes meilleurs souhaits à l'occasion de ta fête qui approche. L.

Vaudreuil, 7 mars 1901

Ma chère Léo,

Ta lettre vient de m'être remise, je l'ai lue et ai pris note des commentaires. J'ai aussi lu celle qu'Évariste t'a écrite et je t'avouerai en toute franchise qu'il faut que tu sois imbue de préventions pour ne pas comprendre le sens de cette lettre. Il n'y a pas de pire sourd que celui qui ne veut pas entendre dit un proverbe, moi j'ajoute qu'il n'y a pas de pire aveugle que celui qui ne veut point voir. Mais comme d'habitude ce dernier est souvent bien heureux d'avoir un guide pour le conduire au bout de son voyage, je viens t'offrir, à toi ma chère aveuglée, mes services avec affection et bonheur.

Nous allons parcourir une grande partie de sa lettre. D'abord il te dit que ce sont ses occupations matérielles qui l'ont empêché de se rendre à ton invitation. Tu m'as l'air de douter de la véracité de cette raison-là puisque tu me dis: «Sais-tu qu'aujourd'hui même, j'ai appris le mariage du brave héros de ton roman».

Cette nouvelle-là, c'est encore un feu de paille, je n'y crois pas du tout et Azilda non plus. Si c'était vrai il ne te dirait pas: «Je ne vois qu'une puissance pour leur tenir tête, c'est l'amour.» Il ajoute: «Qu'en penses-tu? C'était de même dans mon temps. Les choses ont-elles changé depuis? Tu dois être au courant de ce qui se passe dans les régions de cet attrayant pays de l'amour, si ce n'est comme *sujette* bien soumise, du moins comme journaliste, puisque toutes les portes sont ouvertes aux journalistes. Tu serais bien aimable de me renseigner, car je me propose de laisser de côté ces questions de travail pour faire une incursion vers les rives enchanteresses du Royaume du Roi Cupidon. Et si les lois d'aujourd'hui sont à peu près les mêmes que celles d'autrefois, j'entreprendrai le voyage. Je n'ai eu qu'à me féliciter de la trop courte course que j'y ai déjà faite.» Donc il n'y a pas encore été. Si les bruits qui courent étaient vrais, est-ce qu'il parlerait de même? Écoute Léo, si tu veux bien condescendre à mon désir, tu ne liras pas entre les lignes mais je ne te demande que de lire et de comprendre ce qu'il t'écrit, et tu voudras bien répondre gentiment à ses questions. Laisse ta fierté et tes préventions de côté et réponds-lui avec ton cœur tel que je le connais. Je te l'ai dit déjà, il est très timide, et il est si peu sûr de tes sentiments qu'il n'ose pas s'avancer trop. Voyons ma chère, prends pitié de ton cousin, écris-lui une lettre sympathique qui lui laisse entrevoir le ciel bleu de l'espérance, rien de compromettant mais quelque chose d'affectueux. Suis mes conseils et un jour tu te réjouiras de t'être laissée conduire par une personne qui ne veut que ton bonheur.

Je vous envoie mes plus tendres baisers.

Ta sœur dévouée,

ORPHÉLIA

Lachute, 11 mars 1901

Ma chère Orphélia,

J'ai retardé quelques jours pour répondre à ta dernière, j'avais pour cela de graves raisons. Je voulais te donner une réponse qui ne souffrirait aucune réplique. La voici: dans ma sagesse j'ai décidé de mettre en pratique la théorie que j'ai sur le mariage. Ainsi au mois d'avril prochain, je gravirai de nouveau les degrés de l'autel pour répondre affirmativement à la question d'usage qui me sera faite par le célébrant: «Joseph Évariste Valois, prenez-vous Marie-Eudoxie Bouthillier pour votre femme?»

Tout est réglé et fixé pour la fin d'avril. Nous sommes dans l'amour par-dessus la tête, c'est encore plus fin que je pensais. On a bien raison de dire qu'il n'y a que les premiers pas qui coûtent. Ma petite femme ne sera peut-être pas parfaite, vous lui trouverez sans doute quelques défauts, pour moi, elle est la *personne que j'ai cherché depuis quelque temps*. Elle est entrée dans mon cœur, je l'aime et je crois qu'elle m'en fait autant. Dis à Azilda qu'il frotte ses bottes.

Tout à toi

ÉVARISTE

[La lettre qui précède a été recopiée par Orphélia, qui avait ajouté ce qui suit.]

Comme tu le vois, je ne me suis trompée qu'à demi. Il cherchait... et il a trouvé le vrai amour.

À la plus grande gloire de Dieu.

O.V.

P.S. Écris-lui sans faute. Il pourrait croire que tu le regrettes. Tu n'ignores pas qu'il est toujours présomptueux.

Vaudreuil Village, 12 mars 1901

Ma chère Léo,

Je viens de recevoir, par Évariste lui-même, la confirmation des rumeurs qui circulent au sujet de son mariage. Il me l'annonce dans les termes que tu trouveras ci-inclus.

Maintenant tu vas me trouver bien étrange, mais, plus que jamais, je te conjure de répondre à toutes ses questions. Réponds-lui avec affection suivant ton cœur tel que je le connais: ces lignes, adressées par une cousine amie, à ce moment qui décide un avenir heureux ou malheureux pour lui, ces lignes, n'en doute pas, seront pour lui un doux souvenir qu'il conservera religieusement.

Je t'avouerai, ma toute chère, que je suis débarrassée d'un poids plus qu'énorme, car je ne te dissimulerai pas que ton cri d'effroi m'avait pénétrée jusqu'au plus profond de mon cœur. D'autre part une voix intérieure, qui n'a été entendue que par *moi seule*, me disait de ne pas m'avouer vaincue... Tu croiras peut-être que je regrette la tournure que les choses ont prise. S'il en est ainsi, détrompe-toi, ma chère, je suis trop chrétienne pour ne pas me conformer avec confiance à la Sainte Volonté de Dieu. Bien au contraire, je bénis le Ciel qui permet que vous n'ayez besoin, ni l'un ni l'autre, de mon entremise. Je ne me suis jamais avoué la grande responsabilité qui va incomber à celle qui va unir son sort au sien. En effet, il faut qu'elle l'aime doublement, d'abord pour cicatriser la grande blessure de son cœur endeuillé et qui s'obstine à ne pas guérir et aussi pour assouvir ce grand besoin d'affection que réclame sa nature ardente.

Enfin ce *mariage d'amour* que je désire du plus profond de mon âme depuis bien longtemps va se réaliser dans les conditions qu'il souhaite ardemment.

Puisse-t-il être heureux comme il l'a été autrefois. Puisse-t-il ne plus rencontrer sur son chemin des jours de douleur et de deuil.

La Providence, dans ses décrets infinis, n'a pas voulu le conduire vers toi, ou plutôt n'a pas voulu que tu deviennes son épouse, c'est sans doute qu'Elle avait des vues toutes sublimes sur vos âmes.

Sur une de tes lettres, tu me dis que l'avenir me rendra témoin d'un bonheur que tu estimeras infiniment plus. Je te le souhaite de toute mon âme et si le Ciel exauce mes vœux, Il permettra, qu'à ton tour, tu rencontres le cœur tendre, vaillant et délicat qui sera digne de toi.

Au revoir, ma bien chère sœur, chantons un hymne d'allégresse toutes deux à l'occasion du futur mariage du héros de mon roman. Tout est bien qui finit bien.

Je t'embrasse plus affectueusement que jamais.

J'envoie mes tendres baisers à toute la famille et à toi un cœur rempli de tendresse.

Toujours celle qui ne veut que ton bonheur.

ORPHÉLIA

Vaudreuil Village, 12 mars 1901

Mon cher Évariste,

J'ai reçu ce matin avec un bien grand plaisir la lettre que tu m'as envoyée hier. Enfin les prières que j'ai adressées avec tant de ferveur, au Tout-Puissant, Maître des cœurs et des destinées, vont être exaucées. Nous allons avoir le bonheur de te voir savourer, comme autrefois, la jouissance d'une vie de joies pures, de bien-être et d'amour partagé.

Si tu pouvais lire dans mon cœur, Évariste, tu comprendrais pourquoi j'accueille si joyeusement cette nouvelle qui me débarrasse d'un poids plus qu'énorme qui étreignait mon âme depuis longtemps. L'année dernière sans le vouloir, j'avais infligé à ton cœur déjà si éprouvé une peine qui m'avait attaquée vivement, moi aussi. Pour te consoler, j'avais résolu de faire toutes les démarches possibles pour dissiper ta tristesse. La Providence n'a pas voulu de mon entremise pour faire revivre ce cœur de frère qui s'obstinait à ne pas guérir... C'eût été pour moi un grand bonheur de te conduire vers l'élue de ton cœur, mais, en chrétienne soumise à la sainte Volonté de Dieu, je bénis le Ciel du plus profond de mon âme et j'adore ses décrets insondables, car, vois-tu, je ne me dissimule pas la responsabilité qui incombe aux personnes qui cherchent à favoriser l'union d'êtres qui leur sont chers...

Mon unique désir était ton bonheur, aussi, l'annonce de ton mariage, que tu me fais si gaiement, me fait éprouver une joie ineffable. Depuis un an, surtout depuis ta «lettre de Pâques», comme tu l'as qualifiée un jour, mon âme était envahie par je ne sais quels vagues sentiments de crainte, d'effroi et d'angoisse qui hantaient mes pensées. Je te sentais toujours menacé de quelques graves malheurs... Je n'ai jamais voulu communiquer toutes mes impressions telles que ressenties à personne, pas même à mon mari. Je te les ai cachées à toi-même, je craignais trop d'assombrir davantage, par mes appréhensions et mes pressentiments, ta vie que je trouvais déjà si triste, si endeuillée... Aujourd'hui, je donne libre cours à mon expansion afin que tu comprennes quels sont les motifs qui m'ont fait agir depuis que j'ai épousé tes chagrins et tes troubles.

Puisses-tu désormais être heureux comme jadis! Puisses-tu ne plus rencontrer des jours de peine et de douleur! Oh! mon cher ami, que la Providence daigne exaucer mes vœux, je les forme avec beaucoup de tendresse, beaucoup d'affection.

Au revoir, mon toujours cher beau-frère, laisse-moi te dire encore une fois que, depuis ce matin, mon âme tressaille d'une grande allégresse.

Je t'embrasse plus tendrement que jamais.

Ta toujours sincère amie et dévouée belle-sœur.

ORPHÉLIA VALOIS

Montréal, 13 mars 1901

Ma chère Orphélia,

De quel poids tu me délivres! Franchement cette nouvelle m'a vraiment fait plaisir. Donc, ton gentil beau-frère sera parfaitement heureux et moi, je te prie de croire que je n'en suis nullement malheureuse de cela. Maintenant, tu me permettras de t'expliquer ce contentement intérieur et extérieur. Déchirons tous les voiles à la fois, tes yeux, que n'aveugleront plus ton trop bon cœur, verront plus clair cette fois (sans reproches, il n'y a pas de quoi). Comprends-tu bien la position qui m'aurait été faite vis-à-vis de toute la famille si un refus de ma part eût tout à fait repoussé ton beau-frère? Rends-toi bien compte de cela, en cherchant dans ton esprit à analyser les commentaires des uns et des autres.

C'était là pour moi presque un tourment, en y ajoutant vos sentiments froissés, à ton bon mari et à toi, *ma toute dévouée,* car je trouve ici l'occasion de t'avouer que tout ce bourdonnement d'abeilles autour de son nom et du mien ne m'a jamais émue, un seul instant, pas plus que ses paroles réservées et prudentes ont fêté dans mon âme le trouble des sublimes enivrements. Donc, rassure-toi, ma chère et bonne Orphélia, la chose ne pouvait avoir de meilleure issue pour lui et pour moi.

Je n'ai pas encore répondu à la dernière lettre du cousin, ou plutôt je réponds à toutes ses questions sur l'Amour, lundi prochain, par la voie du Journal[15]. N'est-ce pas en ma qualité de journaliste qu'il m'a questionnée? Toute une page traite sur l'amour, et cela, uniquement pour exalter encore ses plus tendres sentiments! Où trouver une attention plus délicate de ma part, dans la circonstance? Crois-moi que cela n'est pas suffisant pour me dispenser d'une lettre?

Quant à lui adresser des félicitations, nous sommes censés tout ignorer, pour le moment du moins. Aura-t-il l'amabilité de nous en prévenir? Si oui, avec quel cœur de sympathique cousine, je lui enverrai nos plus affectueux souhaits de bonheur. En attendant je me contente de les formuler dans mon cœur et Dieu sait s'ils sont sincères!

Pauvre Évariste! Je le trouve bien heureux d'avoir pu, de son *droit masculin,* avouer toute sa flamme à celle qu'il aimait... Les femmes elles, n'ont pas ce bonheur... et je me crois bien près d'en souffrir.

Continue ton œuvre de zèle et de dévouement pour moi, chère sœur, prie Dieu et ses saints, surtout saint Joseph, la confiance de notre regretté père, de m'accorder à moi aussi, ma part de bonheur. Je ne sais si j'ai raison de croire ainsi, mais j'attends quelque chose d'heureux et de providentiel en cette année de Jubilé. Je veux bien le faire en tout cas, et si ma vie reste la même, insipide et monotone, c'est que la vie autrement vécue serait pour moi *plus onéreuse que profitable* (termes d'actes notariés). Tu vois que je me conforme à tout, Dieu est un père, et nul mieux que lui ne connaît ce qu'il nous faut pour arriver plus sûrement à l'éternel bonheur, dont celui de la terre n'est qu'une faible image. Maintenant, je m'adresse à ta franchise. Comment en es-tu arrivée à connaître cette nouvelle? Qu'avais-tu demandé à ton beau-frère? Est-ce qu'à l'heure présente je pose dans son imagination comme une statue de la douleur atterrée? Écris-moi ces jours-ci, et dis-moi ce qui en est relativement à toute cette histoire. Je suis un peu inquiète, éclaire-moi. Mon plus affectueux baiser.

LÉO

Vaudreuil Village, 15 mars 1901[16]

Ma chère Léo,

Tu en appelles à ma franchise, il m'en coûte un peu de te faire l'aveu de ma témérité, non pas que je regrette ma démarche auprès de *lui*, mais parce que je suppose que ta *fierté* va peut-être en souffrir quelque peu.

Je t'envoie donc la copie exacte de la lettre que je lui ai écrite le 22 février. Ne me blâme pas trop d'avoir agi comme je l'ai fait, il le fallait et pour maintes raisons. Laisse-moi te dire que son retard à me répondre ne fait que confirmer davantage l'opinion que je réserve, en dépit de tout, que tu ne lui *déplaisais pas du tout*. Mais sa timidité (tu l'encourageais si peu) jointe à la crainte de ne pas trouver chez toi les sentiments amoureux tels qu'il les comprend et les désire, dans son ardeur juvénile d'*aujourd'hui,* sont, je crois, les seules raisons qui l'ont fait s'adresser ailleurs. Tu ne le regretteras pas, je le sens et j'en suis bien aise, mais je te le dis en toute confidence, que si sa jeune femme se lasse de son amour, de ses enfants et de la vie sérieuse que forcément il ne peut que lui faire, et que si, par malheur, elle le lui fasse apercevoir, c'est alors qu'il distinguera la supériorité de la sympathie sur l'amour... Mais tu sais Léo, d'après moi, je pense que le plus souvent, on ne fait pas sa destinée, on la subit...

Et la preuve que j'en ai, je l'ai puisée dans la mienne, qui a fait un mari qui, j'en suis flattée, se trouve et se dit heureux, mais qui hélas! d'autre part a meurtri durant quatre années le cœur d'un homme qui malheureusement s'était épris d'une enfant...

Revenons à mon héros, je te le répète je suis heureuse pour lui que son cœur ait enfin trouvé la personne qu'il cherchait *depuis quelque temps,* mais moi qui le connais, je ne puis m'empêcher d'entrevoir des nuages gros de menaces pour lui et je crains... Quoi qu'il arrive, je me laverai les mains car je ne serai pas cause de ses déceptions s'il en a...

Ma grande estime pour lui, cimentée par vingt années d'affection fraternelle, dont quatre durant lesquelles de dures épreuves n'ont qu'augmenté pour lui mes sentiments, ma grande estime dis-je restera la même, je l'affectionne, lui aussi, comme un bon frère et je demande au Ciel de le conjurer de malheurs... Il a assez souffert...

La vie nous réserve souvent des désenchantements, des jours moroses, et c'est alors qu'il faut que l'amour soit enchaîné avec d'autres sentiments si on ne veut pas qu'il s'envole et nous laisse accablés sous le fardeau des épreuves. Jeune encore, moi j'ai compris cela et je remercie la Providence de m'avoir donné la force de suivre la voie épineuse qui s'ouvrait devant moi. Aussi, puisant mon courage dans la noble affection et dans les sentiments délicats d'un *cousin* qui m'*inspirait* à moi la plus grande confiance, je n'ai pas hésité longtemps à répondre à ses pressantes instances. Des grands obstacles ont surgi de part et d'autre, tous deux nous les avons surmontés, et je crois que ses désagréments ont été la force de l'amour fidèle, tendre et dévoué que nous nous sommes juré l'un à l'autre en ce jour du 10 octobre 1882 où Dieu, par l'entremise d'un de ses Ministres, daignait recevoir nos serments sacrés et bénir notre indissoluble union. Depuis ce temps à jamais mémorable, quelques légers nuages ont quelquefois assombri momentanément quelques rares instants de notre existence, mais notre puissant amour avait vite raison de ces vapeurs et jamais, mon mari et moi, nous ne nous sommes départis des sentiments d'affection réciproque, de respect et de considération qui font la mutuelle entente et qui sont la pierre fondamentale de toute union bien assortie.

Oh! ma chère Léo, si la Providence exauce mes prières et mes vœux, avant longtemps, tu rencontreras toi aussi l'Idéal que tu rêves et à ton tour, tu auras une part de bonheur d'autant plus grande que ton expérience des choses de la vie va te mettre à l'abri des dangers de donner ton cœur sans confiance comme sans amour sympathique.

Bon sang ne ment jamais, le sang loyal d'un père chrétien coule dans nos veines. Ce Père chéri, Dieu l'a ravi à notre affection, mais du haut du ciel, Il nous protège visiblement.

Il a jeté dans nos âmes une semence féconde en nous inculpant ses principes de foi, d'espérance et de charité.

Continue à invoquer le Maître des cœurs et des destinées, Lui seul peut nous conduire au vrai bonheur!

J'avais rêvé pour toi une union qui aurait resserré nos liens davantage, mais Dieu, dans sa sagesse, a trouvé qu'ils étaient assez étroits, je me conforme à sa Suprême Volonté avec joie et bonheur.

Au revoir, ma chère Léo, veuille croire à l'inaltérable dévouement affectueux qu'aura toujours pour toi

Ta sœur Orphélia

Montréal, 26 mars 1901

Ma chère Orphélia,

Qu'ai-je à te dire pour ce que tu as fait? Mon cœur te pardonne quand ma tête te gronde. Si ma fierté souffre de ton audacieuse action, elle ne m'aveugle pas à ce point que je ne reconnaisse ton affection *pour nous,* seule coupable de ta grande imprudence. Comment vas-tu te tirer de ce vilain pas? Ne crois-tu pas que l'envoi de mes dernières lettres serait propre à jeter un peu d'eau froide sur les présomptions de ton beau-frère que tu as, sans doute, exaltées à mon endroit?

Sans vouloir te faire aucun reproche, laisse-moi te dire que je ne sais pas comment tu as pu te décider à lui écrire ces choses après toutes celles que je t'avais écrites à ce sujet. Tu ne devinais donc pas que mes sentiments, à moi aussi, ne penchaient pas de ce côté. Je ne voulais pas trop contrarier tes idées, les jugeant un peu, je te l'avouerai, hantise de malade. Mais je ne pensais pas que tu pousserais la chose si loin. Tout cela dit sans reproche, car encore une fois, j'ai excusé ton bon cœur qui voulait *à tout prix* donner un bon mari à ta sœur, et sans trop grande prétention, une *égale* bonne femme à ton beau-frère.

De ce côté, du moins, rassure-toi, je ne suis pas ravie à ton affection, moi, et tes vifs sentiments trouveront une plus large expansion dans le cœur affectueux, je n'en doute pas, d'une charmante belle-sœur dont l'énoncé de jolies qualités n'est qu'un vrai concert de louanges. Nul doute qu'elle saura réjouir les yeux, les oreilles, la bouche, le cœur et *tous les sens de ton amoureux* beau-frère.

Pauvre moi! Mon bonheur, celui que je rêve, habite des régions éthérées que je désespère presque d'atteindre. Mon cœur est comme un oiseau aux ailes trop faibles pour s'envoler jusque-là. Aussi, à chaque effort retombe-t-il, abattu, brisé... Que me réserve l'avenir? Je ne sais. Ce matin, une amie du bureau m'a emporté de jolies poésies d'entre lesquelles celle-ci m'a tout particulièrement frappée. Tu y trouveras comme moi une grande profondeur de pensée. Je te la cite:

ESPÉRANCE

Pourquoi vois-je tes yeux de larmes se ternir?
D'où vient que ton beau front s'est penché de tristesse?
Il n'est pas l'heure encor de pleurer ta jeunesse:
Espérance, d'abord!... et plus tard, souvenir!

Le calme du matin peut encor revenir.
N'est-ce point à midi que l'ombre est plus épaisse?
Qui sait quand le passé nous échappe et nous laisse
Ce que Dieu nous réserve au fond de l'avenir?

Avril qui, sous la mousse, a tant de fleurs écloses,
Ne voit que les boutons d'or, nos plus belles roses,
Les lis qui s'ouvrent tard ont bien plus de blancheur

C'est aux jours les plus chauds que tombe la rosée
Toute brise au printemps ne s'est pas épuisée,

Et l'été qui va naître a des soirs de fraîcheur

VICOMTE DE GÉRÈS

Ne la trouves-tu pas tout simplement magnifique?

En terminant, je pense un peu à ton impasse et sans m'oublier tout à fait, je reconnais cependant que ma position vis-à-vis du cousin est plus facile que la tienne (j'ai rarement l'occasion de le voir), surtout si tu veux bien compléter ton œuvre en me rendant tout à fait indemne de tes propres avances. Mais toi?... Oh! après tout, c'est plus qu'un simple cousin pour toi, et je n'ai qu'à te souhaiter bon succès dans la reprise de ta pièce.

Au revoir, je t'embrasse, je termine comme j'ai commencé. Ma tête te dit: Sans rancune, et mon cœur presque... Merci.

Mes amitiés à tous.

LÉO qui t'aime.

Si tu envoies mes lettres à ton beau-frère crois-tu pouvoir compter sur sa délicatesse pour te les rendre? Je le connais à peine, tu sais. Léo.

Quand viens-tu à la ville?

Angélina s'est bien rendue j'espère? L.

QUATRIÈME PARTIE

La vie littéraire
1900-1931

8

Le choix d'un pseudonyme

> Son pseudonyme voile à peine une de nos plus
> gracieuses plumes féminines.
>
> *Le Monde illustré,* 6 octobre 1900

«MARRAINE» ET «PATRIOTE»

Outre le pseudonyme «Marraine», que Léonise prendra quelques
fois alors qu'elle écrira dans le journal *L'Autorité,* on ne lui connaît pas,
comme d'autres femmes journalistes ou poètes de son époque, un emploi
surabondant de pseudonymes, sauf dans le cas précis de lettres qu'elle
adressera aux journaux. Son amie poète, Marie Boissonnault de Québec, est un bel exemple d'une telle tentative de dérouter le lecteur. Dans
son *Journal,* le 5 janvier 1935, Léonise écrit: «De jolis articles ont aussi
paru dans *La Patrie* [...], dans *L'Événement de Québec,* signé «Jean
Grondel», mais j'étais sûre que c'était Madame Boissonnault.»

Dans le cas de l'emploi de «Marraine», deux hypothèses peuvent
être émises. Ces textes ont été signés au début de la guerre de 1914 et
de nombreuses Canadiennes écrivaient à un filleul d'adoption au front:
les marraines de guerre. Aussi, comme le directeur du journal *L'Autorité* est son cousin Gaëtan Valois, on pourrait croire qu'elle ne veut peut-
être pas attirer l'attention sur la famille, puisqu'il porte le même nom
qu'elle et que le pseudonyme Atala «est déjà connu du public» et «voile

à peine» son nom. Si ces causeries dans *L'Autorité* sont signées «Marraine», les poèmes publiés, eux, seront signés Atala. Léonise découpait et collait dans des spicilèges bon nombre de ses articles parus dans les journaux, articles qu'elle révisait encore après la publication, non pas en corrigeant simplement les coquilles, mais en ajoutant parfois une ligne ou en en rayant une autre, puis signait: «Atala», parfois «Atala Léo». En plus du fait que le style, le ton des propos lui correspondent bien, sa signature vient ici confirmer l'authenticité de ce pseudonyme, «Marraine».

Il lui arrivait également d'écrire aux journaux, d'envoyer une lettre à la page des lecteurs pour manifester son appui à une cause ou son indignation devant une situation. Elle disait à ses nièces: «Je vais écrire!», l'écriture constituant alors une arme pour se défendre comme pour attaquer ou, ainsi qu'elle l'expliquera, «pour faire un peu de bien». Malheureusement, Léonise a brouillé les pistes, car ces lettres portaient des pseudonymes divers, suivant l'événement. D'autre part, ces lettres n'ont pas été conservées, à l'exception d'une seule, signée «Patriote», évoquant son grand-père Joseph-Eustache, patriote de 1837. Si Léonise était méticuleuse pour l'orthographe, elle n'avait absolument aucune prédisposition pour l'ordre et la tenue d'archives! Parfois le nom du journal, rarement une date, et nous voilà devant l'impossibilité de retracer les données complètes d'un texte, encore plus difficilement des lettres signées sous des noms divers. Aller à la défense des uns et des autres lui ressemble, et plusieurs informatrices m'ont fait part de cette «correspondance publique». Dans une de ces lettres signée «Patriote», elle réclame la clémence pour un père de famille de dix enfants, demande que justice soit faite pour ce pauvre malheureux et au bas de l'article, elle écrit ces notes:

> Article publié dans *La Presse* (aucune date), supplique écoutée et révolue. Auguste Charest a pu obtenir son «Ticket of leave», grâce à cet article signé «Patriote» qui n'était ni plus ni moins qu'«*Atala*». C'est ainsi qu'on peut faire un peu de bien et même beaucoup en rendant sa plume complice avec son bon cœur. Ces succès de plume font du bien aux autres et à soi-même. Si mes nièces en ont le talent, qu'elles fassent comme moi et elles seront satisfaites de pouvoir se rendre utiles de cette façon ou autrement. Léo.

Dans la même page, elle écrit aussi:

> Une autre lettre écrite au «*Star*» au sujet de l'incendie de cette
> école [nom illisible], depuis «École Sarah Maxwell». La copie de
> cette lettre a été malheureusement perdue. Elle suppliait le gou-
> vernement du Québec d'offrir à sa mère une pension viagère au
> lieu de lui ériger un monument pour honorer sa mémoire de ce
> qu'elle avait subi une mort héroïque en sacrifiant sa vie pour le
> salut de ses écolières. Comme Sarah Maxwell était l'unique sou-
> tien de sa mère, cette supplique fut écoutée et une pension viagère
> fut accordée à sa mère grâce à cet article, signé, je crois par Atala.
> C'est ainsi qu'on peut faire du bien, en mettant sa plume au ser-
> vice des malheureux. J'avais raison d'en être fière!... Léo. [sans
> date]

ATALA

> Ma mère m'a fait chrétienne; je me nomme Atala.
>
> CHATEAUBRIAND,
> *Atala*

Lorsque Marie-Louise et Avila font baptiser leur petite fille, ils lui
donnent les prénoms suivants: Marie-Attala-Amanda-Léonise. Sa marraine, elle, signe son nom avec un *h*: Athala. Il s'agit de la sœur de sa
mère, et si l'on se penche sur la généalogie de la famille maternelle, on
découvre que le nom d'Attala a été donné, au cours du XIXe siècle, à plusieurs des petites-filles de Jean-Baptiste Bourque et d'Émilie Pardellian[1]. Ce couple, marié en 1838, eut quatorze enfants dont plusieurs
décédèrent l'année de leur naissance. Ce fut le cas de Marie-Antoinette-
Attala, née et décédée en 1850, et d'une autre Attala qui perdit la vie à
l'âge de six ans. À défaut de redonner la vie, on redonnait le nom, s'assu-
rant ainsi d'une lignée de prénoms. Dans cette famille, on compta plusieurs Jean-Baptiste-Napoléon ou Alain, plusieurs Marie-Antoinette et plusieurs Attala. En plus d'utiliser un de ses prénoms, c'est donc dans sa
généalogie familiale que Léonise puisa son pseudonyme, à la mémoire
de sa marraine et de son aïeule Émilie Pardellian.

«Atala» désigne aussi ce personnage d'Indienne à la fois chaste et passionnée, dont le nom n'est pas sans rappeler l'un des grands succès de Chateaubriand. Les spécialistes de Chateaubriand attribuent ce nom tantôt à une origine grecque, tantôt à la vague des noms se terminant en *a* au XVIIIᵉ siècle, enfin à une création de Chateaubriand, mais aucune hypothèse jusqu'ici n'a été réellement concluante[2].

Si, au début, Léonise choisit de prendre le nom de sa marraine et publie ses premiers textes sous le nom d'«Attala», dès 1910, date de la parution de ses *Fleurs sauvages,* elle effacera un *t* de son pseudonyme, rappelant le personnage de Chateaubriand et se rapprochant ainsi de la France. Dans le poème «Profession de foi», n'évoque-t-elle pas les couleurs du drapeau français, celui-là même qui flottait à sa maison d'été de Dorion?

Pendant la guerre de 1914-1918, elle écrit aussi un poème, «À la langue française», qui témoigne de l'amour qu'elle voue à sa langue:

> Nous jurons ta défense et pour nous et pour Elle,
> Car il n'est pas sur terre un langage pareil!
>
> «À la langue française»,
> *Feuilles tombées*

De plus, elle a confié à Antonio Pelletier que Bossuet, Lacordaire, Chateaubriand, Lamartine, étaient ses auteurs de chevet[3]. Ses spicilèges, en effet, regorgent d'extraits de ces écrivains.

Il ne faut pas oublier que s'unir à la France, pour l'élite intellectuelle, c'est être fidèle à ses origines, à la langue française. Il ne s'agit pas ici de la France d'un Zola ou d'un Flaubert. C'est à la France chrétienne qu'elle s'associe, celle du *Génie du christianisme*. Dans ses *Études d'âmes*[4], ouvrage publié en 1905, et qui présente une vision chargée de stéréotypes, E. M. Terrade écrit:

> Tout ce qui peut émouvoir l'âme féminine se rencontrait donc en Chateaubriand: le sentiment religieux, qui était alors comme un *renouveau,* la poésie de la pensée, l'éclat de l'harmonie et du style. Aussi l'apparition du *Génie du christianisme* causa-t-elle une espèce de délire dans le monde féminin.

À cet effet, il va jusqu'à affirmer qu'à la parution du *Génie du christianisme,*

> ce jour-là, dans Paris, pas une femme n'a dormi.
> On s'arrachait, on se volait un exemplaire.

Ailleurs, l'auteur raconte que lors d'une cérémonie à l'Académie française, à l'apparition de Chateaubriand: «Les femmes étaient dans une agitation incroyable; elles voulaient voir à tout prix l'illustre auteur d'*Atala.*»

Au-delà de cette popularité caricaturale, si le *Génie du christianisme* a aussi été une lecture marquante pour Léonise Valois, à la fin de sa vie, elle aura pris des distances par rapport à son auteur et se montrera davantage intéressée par un portrait littéraire de la femme de Chateaubriand[5].

Il faut donc en conclure que Léonise Valois n'a pas choisi son pseudonyme en voulant adhérer à l'œuvre de Chateaubriand. Elle tient au contraire à affirmer une identité «canadienne», adjectif qui désigne encore à l'époque, l'appartenance à la société francophone.

LE NOM DU PÈRE

> Papa veut de son nom la gloire
>
> «Double rêve»,
> *Feuilles tombées*

Se rattacher à la France, c'est aussi souligner son appartenance à la lignée paternelle. Ainsi, en choisissant Atala, Léonise Valois rend implicitement un hommage à son père, Avila. Les sonorités de leurs noms se mélangent, s'harmonisent, comme si elle avait essayé de faire écho au nom de son père. On peut émettre l'hypothèse que «Profession de foi[6]», poème où elle défend son pseudonyme, a été écrit après la mort de son père (il est décédé en 1898 et la première publication connue de ce poème est de 1910).

PROFESSION DE FOI

À monsieur le professeur R. du Roure

Je veux être moi-même, et je suis Canadienne!
Je suis fière du sang de l'aïeul maternel,
Vieux soldat à l'ardeur napoléonienne;
Et du nom des *Valois*, c'est un legs paternel.

Ces choses vous diront mon orgueil de la France,
De ses mots rayonnant «d'azur et de cristal».
Mais au fond de mon cœur, j'aime de préférence
Mon pays vert ou blanc, j'y suis née... est-ce un mal?

Si de Chateaubriand, l'âme sonore et tendre,
En vous trouve un écho, notre beau Canada
Vous saurez l'admirer, mieux encor, le défendre!
Vous comprendrez mon cœur, je me nomme

ATALA

Atala, un nom purement canadien.

Le titre de ce poème nous renvoie au baptême, au renouvellement de ses vœux et les strophes développent les observations précédentes. Il est intéressant de noter que Léonise scelle par ce titre le fait d'intégrer la religion à l'écriture.

La dédicace est offerte «à Monsieur le professeur R. du Roure», Français qui était aussi critique, plus tard collaborateur à *La Revue moderne*.

La critique ne manquera pas, sous la plume de Camille Roy[7], de relever le lien existant entre le pseudonyme Atala et Chateaubriand. Roy commentera un extrait de *Fleurs sauvages*: «c'est la douleur qui l'appelle et l'attend», en affirmant (évoquant le principal personnage masculin d'*Atala)*:

> Voilà comment Atala est bien la sœur de René, voilà comment ses strophes se remplissent parfois de la mélancolie et s'échappent en accents émus de l'âme féminine qui les chante[8].

Il est vrai que le pseudonyme voile à peine son nom. Dans plusieurs critiques, on relève son identité véritable en se référant au dernier poème, «Profession de foi». Léonise ne cache pas son patronyme et il lui arrivera de l'ajouter à son pseudonyme: «Atala-L.Valois». Elle se livre plus librement, alors que les femmes commencent à publier davantage, alors qu'elle-même est plus connue et acceptée. La famille s'en dira «honorée», Léonise peut donc aussi se servir de son nom, le pseudonyme n'étant plus un secret pour personne.

Et quand viendra le temps de lui rendre un ultime hommage, le pseudonyme sera confiné entre parenthèses, son nom prendra toute sa place, Léonise Valois sera reconnue comme femme de lettres.

9

Le Monde illustré
1900-1901

> ... comme je bénis ma plume et mes pas de
> chaque jour qui m'assurent mon pain quoti-
> dien et me rendent fière de le devoir à moi-même.
>
> L. V.,
> *Correspondance*, 7 juin 1901

LES ANNÉES «AU COIN DU FEU»

1900. Une nouvelle décennie commence, des portes s'ouvrent pour Léonise, un cycle nouveau s'amorce. Elle accepte la direction de la page féminine que lui propose *Le Monde illustré*. Il s'agit d'une «revue hebdomadaire, artistique, littéraire, musicale et humoristique» dirigée par E.-Z. Massicotte qui, en 1889, lui avait ouvert ses pages au *Recueil littéraire,* alors qu'il en était secrétaire de rédaction. C'est dans des termes fort élogieux, qui ne manqueront pas de faire rougir Léonise, qu'elle sera présentée à ses lectrices, le 6 octobre 1900.

> ... nous avons confié cette page à Mademoiselle Attala, dont les
> connaissances et le talent littéraire seront fort appréciés par nos
> lectrices. Son pseudonyme voile à peine une de nos plus gra-

cieuses plumes féminines et nous croyons qu'elle saura plaire à ses nombreuses lectrices.

La semaine suivante, Léo remercie son directeur de «sa trop flatteuse appréciation».

Mais, dans la semaine du 20, mécontente des erreurs de typo qui se sont glissées dans son texte, elle écrira «mes lectrices comprendront que je ne tiens nullement à endosser les fautes des autres». Outre ses lectrices, elle sait qu'elle est lue par sa famille et dans une lettre à sa sœur Orphélia, elle le lui soulignera:

> N'oublie pas de lire *Le Monde illustré* de mardi. Tu y verras un erratum réparant les fautes grossières que le typographe m'a imposées. Toute cette page est gâtée d'ailleurs. À mon début, cela froisse un peu l'amour-propre...

Qu'il s'agisse de répondre à des flatteries ou de rendre justice à son travail, Léonise n'hésitera jamais à prendre la plume. Jusqu'au 7 décembre 1901, date à laquelle l'administration du journal change, «Attala» donnera rendez-vous presque tous les mardis à ses lectrices.

C'est une femme de trente-deux ans, pleine de vitalité, et nous pouvons le sentir dans le ton direct et incisif de ses phrases, qui laisse de côté les effets de style pour aller droit au but, présentant, à propos de chacune des questions soulevées, le pour et le contre. Léonise veut toucher ses lectrices, les sensibiliser et les laisser conclure. Ce ton prudent qu'elle adoptera n'est pas seulement celui qui lui est propre, mais aussi celui de la rédaction du *Monde illustré*.

En ouvrant des concours, des courriers, Léonise donne à ses lectrices la possibilité de s'exprimer. Leur offrant ainsi la parole, elle augmente leur participation intellectuelle au sein du journal.

Car, à côté des bals, des retraites fermées, des soins de beauté, de la mode, ou des desserts extravagants, il y a des colonnes qui font place à des idées, à une réflexion plus profonde sur le sens de la justice, les droits des femmes concernant le travail, l'instruction, les héritages ou le célibat, thèmes qu'elle reprendra toute sa vie. Les valeurs que Léonise Valois défend en 1900, nous les retrouverons à *La Terre de chez nous* en 1930, lorsqu'elle se portera à la défense des institutrices qui touchent un bien maigre salaire.

Le Coin du feu, nom que la fondatrice du journalisme féminin, madame Dandurand, donna à la première revue féminine qui fut publiée de 1892 à 1896, servit de modèle à la page d'«Attala». Ce feu n'est pas seulement propice à la rêverie et au romantisme. Il alimente une plume débutante, dont la flamme monte, fière et de plus en plus assurée.

LE «CONCOURS DES DAMES»

La page d'«Attala» comporte d'abord sa chronique hebdomadaire, mais il arrive cependant qu'elle cède la place à une autre chroniqueuse. À la chronique de fond s'ajoute un carnet mondain ou un billet, destiné à la ménagère canadienne et composé de petits trucs pratiques, d'illustrations portant sur la mode, de poésies d'auteurs français et canadiens et de divers concours s'adressant aux lectrices. Ce «concours des dames» invite les lectrices à prendre la plume à leur tour et à s'exprimer sur divers thèmes, tels «Votre idéal de bonheur», «Doit-on toujours dire ce que l'on pense?», «Croit-on qu'il soit possible d'éprouver un violent amour sans que cet amour se trahisse?».

Son collègue de travail, le poète et médecin Antonio Pelletier, écrit dans un portrait qu'il fait d'elle:

> Attala, timide pour elle, ne l'est pas pour les autres! J'entends qu'elle accueille volontiers, dans sa page, les jeunes plumes désireuses de causer avec des amis inconnus. Je la félicite chaleureusement. Favoriser l'éclosion et l'expansion de talents d'écrivains est une œuvre de justice[1].

Sa sœur Orphélia participera à un de ces concours en 1901 et remportera la troisième mention. Léonise est déçue des juges et lui explique dans une lettre déjà citée comment ils ont procédé.

LE FÉMINISME D'«ATTALA»

Féminisme: mot qu'on s'accorde à écrire en italique, comme à voix basse, et qui fait figure de «nouveauté» au tout début de ce siècle. Dans un ouvrage publié en 1905, intitulé *Le vrai féminisme*[2], qui brosse des portraits de femmes, de «belles âmes», toutes de la noblesse, E. M. Terrade propose une définition du rôle des femmes et met celles-ci en garde contre le féminisme. Cette citation nous fera peut-être mieux compren-

dre la conception que Léonise se fera du féminisme en se démarquant
de cette conception traditionaliste.

> En dehors de la famille, qui est son vrai royaume, et des œuvres
> de charité qui relèvent de son cœur aimant et dévoué, le rôle de
> la femme est moins d'agir que d'inspirer. Le *féminisme*, qui rêve
> l'égalité des droits pour l'homme et la femme, qui tend à intro-
> duire celle-ci dans les carrières libérales et la vie publique, nous
> semble être à la fois une erreur et une profanation. Sous prétexte
> de grandir la femme, il la détourne de sa vraie destinée et lui
> enlève ce charme voilé qui constitue sa vraie beauté.

Antonio Pelletier montrera qu'elle était loin d'adhérer à une vision
aussi restrictive du féminisme.

> J'aime encore Attala lorsqu'elle parle du dévouement, de l'abné-
> gation, de l'énergie nécessaire à la femme qui gagne elle-même
> son pain de chaque jour; je l'aime aussi quand elle lutte pour les
> intérêts de la femme dans la société et lorsqu'elle indique le che-
> min du bonheur à la famille.
>
> Attala est un porte-étendard des légions féminines. Elle aime
> son sexe et le prouve. Belle cause! [...]
>
> Partage-t-on ses vues? c'est que le raisonnement est juste!
> On la croit ou on ne la croit pas avec autant d'aisance, pour cette
> bonne raison qu'elle se contente de montrer les choses et les
> faits, laissant chacun libre de conclure à sa propre manière.
>
> Elle expose et développe paisiblement son idée, disant tout ce
> qu'il faut. Il y a de l'égalité et de la mesure dans ses articles,
> ceci prouve de l'observation et une certaine expérience, sans les-
> quelles on attache une grande importance aux futilités et trop
> peu à ce qui en mérite.

Ces sujets, qui préoccupent ses lectrices et qui la préoccupent
d'abord elle-même, sont, pour plusieurs d'entre eux, un reflet de sa vie,
de cette lutte qu'elle a entreprise depuis son arrivée à Montréal: d'abord
l'impasse financière des difficultés familiales, puis le décès subit de son
père qui, ne laissant pas de fortune, provoque au seuil de 1900 l'entrée de
Léonise sur le marché du travail. Sortant d'une période éprouvante et
chaotique, l'écriture et l'expression des idées ont peut-être contribué à cal-

mer ses angoisses face à l'avenir et celles de ses lectrices pouvant vivre des situations analogues. À une époque de mutation pour les femmes, pour les célibataires particulièrement, ses chroniques révèlent ce que ces femmes vivaient, soit leur questionnement sur le féminisme nouvellement apparu, et ce qu'elles revendiquaient.

Dans sa chronique à propos du Woman's Art Association, «Attala» souligne une fois de plus ses convictions nationalistes en recommandant d'encourager ce qui se fait ici, en mettant la richesse du travail artisanal des femmes canadiennes au même rang que celui des femmes européennes ou américaines.

Dans une autre chronique portant sur le féminisme, «Attala» tente d'abord d'informer ses lectrices sur le sujet, sur ce mot qui s'agite dans les cercles, les journaux, et qu'elle tente de comprendre. Elle abordera dans ses propos le célibat, le mariage, le cloître, questionnements que l'on peut mettre en rapport avec la correspondance entre elle et sa sœur Orphélia, et qui fut écrite à la même époque.

Ce texte aborde aussi le travail de la femme, dénonce les «capitalistes» qui l'exploitent et encourage fortement les femmes à poursuivre leurs études pour avoir accès à de meilleurs emplois.

Cette réflexion à propos de l'autonomie des femmes se poursuit dans la chronique «À propos d'héritage». Elle revient sur le conflit entre les sexes où, dira-t-elle, «se débat si vaillamment le féminisme». Les femmes sont exploitées par le père ou le mari ou les frères, selon les clauses des testaments. Ici encore, «Attala» incite les parents à donner de l'instruction à leurs filles et les encourage aussi à assurer l'égalité des biens entre les garçons et les filles. Elle met aussi en garde les femmes mariées qui n'ont pas le contrôle de leurs biens.

«Nos domestiques» rejoint également des préoccupations énoncées dans une lettre de sa sœur se plaignant de la rareté des servantes. Sujet qui devait être quotidien à cette époque dans un certain milieu où d'ailleurs Le Monde illustré était lu. Léonise se porte à la défense de celles qui seraient maltraitées par leurs maîtres et adopte également le point de vue contraire: les maîtresses de maison qui ont «à souffrir des maladresses et des incongruités de servantes stupides et revêches».

Quant à la chronique «Les vieilles filles», «Attala» y brosse un tableau complet de ces femmes de plus de trente ans qui ne sont pas mariées. Mises en rapport avec sa vie, ses conclusions nous aident à comprendre davantage pourquoi Léonise Valois était demeurée célibataire.

C'est en 1902 que la revue, qui fut si populaire dans la bonne société, deviendra *L'Album universel* et reflétera bien plus une tendance artistique que littéraire. La contribution de Léonise s'achèvera par deux écrits: en décembre 1901 un conte de Noël et en janvier 1902 une poésie: «Calendrier 1902».

En 1920, Georges Bellerive, dans ses *Brèves apologies de nos auteurs féminins*[3], se souviendra encore de la plume d'«Attala» au *Monde illustré* et lui rendra hommage, tout comme l'avait fait Antonio Pelletier. Si le mot féminisme continue d'effrayer, Bellerive tentera d'en atténuer les effets en parlant de «féminisme littéraire».

> À ce «Coin du Feu», Attala, à l'exemple de madame Dandurand, a réchauffé bien des cœurs, a relevé bien des courages abattus, et à la lueur de son foyer elle a souvent indiqué la route à suivre dans les circonstances difficiles de la vie. Comme ses compagnes d'alors dans le journalisme, elle a aussi revendiqué les droits de la femme. Convaincue comme elles de la beauté de la mission de la femme qui se sert de sa plume pour enseigner à ses semblables les leçons qui illuminent l'intelligence et dilatent le cœur, elle a démontré avec succès les avantages du féminisme littéraire bien entendu, et a contribué pour sa part à le faire admettre par l'opinion publique.

Somme toute, ce qui est étonnant, c'est de voir à quel point le mot féminisme est un mot qui a toujours fait peur. Combien de générations de femmes ont dit, à tour de rôle: «Je ne suis pas féministe, mais...» Dans la mesure où elle valorisait l'instruction pour les femmes, leur indépendance financière, économique, il ne fait pas de doute que Léonise Valois fut féministe, ne serait-ce que pour avoir eu au début du siècle le courage de ses opinions, de partager ses réflexions avec d'autres femmes et de les sensibiliser afin de lutter pour améliorer leur condition.

CHOIX DE CHRONIQUES

> ... c'est précisément parce qu'elles n'étaient pas
> monopolisées à chaque instant par des enfants,
> c'est parce qu'elles avaient loisir de réfléchir,
> d'observer, d'écrire, que de telles femmes, dans
> le passé, nous ont fourni quelques aperçus sérieux
> et valables de l'expérience féminine en général.
>
> ADRIENNE RICH,
> *Naître d'une femme*[4]

«WOMAN'S ART ASSOCIATION»

Un mot de l'exposition de la «Woman's Art Association». Je suis toute émerveillée de ce que j'ai vu là de beau, de riche, de délicat et d'original. On ne peut se faire une idée, même approximative, de cette exposition, sans l'avoir vue. Disons, en passant, que le département des joyaux renferme une collection de bijoux avec pierres précieuses, d'une richesse inouïe, qui nous fait songer au temps des splendeurs de la Cour des Rois de France. Et le département des beaux-arts! peintures, sculptures, etc., de tous genres!

Outre la valeur toute particulière de certaines pièces d'antiquité qui intéressent vivement, tant à cause de l'époque qu'elles rappellent que l'importance des hauts personnages auxquels elles ont appartenu, il y a là des spécimens séculaires de l'industrie féminine qui rendraient rêveurs plus d'un sceptique sur le mérite réel de la femme. Le département des broderies et des dentelles nous en fait voir qui datent des premiers temps de la colonie. Et quand je sais que quantité de jolies choses ont été confectionnées par les doigts habiles de nos gentilles Canadiennes... Puis, de quel bon goût la presque totalité a fait preuve! Vraiment j'étais fière de nous! On aura beau dire que les Françaises créent la mode, que les Américaines sont propres à maintes innovations, que les Anglaises s'approprient tels et tels mérites à elles seules, j'ajouterai toujours que les Canadiennes les valent toutes, tant par leur esprit de conception et d'initiative que par le fini de leurs œuvres marquées, pour la plupart, au cachet du goût le plus artistique. [...]

Si maintenant, nos industries exposantes peuvent trouver des acheteurs pour les belles choses qu'elles veulent vendre, leur succès sera complet. Je leur souhaite de tout cœur, et en invitant mes aimables lectrices à visiter (pour la modique somme de 25 cents) les salles d'exposition de la «Woman's Art Association» à l'établissement Morgan, j'invite de même les bourses un peu rondelettes à se dénouer en faveur de nos habiles Canadiennes. Les acheteurs encourageront une œuvre patriotique et ils en auront pour leur argent.

CHRONIQUE *Eloge du célibat*
17 nov 1900

Le vent est au féminisme, paraît-il. Dans tous les cercles sociaux ou intimes, on ne parle que de cela. Il n'y a pas un journal, ou une revue, de France et du Canada, qui n'agite cette importante question, cet épouvantail affreux, ce noir cauchemar qui se nomme «féminisme». Les moins braves crient gare! et se voilent la face de leur deux mains pour ne pas voir le spectre hideux. D'autres attendent patiemment le calme qui doit suivre cette effervescence nouvelle, pour chercher à froid la solution de ce nouveau problème: «Que sera la femme de l'avenir?» Pour la plupart de celles qui sont plus ou moins intéressées dans le grand conflit féministe, je vous assure qu'elles s'amusent fort et rient à belles dents de tout ce mouvement, qui suscite chez le sexe à barbe, une si grande peur bleue. (̖   ̖   ̖)

Que sera la femme de l'avenir? Je ne sais... Il ne fait pas bon, par le temps qui court, exposer trop ouvertement ses théories sur le féminisme. Cependant, comme à tout autre, il m'est bien permis d'exprimer mon opinion sur ce sujet.

Je suis loin d'être favorable à la trop large acceptation du sens que semble comporter ce mot «le féminisme», et je crois que toute femme par sa nature essentiellement aimante et dévouée, jugera, avec son propre cœur, que le mariage dans les conditions favorables aux deux êtres qui s'aiment, avec le but louable qu'on s'y propose, est et sera toujours quand même le rôle principal de l'existence.

Toutefois, cette règle plus qu'aucune autre, peut-être, renferme de nombreuses exceptions. Dans la crainte où l'on est de voir péricliter le mariage, il semblerait qu'on ne tient pas assez compte des dispositions d'un chacun. De même qu'il y a des hommes qui préfèrent rester célibataires, il se trouve aussi des femmes qui ne se sentent nullement attirées vers cet état. Le mariage est une vocation, et comme telle, il exige l'attrait nécessaire; la Providence de plus, en facilite l'entrée à toute femme qu'Elle y appelle. Or, il est évident que de nos jours, toutes les femmes ne sont point destinées à se marier, parce que sur la surface du globe, la répartition sexuelle de la population est loin d'être égale. Qu'adviendra-t-il du surplus?...

Maintenant, faisons trois parts: la première, pour celles à qui, comme dit le poète «la nature à renié leur droit: la beauté», disons le mot: les laides enfin, et qui sont bien vite mises au rebut; la seconde, pour les filles sans dot; car vous n'ignorez pas qu'elle devient de plus en plus indispensable, la dot; une troisième, pour celles qui veulent se dévouer à de vieux parents devenus infirmes, ou à de jeunes orphelins, privés trop tôt du soutien paternel: et dans cette catégorie, il y a aussi les veuves, restées pauvres. Faisons encore une part, pour celles (et elles ne sont pas rares) qui ne veulent pas sacrifier leur cœur à une position sociale, trop chèrement acquise, et préfèrent se priver des joies de la maternité, plutôt que de se rendre coupables du crime de se livrer, sans amour, à un homme confiant, dont elles feront inévitablement le malheur, tout en subissant elles-mêmes un trop long martyre. Créées par Dieu, elles ont le droit de vivre, et il leur en faut le moyen.

À une époque plus reculée, le travail manuel (couture, broderies, dentelles, etc.), pouvait créer un revenu suffisant à la femme, mais les capitalistes ont exploité cette industrie tout à fait féminine. Certains hommes se sont creusé la cervelle à trouver le moyen de perfectionner cet art si délicat et si fécond en revenus. Les fabriques ont surgi, et les hommes presque seuls, ont bénéficié de cette œuvre géniale de la femme.] (ι ι ι)

Il y a bien encore ces grands magasins, où l'on exige des jeunes employées qu'elles se tiennent constamment debout, durant une journée longue de neuf à dix heures, et qu'on rémunère par un salaire dérisoire. Mais ce n'est pas là le principal obstacle. Trop heureuses encore sont celles qui réussissent à y rentrer, quand le trop grand besoin se fait sentir. Mais l'élément masculin est là, mesurant le linon, la soie, et le velours, et à l'arrière-partie du magasin, le *tailleur* de l'établissement coupe dans l'étoffe *à robes*, et ajuste, fort délicatement d'ailleurs, le buste de ces dames, tandis qu'à la porte voisine, quelques-unes iront déguster la bonne soupe aux huîtres et les succulentes pralines *du confiseur* et les autres entreront chez *le coiffeur* d'à côté, pour y faire faire leurs cheveux.

[Que quelques-unes de ces femmes, à qui le mariage, pour les raisons susdites, est en quelque sorte interdit, deviennent avocates, doctoresses, sténographes, si leurs aptitudes les portent à ces professions, je crois vraiment que le mal n'est pas si grand. D'ailleurs, le nombre en sera toujours très limité, vu les recrues nombreuses que feront sans cesse le mariage et le cloître. Et craindrait-on, véritablement, que chez la femme, la faiblesse de son intelligence ne lui permette pas de se maintenir à la hauteur de sa position?] (ι ι ι)

Bah!... Un événement, tout récent, nous a prouvé le contraire. Une femme de notre pays, diplômée en pharmacie, vient de remporter la médaille d'or sur une concurrence joliment respectable d'aspirants masculins. Et encore, a-t-on eu le soin de dire que l'examen écrit et oral avait été très sévère. Nos universités anglaises ont proclamé le mérite des femmes étudiantes, dans les différentes professions, en leur décernant, assez souvent, les premiers prix, à l'ébahissement des jeunes *dudes*, à *l'esprit sérieux,* s'amusant, durant les cours, à jouer à la crosse ou au *lawn-tennis.*

[Pour prouver que la femme a l'intelligence moins susceptible de développement que l'homme, on cite des noms et des noms, comme gloires masculines. Fort bien, mais il faut tenir compte que, de tout temps, l'instruction donnée à la femme a toujours été très restreinte. Il serait souverainement injuste d'établir une comparaison qui, tout naturellement, s'écroulerait par la base.] Et (ι ι ι) pourtant, comme étoiles littéraires, nous avons bien les Maintenon, les Sévigné, les Swetchine, etc. Comme génie militaire, une Jeanne d'Arc incomparable. Ah! je vous vois vous cramponner à l'inspiration divine. Bossuet en était une expression vivante. Mais la sublime sainte Thérèse, que les Pères de l'Église ont surnommée «la philosophe des philosophes». Dites qu'en pensez-vous?

Ma causerie est déjà trop longue. Je vous laisse à vos réflexions, mesdames. Croyez que j'ai voulu, avant tout, servir la cause de la femme, celle à qui le mariage ferme sa porte, ou qui le repousse pour les raisons sus-énoncées, et qui lutte avec l'existence pour son morceau de pain et la subsistance d'êtres qui lui sont chers.

Causerie

«À PROPOS D'HÉRITAGE»

Je vous plains de tout mon cœur, ma pauvre Marie, dis-je à mon amie tout en pleurs. Elle venait de me confier le genre de vie plus que modeste, pour ne pas dire indigent, auquel la livraient les singulières dispositions testamentaires de parents aveugles et imprévoyants. «Si mon père m'eût élevée pauvrement, soupirait-elle, et s'il fût mort moins riche encore; mais le passé me semble un rêve doré et je songe que mes frères ont bénéficié d'une bien large part, tandis que moi, qu'on semblait chérir pourtant, j'ai peine à prélever la somme nécessaire à l'achat de vêtements convenables pour ma condition, quand le prix de ma pension, assez minime pourtant, est payé». Est-ce assez triste et injuste? Que pouvais-je répondre? D'ordinaire une parole bienveillante est un baume à la douleur. Hélas! Je n'avais que cela à lui offrir. Je l'encourageai de mon mieux et je puisai dans cet entretien le sujet de cette causerie.

S'explique-t-on bien pourquoi un père et une mère, dont l'affection et la sollicitude semblent bien partagées entre tous leurs enfants, agissent par testament d'une manière si partiale, et j'ajouterai si injuste à l'égard de certains de leurs descendants. Comme d'ordinaire le partage des biens de famille, ce sont les sœurs qui sont frustrées à l'avantage de leurs frères, je n'hésite pas à toucher ce sujet délicat, épineux peut-être, mais à propos, toujours.

Je sais que l'influence des épouses et des mères est souvent d'un grand poids dans les dernières dispositions paternelles, et quelquefois, la femme elle-même qui survit à son mari semble en ce moment si grave rétrécir son cœur de mère à l'endroit de quelques-uns des siens. Pourquoi cette anomalie? Dans l'esprit populaire et surtout dans le cœur des parents, une fille ne vaut-elle pas un fils, une sœur ne vaut-elle pas un frère? Aurions-nous donc conservé quelques vestiges vulgaires des ignorantes nations sauvages à l'égard de la valeur de la femme? Comme si cet être, si intelligemment tendre, ne pouvait rien comprendre, ne pouvait rien ressentir, ne pouvait rien juger sainement.

La valeur morale n'est-elle pas la plus grande de toutes les valeurs? Et la femme à qui la société elle-même demande une si grande pureté de vie, de qui l'homme réclame des secours si pénibles et si puissants pour son enfance et sa vieillesse, du dévouement, de la consolation et du bonheur pour sa vie tout entière, ne la possède-t-elle pas cette valeur morale dans une proportion telle que bien peu d'hommes peuvent y atteindre? Quant à l'intelligence, l'on pourrait dire, sans trop blesser la vérité, je crois, que dans cette lutte bizarre entre les sexes, où se débat si vaillamment le féminisme, l'homme qui se vante d'être *de beaucoup* le plus fort l'est souvent plus (restrictions à part), par la force de ses muscles que par celles de ses arguments. Nous cédons bien volontiers à ces messieurs cette supériorité sur nous, de même, celle aussi qui résulte de longues études approfondies ou d'une expérience sagement acquise. Mais de là à prétendre que l'homme peut jouir à lui seul de tous les privilèges, abuser de tous les droits, se targuer de tous les avantages au préjudice et au détriment de la femme, et cela, de droit presque divin, il y a loin de cette haute conception, de ce jugement solide et surtout, de cette saine morale que Dieu donne aux dictateurs de ses lois et qui font la conscience des peuples et des rois.

Qu'on me pardonne cette digression, je reviens vite à mon sujet. *Vox populi, vox Dei,* dit-on quelquefois, ce n'est pas toujours vrai. Ce que le peuple fait parce qu'il est mal éclairé ou mal dirigé, ce n'est pas une raison pour que chacun le fasse. Ainsi l'on verra des parents tester de telle manière parce que les choses se font ainsi habituellement. Nos fils! il faut bien qu'ils soutiennent l'honneur du nom, la position de la famille. Chefs de famille à leur tour, il leur faudra bien continuer notre genre de vie. L'établissement des fils, c'est tout. Nos filles! Bah! leur mari les feront vivre. N'est-ce pas ce qu'on entend dire tous les jours? Et pourtant, réflexion faite, a-t-on songé que le fils est à même d'augmenter considérablement son patrimoine, s'il reste célibataire, surtout. Son testament, son travail et son individualité le serviront assez facilement, pour ne pas dire infailliblement. De son côté votre fille ne peut compter pour vivre, si elle ne se marie pas, que sur les revenus d'une juste part à laquelle elle a un droit légitime, après tout. Si vos moyens lui font cette part trop petite, il faudra bien qu'un travail un peu rémunérateur y supplée. Et croyez-vous que le travail féminin, exploité comme il est de nos jours, mène à la fortune, dans notre pays surtout? Trop heureuse, si à force de privations, elle arrive à se former une petite ressource pour le vieil âge. Puis, qui empêche votre fils de joindre à sa part d'héritage celle, souvent plus forte, d'une femme jolie, aimable et aimée? Je ne veux pas ici encourager les coureurs de dot qui n'apprécient que le magot; cette vilaine engeance me répugne énormément. Mais enfin, si un jeune homme honnête, travaillant et habile rencontre (et elles ne sont pas rares) une jeune fille charmante qui lui plaît et qui est riche, est-ce là une raison suffisante pour qu'il la fuie? Non, n'est-ce-pas? Ai-je besoin d'ajouter que fort peu agissent ainsi d'ailleurs. [...]

De son côté, votre fille ne peut, sans blesser sa dignité et les convenances, se mettre à la recherche du parti qui lui convient: le grand nombre de jolies et riches concurrentes diminuant considérablement pour elle les chances d'un avenir assuré, conforme à son éducation et à sa position sociale actuelle. Qui ne sait que les bons partis d'aujourd'hui, à la position bien établie, j'entends, convergent surtout autour de l'attrayante richesse ou de la remarquable beauté? L'humble fille sans dot, qui n'a que son cœur et les trésors d'affection qu'il renferme à donner à l'époux qui la choisit et qu'elle accepte, sachant que sur ce bras noble et courageux elle peut sûrement s'appuyer, peut-elle espérer, du moins, qu'à l'heure du partage des biens de famille, elle aura le bonheur de pouvoir aider de sa part le compagnon de sa vie qui l'aura épousée sans sa fortune, assumant ainsi le plus grand fardeau de responsabilités et de soucis qui incombe à un jeune homme, débutant dans la vie de ménage rien qu'avec son talent, son courage et son amour.

Et encore autrement, si les parents, sur des prévisions bien fondées quelquefois, redoutent la prodigalité ou l'inconduite de leurs gendres, est-ce là un motif bien raisonnable pour diminuer sensiblement la part de succession de leurs filles? À mon humble avis, non. Les contrats de mariage en séparation de biens sont maintenant en vogue heureusement, et si la loi ne donne pas à la femme mariée le contrôle absolu de ses biens, sans une certaine autorisation maritale, du moins arrive-t-elle à protéger assez efficacement la femme contre le mari qui abuserait de ses prérogatives autoritaires. [...]

Je connais un bon épicier, possesseur d'une fortune aux écus bien comptés et surtout bien gagnés, dont le fils est à compléter à Paris un cours interminable d'un art quelconque. Ce qu'il en a fallu écouler de ces sous de comptoir, ce qu'il en a fallu de ces monnaies blanches échangées contre denrées alimentaires, pour subvenir à l'entretien, ou aux dépenses plutôt, du fils exilé, si loin, si malheureux là-bas, si profondément absorbé surtout, dans ces études sérieuses qui doivent un jour auréoler le nom de son père et le sien, d'une gloire si grande et si belle! Que deviennent les petites sœurs durant ce temps? On les a vite retirées du couvent. Elles ont acquis la science nécessaire et les notions de calcul suffisantes pour aider au négoce du père et continuer son œuvre aussi stupide qu'injuste. Pauvres petites! dans leur profonde naïveté, elles croient sans doute que le frère pour qui elles se désintéressent si grandement, sera aux jours de malheur, le pilier de la famille. Peuvent-elles compter vraiment sur la fréquence de cas de ce genre?...

Loin de moi l'idée de vouloir nuire aux études des fils. J'apprécie trop la valeur d'une instruction solide et complète. Mais de grâce, que les pères et les mères ne se laissent pas éblouir par cette vaine gloriole d'un fils artiste, poète ou savant. Qu'ils sachent considérer les déboursés déjà faits, les dépenses encourues pour défrayer un long cours d'étude. Qu'ils sachent aussi comprendre que ces deniers ont été donnés, par eux, à leurs fils, afin de leur en faire produire de plus nombreux encore et les mettre en état de ne plus compter que sur eux-mêmes, pour ces fins. Dans les nombreuses familles surtout, que de choses il faut balancer avec équilibre! Les enfants moins bien doués, infirmes, maladifs, incapables de se subvenir à eux-mêmes ou de s'établir avantageusement; le dévouement et le travail plus qu'ordinaires, n'ont-ils pas le droit, eux aussi, à plus grande récompense?

[...]

Je reviens une dernière fois à mon sujet. Non contents d'une trop large part qu'ils donnent à leur fils, au détriment de leurs filles, certains parents confient quelquefois, sans précautions aucunes, et dans un élan aveugle de confiance, les intérêts de ces dernières à des frères ambitieux qui souvent exploitent leurs pauvres sœurs. De là ces dissensions acerbes, ces âpres disputes, ces procès coûteux qui sont la cause des rancunes et des haines pour la vie entre les membres d'une même famille.

On ne saurait trop recommander aux parents d'agir d'après conseil et conscience, dans cette importante expression des volontés dernières. Un testament! n'est-ce pas l'acte suprême où se manifestent, à la fois, sous une forme plus saisissante et plus durable, les qualités de l'âme, de l'intelligence et du cœur?

Causerie

«NOS DOMESTIQUES»

J'ai été le témoin, il y a quelques jours, d'une scène tellement odieuse dans une maison où me portaient les devoirs de position, que je me suis demandée si cette rareté de domestiques, dont nos familles canadiennes ont tant à souffrir, depuis quelques années, n'a pas un peu sa cause dans ce manque de considération et d'égards de la part des maîtres envers leurs serviteurs. Je ne veux pas relater ici ce que j'ai vu et entendu, de crainte que Mme X..., si peu charitable envers ses servantes, y reconnaisse sa caricature, quoique la leçon qu'elle en pourrait tirer trouverait chez elle plus que chez une autre sa très juste application. Mais j'ai pensé que devant les plaintes et les lamentations de toutes sortes des maîtresses de maison sur la petite quantité et la non moindre qualité des domestiques, il ne serait peut-être pas hors de propos de faire avec ces dames une courte investigation dans le domaine familial et de découvrir à bonne source, je crois, une des grandes causes de cet alarmant état de choses.

Je sais qu'il y a d'excellentes maîtresses de maison et de très vilaines servantes, mais il est prouvé également que les cas inverses se rencontrent fréquemment. Nos femmes bourgeoises qui peuvent se payer le luxe de domestiques peuvent nous dire combien elles ont à souffrir des maladresses et des incongruités de servantes stupides et revêches. L'inhabilité, l'indiscrétion, la malpropreté, le gaspillage, la rudesse pour les enfants, le mensonge et quelquefois même le vol sont de bien laides choses, très difficiles à supporter, il faut l'avouer, mais d'autre part, elles ne sont pas aussi rares qu'on le croit, les maîtresses de maison hargneuses, volontaires, exigeantes, acariâtres et souvent d'une arrogance à décourager les meilleures volontés. Nombre de ces pauvres créatures, qu'un fatal destin livre au pouvoir de ces mégères, pourraient vous en dire tout aussi long.

Je me rappelle avoir été frappée, un jour, de la douleur d'une pauvre fille à qui sa maîtresse — une de ces parvenues prétentieuses — avait dit des injures parce qu'elle avait refusé de remonter un escalier une sixième fois sans interruption pour satisfaire simplement le caprice d'un enfant gâté. Combien j'ai été touchée plus agréablement, il y a quelque mois, de l'attention délicate d'une jeune femme, récemment mariée, qui, en me faisant visiter un bijou de maison, que lui avait préparée la tendre affection d'un bon mari, répondit à mon admiration de sa cuisine propre et brillante où se mouvait l'activité d'une jeune bonne à l'air intelligent: «Oui, une jolie cuisine, avec une bonne fille dedans!»

Mon sourire rencontra celui de la bonne, et je n'ai pas cru déchoir en cela de ma dignité de visiteuse, non plus que ma bonne amie, qui venait de faire passer un rayon de bonheur dans le cœur et le regard de sa laborieuse servante. Le tact est une vertu sociale qu'une femme surtout doit avoir à cœur de pratiquer. Cette qualité qu'accompagne toujours la délicatesse, est un des plus solides piliers de notre dignité, et je crois qu'une maîtresse de maison intelligente et bonne, qui possède cette double science, n'en a pas besoin d'autre pour établir cette distance de condition sociale qui doit exister nécessairement entre supérieurs et inférieurs.[...]

«LES VIEILLES FILLES»

C'est le temps ou jamais d'en parler, n'est-ce pas, gentils lecteurs, aimables lectrices? et au risque de tisser la corde qui me pendra peut-être (soit dit en souriant), je me plais un tantinet à esquisser certaines considérations sur ce sujet.

Vieille fille! ces deux mots ne résonnent-ils pas aux oreilles de mes jeunes lectrices comme une vieille cloche fêlée aux notes aiguës ou fausses? ou ne semblent-ils pas à leurs yeux un vieux document parcheminé?... dont les lignes illisibles laissent bien souvent une trop grande marge où chacun met des mots et des mots, que dis-je? quelquefois même des horreurs! qui, au grand jour de la vérité, sont toujours loin d'en être, je vous prie de le croire.

Que n'a-t-on pas dit de malin à l'égard de ces *demoiselles*, non mariées à trente ans et plus, qui s'obstinent, volontairement ou non, à ne pas décoiffer le bonnet de sainte Catherine? La langue et la plume se disputent la palme de la malveillance à ce sujet. Mais de toutes les ironies, les épigrammes, les satires que suscite cet état, bien inoffensif pourtant, trouvez-moi quelque chose de plus injuste, de plus stupide, de plus injurieux, de plus coupable, j'oserai dire, que cette phrase échevelée donnée en pâture au caquet des esprits loquaces et à la griffe des plumes bilieuses: «Trente ans, et pas mariée! oh! il doit y avoir là *quelque chose*»... Et dans l'ignorance absolue de ce *quelque chose,* on tisse et on brode, à sa fantaisie sur ce vague canevas à lignes blanches, quoi donc? Des lauriers et des roses? Oh non! bien plutôt des épines et des chardons. [...]

Mais enfin, que lui reprochez-vous donc à cette pacifique vieille fille? De quelle tare odieuse a-t-elle souillé sa nature, si ironiquement honnie même des gens qui ne connaissent rien d'elle? Trouvez-moi, mais sûrement, la *chose* unique qui autorise le monde à la ridiculiser? Serait-ce parce qu'on lui impute la faute grave de ne s'être pas mariée? Oh! mais je connais de franches et loyales natures qui jurent, sur leur conscience, préférer monter sur l'échafaud plutôt que de consentir à prononcer le fameux *oui* sacramentel.

Serait-ce encore parce qu'il est de fait notoire qu'une fille non mariée à [un] certain âge est considérée par une société, boiteuse elle-même, un être perclus mis en dehors de tout mouvement social? Ah! la grande infortune! Et voyez là l'active vieille fille déployer dans un milieu moins factice toutes les ressources d'une nature riche de capacités et de dévouement.

Ici, c'est la bonne à tout faire qui s'efface dans la cuisine pour permettre à ses jeunes sœurs encore *dans le mouvement,* de briller au salon tout à leur aise. Dans un autre intérieur, on la retrouve au chevet d'un enfant malade, lui prodiguant ses soins les plus affectueux. Sous la garde assidue d'une *tante* aussi dévouée, la guérison du chéri semble certaine, et le frère ou la sœur de notre héroïne peut parfaitement, et sans remords, s'acquitter de tous ses devoirs sociaux, pour ne pas dire mondains. Ailleurs, elle se consume à subvenir à l'existence d'êtres chers, chargeant ainsi ses frêles épaules d'une lourde responsabilité dont se dégagent trop vite les frères et sœurs qui se marient, tout entiers à ceux qui vont venir et ne songeant guère à ceux qui s'en vont... Sont-ce là les scandales dont l'énormité vous énerve?... Ah!!!

Je pousse mes investigations plus loin. Je sais qu'il y a vieille fille et vieille fille comme il y a fagot et fagot. Vous reprochez peut-être aux sujets d'une certaine catégorie d'être laides, difformes, sottes, dépourvues de grâces et de charmes. Oh alors! renoncez bien vite à vos moqueries; mettez à la place un grand voile de commisération devant ces pitoyables formes féminines, car vous ne savez pas les souffrances intimes, les douleurs profondes qui s'agitent dans ces cœurs, susceptibles de l'amour, et les font secrètement se révolter contre l'injustice du sort. [...]

Quant aux vieilles filles hargneuses, acariâtres, dont la morne existence n'est qu'un continuel caprice, pour le tourment des autres, je renonce à les défendre, sachant fort bien d'ailleurs, qu'elles peuvent défier le parallèle d'une portion équitable de femmes lancées, par un seul coup de la grâce, dans cet *éden mystérieux* qu'on nomme le *conjungo*. Mais il en est une autre classe qui m'intéresse tout particulièrement, amis lecteurs, et de celle-là, je veux me faire l'ardent champion. Pourquoi certaines filles qui sont loin d'être disgracieuses et de figure et d'aspect, semblent-elles avoir été mises au rancart comme beaucoup d'autres, moins bien douées sous le rapport de l'esprit, de l'éducation et des manières? Ah! voilà le nœud gordien de l'énigme, et à moi la victoire si j'arrive à le dénouer, n'est-ce pas?

Serait-ce parce que le chiffre de leur dot se limite à zéro? Peut-être bien... Serait-ce encore parce que l'exiguïté de leur salon ne leur permet pas de faire défiler, sous les arcades et les portières de brocart, l'élite des jeunes professionnels ou beaux salariés avides de palper les écus de l'*habile* financier, qui, s'y connaissant en *affaires*, croit faire bon jeu en jetant ainsi de la poudre d'or aux yeux des naïfs épouseurs de dot? [...]

Et voilà pourquoi, très souvent certaines filles intéressantes ne sont pas mariées à trente ans et même plus. Leur en ferez-vous un si grand crime? [...]

10

Atala publie

Si vous étiez riche, c'est-à-dire libre de toute préoccupation financière, vous produiriez davantage
sinon mieux, n'est-ce pas et moi aussi, peut-être...

L. V.,
Lettre à Albert Ferland, 10 janvier 1927

DE LA CHRONIQUE AU POÈME

Le Monde illustré ayant fermé ses portes, Léonise se retrouve sans chronique pour exprimer ses idées. Jusqu'ici, elle a peu publié de vers, seulement quelques poèmes au *Recueil littéraire* et dans sa page «Au coin du feu[1]». Toutefois, elle a montré ses poèmes à Antonio Pelletier et ce dernier l'incite à vaincre sa peur de dévoiler sa poésie à des lecteurs et à des critiques. Toujours dans le portrait qu'il trace d'elle, il dit:

> [...] une certaine timidité la paralyse, une sorte de crainte sans
> motif apparent la concentre en elle-même, et c'est une contrainte,
> un effort, chaque fois qu'elle abandonne son manuscrit au prote.

Il l'encourage à publier.

> Attala, en effet, a le sens de l'harmonie, et un penchant au rêve.
> C'est sans doute pourquoi elle pleure en entendant une belle

voix, en admirant un coucher de soleil; c'est peut-être aussi la raison de son goût spécial pour la poésie.

Vous dirai-je qu'Attala rime à ses heures – et joliment?

J'ai sous les yeux quelques-uns de ses vers aisément tournés. Ils ont des murmures doux comme les prières à la Vierge. Les francs coups d'aile y sont rares; mais il est agréable d'entendre un gazouillis de ruisseau, une plainte du vent sous la feuille, un baiser d'oiseau sur le bord d'un nid[2].

Malgré sa conception romantique et des réserves non expliquées, Antonio Pelletier le premier a contribué à faire connaître Léonise en tant que poète.

Elle enverra ses vers aux deux chroniqueuses très à la mode, grandement appréciées de leur public, Gaëtane de Montreuil (la femme de Charles Gill), au journal *La Presse,* qui dirige «Entre nous Mesdames», et Madeleine (Madeleine Huguenin) qui signe la page du «Royaume des Femmes» à *La Patrie* depuis le printemps 1901 (cette page féminine vient succéder au «Musée Féminin» qui avait été précédé par le «Coin de Fanchette», page qui fut très populaire lorsqu'elle était sous la direction de Françoise, pseudonyme de Robertine Barry). C'est au «Royaume des Femmes» qu'Atala publiera régulièrement.

Madeleine tiendra sa chronique jusqu'à son mariage avec le Dr Wilfrid Arthur Huguenin en 1904. Après la naissance de sa fille, elle reprendra sa page à *La Patrie* jusqu'en 1919, pour fonder par la suite *La Revue moderne,* où Léonise fera une seule apparition en 1920, *La Revue moderne* publiant peu de poésie.

Au cours de ces années, elle écrira aussi dans le *Journal de Françoise* puis, en 1907 et 1908, dans l'*Écho de Vaudreuil* et *Le Canada,* alternant entre poésie et chronique.

C'est à cette époque qu'elle sera également amenée à faire quelques voyages à titre de journaliste invitée. Un de ces voyages évoqué dans son *Journal* a peut-être été plus marquant que les autres parce qu'il s'agissait d'une première. L'Exposition universelle de Saint-Louis eut lieu en juin 1904, et tout un groupe de femmes journalistes y fut invité.

C'est la première fois, croyons-nous, qu'une excursion de femmes journalistes a été organisée au Canada, et nous n'hésitons pas à rendre l'hommage de cette grande initiative à qui hommage est dû: à la grande compagnie du Pacifique Canadien par

l'entremise de son haut fonctionnaire, M. George Ham, secondé
par MM. Uscher et Notman.

Jamais voyage ne s'est plus agréablement effectué. Le wagon
spécialement consacré à notre usage offrait un confort luxueux qui
ne laissait rien à désirer. [...]

Atala publiera ces impressions dans *Le Canada* [3], tandis que Françoise[4] et Madeleine publieront les leurs dans leur chronique respective.
Au cours de ce voyage naîtra l'idée de fonder une association profes-
sionnelle comparable à celle des femmes journalistes de Chicago et de
Détroit[5].

LA PRÉPARATION DE *FLEURS SAUVAGES*

Son premier livre, *Fleurs sauvages,* recueille plusieurs poèmes déjà
publiés. Certains poèmes l'ont été à trois reprises et il peut arriver que
Léonise modifie son texte. Elle change un mot, une strophe complète,
un vers prend la place d'un autre, ou un sentiment trop fort est atténué.

Voir ses poésies acceptées dans les journaux lui permettra de mesu-
rer l'intérêt de son public pour ses vers, avant de se lancer dans une aventure risquée: celle de publier chez un éditeur, mais à compte d'auteur.
Manon Brunet explique cette pratique dans son essai «Anonymat et pseudonymat au XIXe siècle».

Ceux qui auront retenu suffisamment longtemps l'attention du
public (cela se mesure aisément par le nombre de rééditions du
même texte dans le journal ou ailleurs, à plus ou moins brèves
échéances), c'est-à-dire ceux pour lesquels le public sera prêt à
accorder une certaine reconnaissance sociale à leurs auteurs,
ceux-là seulement auront la chance de faire l'objet d'une publication indépendante dans un recueil de poésies ou de chroniques
signé du nom de l'auteur[6].

Plus loin, Manon Brunet écrit:

Le journal servirait alors de banc d'essai aux écrivains désireux
de se faire connaître progressivement et, paradoxalement, de se
faire reconnaître rapidement par le plus grand nombre de publics

possibles, avant de se lancer dans la coûteuse aventure de la publication indépendante, laquelle représente elle-même le point de départ indispensable à atteindre pour tenter d'acquérir l'ultime consécration de l'œuvre et de la personne[7].

C'est donc au cours de cette décennie 1900-1910 que Léonise préparera son entrée dans la vie littéraire pour finalement publier, en 1910, *Fleurs sauvages*. Jusqu'alors, pas une francophone n'avait osé faire paraître ici un recueil composé uniquement de poèmes. Elle sera bientôt suivie de Clara Lanctôt qui publiera *Visions d'aveugle*[8] (en 1912) et, en 1913, de Blanche Lamontagne. D'autre part, la production littéraire de cette dernière sera régulière tandis que, chez Atala, vingt-quatre années séparent le premier du second et dernier recueil.

«UNE CHAMBRE À SOI»

> Mlle Valois affectionne la littérature qu'elle n'a pas le loisir de cultiver autant qu'elle le désirerait.
>
> ANTONIO PELLETIER,
> «Silhouette (Attala)»

C'est là encore un des éléments dramatiques de sa vie. Elle aurait voulu se consacrer entièrement à sa plume, vivre de son écriture, mais elle doit assurer le soutien de sa famille, tout comme sa sœur Philomène, depuis la mort de leur père.

Ces préoccupations financières qui l'habiteront toute sa vie et qui ralentiront sa production littéraire, puisqu'il lui faut d'abord travailler avant d'écrire, elle les exprimera à son ami, Albert Ferland, dans une lettre datée du 10 janvier 1927.

> Que 1927 vous soit heureuse en santé et en joie, et prospère *en augmentation de salaire,* pour ne pas dire simplement *en argent!* Hélas! pourquoi faut-il que presque tous nos succès se rattachent à ce vilain grelot! Si vous étiez riche, c'est-à-dire libre de toute préoccupation financière, vous produiriez davantage sinon mieux, n'est-ce pas et moi aussi, peut-être...

Merci pour vos bons souhaits, j'espère encore réaliser le dernier: «chanter mon âme», comme vous le dites si bien[9].

Pour «chanter son âme», il faut trouver un espace à soi, le silence que nécessite l'écriture, ce travail méditatif où l'on revient continuellement sur soi-même. Cela requiert un espace physique, «une chambre à soi» que Léo n'a pas encore. S'adressant à sa sœur Orphélia, elle écrira:

> J'ai toutes les peines du monde à t'écrire,
> tant ça parle dans la chambre de Maman.
> Aussi je crois que je fais mieux de terminer[10].

Le cas de Léonise Valois n'est pas un cas isolé. On peut facilement attribuer à des causes matérielles le fait que peu de femmes publient, puisque les frais d'édition sont souvent à la charge des auteurs. S'ajoute à cela le fait de ne pas avoir son espace, un territoire propice à la création. Virginia Woolf, dira, à la fin des années vingt: «Il est indispensable qu'une femme possède quelque argent et une chambre à soi si elle veut écrire une œuvre de fiction[11].»

Léonise demeurera seule et pourra jouir d'un espace à elle seulement de 1922 à 1931. Avant ces années, elle partagera de petits appartements ou encore, durant les années de guerre, elle vivra rue Berri, en pension avec sa sœur Philomène.

Le temps des vacances à Vaudreuil et les excursions et voyages à travers le Québec seront des moments inoubliables, car ils deviendront des moments propices à l'écriture, une échappée de calme et de silence. De ces endroits de villégiature naîtront entre autres: «Paysage de velours», «Sur l'eau», «La voix des pins», «Les ruines», «Le Foyer», «Niagara».

Cet extrait du poème «Les ruines», dédié à sa cousine madame Charles W. Duckett, «en souvenir d'une excursion à Rigaud», décrit un endroit favorable au recueillement.

> Et l'encens du silence émanant de ces pierres
> Se mêle aux bruits confus qui semblent des prières.
> Les marronniers en fleurs ont gardé le cachet
> Des amoureux propos échangés en secret,
> Et ces rameaux noués sont toujours les symboles
> Des tendres cœurs épris, se liant sans paroles.
> Tout nous parle sans voix! Seul le babil des nids
> En cet endroit désert confond son gazouillis

Aux ondes du ruisseau qui, près de là, murmure
Un air dans l'hymne doux de la grande nature.
Et notre esprit songeur peuple de souvenirs
Ce lieu tout saturé des plus riants plaisirs.

«Les ruines»,
Fleurs sauvages

Ce lieu naturel idéalisé est pour Léonise le symbole de l'espace de création. Remarquons que, si «Tout nous parle sans voix», c'est donc le silence qui sera le déclencheur de la parole poétique.

Léonise arrivera à trouver suffisamment de silence en elle pour rassembler ses textes publiés au cours de ces dix années, à en ajouter de nouveaux et former cet ensemble de vers qu'elle soumettera aux éditions Beauchemin.

11

Une première femme poète

Sa pensée est surtout poétique, et habituée à la
contemplation, comme à la méditation.

MADELEINE,
Portraits de femmes

FLEURS SAUVAGES

La première édition de *Fleurs sauvages* compte 64 pages et 38
poèmes forment l'ensemble du recueil. C'est tout probablement au
cours du mois de juillet 1910[1] que parurent ces poésies, aux éditions
Beauchemin. Dans *La Presse* du 22 juin 1910, sous la rubrique «La
Littérature canadienne», un court article anonyme, en annonce la parution prochaine:

> Soyons un peu indiscret, et disons que dans quelque temps paraî-
> tra un petit volume de vers et, qui plus est, le premier publié par
> une femme canadienne. [...]

> L'auteur, Mlle Atala Valois, est une patriote doublée d'un ta-
> lent littéraire peu commun chez nos canadiennes. [...]

> C'est donc avec grand plaisir que nous engageons nos lecteurs et
> surtout nos lectrices, à se procurer le volume qui devra paraître

dans deux ou trois semaines, et encourager par là la littérature nationale.

Madeleine Huguenin, qui tient alors sa chronique dans *La Patrie*, sera la première à en faire la critique dans son édition du 1er août, ce qui confirme que le livre soit paru en juillet.

Il y a, entre la femme journaliste et la femme poète, une nette différence de ton. Si l'on peut sentir Léonise sûre d'elle-même à travers ses chroniques, lorsqu'il s'agit d'aborder sa poésie, elle hésite, elle est timide et ne cesse de la minimiser. Cette attitude vient-elle d'une culpabilité d'écrire? Même si Léonise peut se voiler sous un pseudonyme, il reste que d'avoir à affronter le jugement de la famille et des critiques est terrifiant, surtout lorsqu'on est la première à le faire, et qu'en publiant, c'est son «âme meurtrie» qu'on expose.

Bien sûr, on n'écrit pas pour sa famille, mais bien davantage pour s'en démarquer. Pour illustrer ce propos, citons ces vers du poème «Oui, mon cousin», qui témoignent de l'indépendance de son caractère.

> Qu'en dira ma famille
> Cela m'importe peu! Je peux faire à mon gré
> J'ai ma petite tête et je le montrerai!

Toutefois, ayant posé la question à mes informatrices sur l'intérêt que pouvaient porter à sa poésie sa mère, ses frères et sœurs, Gabrielle Valois-Hébert rapporte que les seules personnes qui auraient pu manifester un intérêt auraient été son père — il écrivait des vers de circonstance — et sa sœur Orphélia, tous deux décédés. Restaient sa sœur Marie-Anne, les autres filles et sa mère, qui n'étaient pas suffisamment scolarisées ou tout simplement pas portées vers la littérature. La seule en mesure de l'encourager demeurera Marie-Anne, qui à ses heures écrit et signe dans ses cahiers du nom de Marguerite de Mai (mai étant le mois de sa naissance). N'est-il pas étonnant qu'une femme n'écrivant que pour elle-même éprouve le besoin d'utiliser un pseudonyme? Quelques-uns des vers de Marie-Anne seront mis en musique par son mari, chansons tendres que ses enfants puis ses petits-enfants apprendront autour du piano.

Léonise et Marie-Anne sont les deux intellectuelles de la famille, «deux fortes têtes», dira-t-on. Il n'est pas difficile d'imaginer une certaine rivalité, une forme de compétition entre les deux sœurs et, à cet effet, certaines lettres sont largement explicites. S'il y avait peut-être de l'envie dans les sentiments de Marie-Anne, c'est elle qui, à la mort de sa sœur, s'est faite gardienne de ses écrits. Sans elle, nous n'aurions pas eu accès à une partie importante des documents. Dans deux de ses cahiers, elle avait retranscrit quelques poèmes de Léonise et ce, avant la parution de *Fleurs sauvages*. Dans un autre, par économie de papier ou peut-être par une forme d'inconscience, s'appropriant en quelque sorte l'espace de création de sa sœur, elle avait continué de remplir les pages de ses propres textes! Marie-Anne était donc sensible à la poésie. Mais elle était également une femme d'affaires avertie, ayant la responsabilité de la succession Cartier. Voir sa sœur aller investir son argent personnel dans des frais de publication devait lui paraître une pure folie!

On sent Léonise empreinte d'une certaine culpabilité à publier et cela n'est peut-être pas seulement relié au bon usage à faire de son argent. En tant que journaliste, Léo peut, comme elle l'écrira à plusieurs reprises, «faire du bien». Se profile donc derrière chaque paragraphe la bonne action qui justifie tout. Mais la poésie n'est rien d'autre que le reflet de son âme. Dans le fait d'écrire, il y a donc cette idée de miroir et on sait que le narcissisme tombe sous le coup des interdictions religieuses. Léonise, il ne faut pas l'oublier, appartient à une famille enracinée dans la chrétienté. *Fleurs sauvages* paraît l'année du Congrès eucharistique international, événement marquant, et peut-être peut-on attribuer la présence de plusieurs poèmes religieux à l'intention de se donner bonne conscience face à l'Église. Les poèmes de circonstance, nombreux dans l'œuvre d'Atala, seraient peut-être une autre façon de «faire du bien», de rendre utile l'acte de création.

La retenue de Léonise Valois face au texte poétique semble aussi liée au fait que la poésie de cette époque, à cause du poids des conventions, ne lui donne pas autant de liberté que la prose. Comment laisser passer ses sentiments en étant astreinte à les encadrer dans une forme rigide?

Quand, dans une lettre adressée à Marie-Claire Daveluy[2] le 2 septembre 1947, Marie-Anne Valois-Cartier évoque les encouragements qui avaient poussé Léonise à publier, elle écrit: «Ma sœur était une timide et une très humble.» Elle a bien raison de parler d'humilité, car il en faut beaucoup pour s'exposer publiquement, encore plus lorsqu'il s'agit d'un premier livre dont on peut à l'avance soupçonner les erreurs, bien que plusieurs des textes aient été au moins une fois publiés. Léonise a déjà quarante-deux ans et n'a donc pas l'insouciance d'une femme de vingt ans qui lancerait son premier livre. Malgré son âge, Léo parle de sa plume comme d'une plume débutante[3].

Un recueil se présente d'une façon différente de la publication isolée de poèmes dans un journal ou une revue, puisqu'il s'agit d'un ensemble, et c'est l'ensemble que l'on juge. Léonise est si peu sûre d'elle qu'elle fera relire ses textes, malgré les encouragements de ses «amis hommes et femmes de lettres», gens d'une certaine crédibilité qui, selon sa sœur Marie-Anne, l'ont incitée à publier. Dans un de ses manuscrits, on peut lire les commentaires d'un dénommé «Robert[4]», jetés à la mine dans les marges. Léonise en tiendra compte:

> Mélanges d'admirables choses admirablement dites avec quelques faiblesses encore et si je vous signale cela, c'est parce que vous avez eu des envolées superbes. Sans badinage, ce jour-là, la Muse vous a emportée sous son aile à travers les immensités où vont errantes les grandes âmes de Lamartine à Hugo.

À ces notes s'ajoutent des qualificatifs tels que «jolis, moins bien, c'est bien dit», et, concernant les poèmes «À la langue française», «Au retour», «À l'immortel», son lecteur écrira:

> Ces pièces touchant à l'épopée sont très ingrates, aucun poète en France n'a pu dans ses chants se montrer à la hauteur du sujet traité.

Ces annotations signées «Robert», tout comme la dédicace qu'elle fera au professeur R. du Roure dans «Profession de foi», de même que la préface qu'elle obtiendra de l'abbé Lionel Groulx pour la parution de *Feuilles tombées*, agiront en quelque sorte comme des laisser-passer pour affronter la critique qui lui fait si peur[5].

Elle a besoin que son travail soit d'abord approuvé par un spécialiste ou un homme de renom, puisqu'elle est consciente qu'elle se taille une place dans un monde d'hommes. Elle ne peut se permettre un échec. Soumise à des exigences extérieures à elle, elle répondra simplement, ainsi qu'elle l'écrit dans le poème «Caresses»: «Dans cette œuvre où j'ai mis le meilleur de moi-même». Alors, ce ne sont plus les poèmes qui seront jugés, mais elle-même, ce qui est une lourde responsabilité à porter.

À cette époque, quelle image a-t-on du poète? Celle d'un intellectuel, nationaliste ou historiographe, ou celle d'un grand romantique issu de Lamartine et qui propose une poésie lyrique, ou encore celle du poète maudit, celui qui sombre dans l'alcool et la folie. Ni la place ni l'image de la femme qui écrit des vers n'est encore faite à ce moment. Pour Léonise le modèle du poète maudit ne peut s'appliquer. Par conséquent, une autre image dominante du poète semble toute choisie pour elle. La disparition du poète Louis Fréchette lui inspire d'ailleurs un poème, «La mort du poète», que Madeleine Huguenin n'hésitera pas à louanger en évoquant ce «sonnet ému où vibre avec son admiration profonde, tout un talent patriotique[6]».

Ce sentiment patriotique, issu de son père et de son grand-père, viendra nourrir non seulement la poésie d'Atala, mais également sa prose. On peut donc avancer que sa poésie appartient à deux grandes tendances de son époque: elle est à la fois patriotique et lyrique.

LE CHOIX D'UN ÉDITEUR

Bien que les éditions Beauchemin soient en pleine expansion en 1910, et que la librairie-papeterie s'agrandit et rayonne sur six étages rue Saint-Jacques, en plus d'offrir les services d'imprimerie et de reliure, rue Saint-Gabriel[7], il apparaît que ce ne sont pas seulement des raisons d'affaires ou de réputation qui inciteront Léonise à choisir cet éditeur. Connaissant son attachement à la famille, la connaissant aussi fidèle à ses amis, il n'est pas surprenant qu'elle opte pour cette maison.

C'est un choix logique, en accord avec elle-même, dans la mesure où l'on sait qu'en 1864 le fondateur de la maison, Odilon Beauchemin, épouse Louise Valois de Pointe-Claire et qu'il s'associera avec son beau-frère J.-M. Valois, d'où la raison sociale de «Beauchemin et Valois» à cette époque. Leur association prend fin en 1886, alors que monsieur Valois se retire de l'entreprise.

L'histoire de la maison Beauchemin nous apprend aussi qu'à la mort de son fondateur, le fils, Louis-Joseph-Odilon, travaille de pair avec son cousin Émilien Daoust. Or, ce bibliophile et fervent amateur d'éditions de luxe avait une «connaissance du livre qui lui valut d'importantes relations d'affaires et lui acquit de solides amitiés, tant dans les milieux politiques que religieux[8]». Parmi ces hommes sont cités Rodolphe Lemieux et Mgr Bruchési. À la lumière de ces croisements et de l'influence qu'ils pourront exercer sur Léonise, on peut voir que, chez Beauchemin, elle se trouvait en terrain de connaissance.

LA CRITIQUE

Léonise a peur de la critique. Elle sait qu'on critiquera aussi le fait que c'est une femme qui publie. Elle a peur, mais que pourra-t-on lui reprocher?

Aussi étonnant que cela puisse paraître pour nous aujourd'hui, on lui reproche ce qui était appelé des licences poétiques. Dans une lettre non datée (possiblement août-septembre 1930) et adressée à Albert Ferland[9] (ce dernier sera le confident de ses difficultés et de ses joies d'écriture jusqu'à la fin de sa vie), Léonise rappelle qu'à l'époque on l'a blâmée à propos des enjambements (procédé qui consiste à reporter sur le vers suivant un ou quelques mots nécessaires à la compréhension du vers précédent):

> On m'a fort reproché ces licences poétiques lors de la publication de mes modestes *Fleurs sauvages*. J'avais répliqué alors: «mais Victor Hugo en a fait de ces enjambements dans ses vers et je ne sache pas qu'il en ait été si rigoureusement critiqué». Et mon censeur de me répondre: «On a dû pardonner cela à Victor Hugo à cause de la grande valeur de son œuvre. Mais cela ne saurait être permis à l'auteur d'un premier recueil.» Je restai quand même fort perplexe, et convaincue que l'indulgence est une vertu dont devraient plutôt bénéficier les plumes débutantes, que celles déjà expertes dans l'art d'écrire... surtout des vers.

Cette question de la forme est bien sûr importante, puisque Léonise Valois écrit des vers rimés, surtout des quatrains d'alexandrins ou d'octosyllabes. Elle ne renouvelle certes pas la forme, mais comme le soulignera Guy Champagne dans le *Dictionnnaire des œuvres littéraires québécoises:*

> elle a le mérite de rendre le souffle à un romantisme qui, tranquillement, cédait la place à la poésie moderne[10].

Si Léonise Valois ressent les formes poétiques comme des contraintes, c'est que son écriture trouve sa source dans ses émotions, plutôt que dans une recherche esthétique.

Le livre de Guy Delahaye, *Les Phases,* publié en avril 1910, fit beaucoup de bruit à cause de sa nouveauté formelle et donna lieu à une fameuse querelle littéraire[11]. Cette querelle sera loin d'être terminée lorsque paraîtra *Fleurs sauvages,* quatre mois plus tard. Les excès d'un style satirique choqueront plus et auront plus d'échos que la première publication d'un recueil de poésie de femme.

PREMIÈRE FEMME POÈTE?

Favorablement reçu par les collègues journalistes d'Atala, *Fleurs sauvages* fut davantage l'occasion pour les femmes critiques de s'interroger sur la nouveauté du geste, ainsi que l'a fait Madeleine Huguenin d'une façon habile et détournée: Léonise Valois est-elle la première femme poète?

> Atala est toute dans son œuvre de beauté et de bonté, et son volume de vers, le premier, je crois, édité par une Canadienne française, est destiné à un grand succès, succès qu'appelle le talent si vrai, si simple et si charmant de l'auteur[12].

Ce sujet a forcément dû alimenter les discussions, bien qu'aucun commentaire à cet effet n'ait été relevé chez les critiques masculins. Dans sa chronique de *La Presse,* «Colette» souligne:

> Atala est la première femme qui chez nous ait publié un volume de poésie, on l'a remarqué déjà et on a ajouté que c'était un charme de plus. Il ne m'appartient pas de [me] prononcer à ce sujet, mais je puis bien féliciter la gentille «poétesse» d'avoir si gracieusement tracé une voie dans laquelle on peut espérer que d'autres Canadiennes s'engageront, encouragées par le succès de ces charmantes *Fleurs sauvages*[13].

Cette question reviendra, lorsque Léonise rééditera ses *Fleurs sauvages* en 1934. Cette fois, l'article paru dans *L'Événement* sera signé «Jean Grondel», mais sous ce pseudonyme se cache Marie Boissonnault de Québec, poète très active au sein de la Société des poètes canadiens-français:

> Il est vrai, cependant, comme me le fait remarquer un journaliste de renom, M. Robidoux, qu'une autre Canadienne française née au village Montmorency, à côté des célèbres chutes de ce nom, fut la première à écrire et à préparer un volume de vers, intitulé: *Fleurs du printemps* qu'elle publiait aux États-Unis, la même année en 1892, après son mariage avec un Franco-Américain. J'ai nommé Mme Duval-Thibault[14].

En fait, si Anne-Marie Duval-Thibault[15] avait publié *Fleurs du printemps* au Québec, et non aux États-Unis, elle serait aujourd'hui considérée comme étant la première femme poète. L'apport spécifique de Léonise Valois n'est pas d'avoir été la première à écrire des vers, d'autres femmes, bien que peu nombreuses, publiaient les leurs dans les journaux et revues, mais aucune d'entre elles n'avait encore rassemblé ses poèmes pour en faire un *recueil* consacré uniquement à la poésie.

LA RÉPLIQUE AIGRE-DOUCE

Lisant *Fleurs sauvages,* les principaux représentants de l'institution littéraire, en majorité des hommes, se sont plutôt attachés à la forme et aux idées. Par exemple, l'abbé Élie-Joseph Auclair[16]:

> Je ne sais pas si les vers sont parfaits toujours, si l'envolée constamment se soutient. Je ne l'ai pas cherché. J'ai vu que la pensée toujours était haute, même quand elle s'occupe des faiblesses humaines, et cela m'a suffi. Combien de poètes, plus grands qu'Atala sans doute, trouveraient profit à méditer ce tercet du sonnet à quelqu'un:
>
> De l'aigle, vous avez l'étonnante envergure,
> Mais son œil qui saisit dans sa rapide allure
> Ce qui rend les oiseaux fiers et forts, l'avez-vous?
>
> Eh! cet «œil» — qui n'est pas le mauvais œil, bien sûr — je crois qu'Atala le possède et qu'elle s'en sert.

Ajutor Rivard[17] se fera plus sévère lorsqu'il écrira:

Que Mlle Atala s'applique d'abord à mieux composer ses pièces; cela la conduira à y mettre plus de vérité, plus de souffle, plus de vie, et aussi plus d'art.

Camille Roy[18], voulant trop en dire, finira par tomber dans la fiction. Voici les propos par lesquels il commence sa longue critique et qui vont piquer Léonise.

> Parlons d'abord des *Fleurs sauvages* d'Atala. Que pouvait rapporter de ses courses Atala, si ce n'est des fleurs sauvages? Et vous croyez donc que son petit livre est tout plein des âcres parfums de la forêt vierge. Vous vous trompez. Ces fleurs sauvages se sont épanouies en pleine civilisation, à Montréal même, je pense; peut-être sur un balcon de la rue Saint-Denis.

C'en est trop! Dans son *Journal* en date du 18 avril 1935, elle nous apprendra qu'elle lui a riposté à l'époque, dans une lettre «aigre-douce».

> Je dis aigre-douce, c'est parce que je lui disais qu'au lieu d'écrire mes *Fleurs sauvages* sur un balcon de la rue Saint-Denis – tel qu'il l'avait écrit – je les avais plutôt pensées et écrites sur notre balcon de notre maison d'été à Dorion, à l'Île aux Pins, à la Pointe Cavagnal du Côteau Landing, etc. C'était un petit reproche de s'être laissé tromper par qui? Je l'ignorais.

Reste que dans l'ensemble Léonise récolte de bonnes critiques et que cette première édition lui apporte un certain succès. De la seconde édition, qui paraîtra également chez Beauchemin, on parlera dans des termes tout aussi élogieux et tous mentionneront qu'il s'agit de la première femme poète canadienne-française.

12

Les grands départs

> Une bonne Maman, cela ne se remplace jamais,
> car voyez-vous, notre cœur est fait d'une partie
> du sien, et c'est pourquoi elle ressent si bien tous
> nos chagrins, toutes nos peines, les devine même
> quand nous voulons les lui cacher, et sa tendresse
> à notre endroit n'est jamais prise en défaut, car
> elle a le mot de toutes les défenses, de tous les
> pardons et de tous les dévouements. C'est ainsi
> qu'elles sont toutes, et ce pourquoi on ressent en
> même temps qu'on comprend le vide immense
> de ces grands départs qui brisent les cœurs.
>
> L. V.,
> Lettre à Albert Ferland[1], 27 novembre 1916

LE VIDE IMMENSE

En 1907, les filles Valois, qui jusqu'ici s'occupaient de leur mère, doivent à regret la placer à l'asile de la Providence. Elles n'ont d'autre choix que de *casser maison* et de quitter la rue Saint-Antoine. Gabrielle Valois-Hébert raconte: «Quand Philo et Léo arrivaient de travailler l'hiver, elles trouvaient leur mère en train d'arpenter le balcon dehors, juste un châle jeté sur ses épaules, parce qu'elle avait trop peur toute seule dans une maison sombre. *Elle avait peur de son ombre!* Cela ne pouvait plus continuer de la sorte. À Vaudreuil, elle avait toujours eu des bonnes. Ensuite, elle avait été très gâtée par son mari et ses filles, mais comme à présent Philomène et Léonise travaillaient, elles ne pouvait plus autant s'occuper d'elle, alors elles ont dû prendre la décision de la placer.»

Dans son *Journal*, Léonise écrit:

Si nous n'avions pas été obligées de travailler à cette époque, au dehors surtout, qu'aurions-nous pu faire de plus pour tant la soulager[2]...

La dernière année qu'elle passera à l'asile de la Providence, toutes les sœurs sont d'accord pour trouver qu'elle a l'air négligé. C'est qu'elle ne peut plus voir à elle-même: «Elle fait de l'enfance», dira Georgette Cartier. C'est leur sœur Flora qui viendra rester chez Marie-Anne, avec elle, pour prendre soin de leur mère. «Flora aura pris soin des autres jusqu'à la fin de sa vie, c'était la bonne de la famille, elle allait aider celle qui venait d'accoucher, faire les ménages chez des cousines, aider à la pension de Rigaud, remonter les malades, toute une vie comme ça[3].» Flora s'installe en septembre chez Marie-Anne, mais elle mourra subitement quelques mois après son arrivée, le 10 janvier de cette nouvelle année 1922.

Quand Marie-Louise apprend, dans un moment de lucidité, que sa fille est morte, elle dit: «Nous avons dû avoir beaucoup de visites. M'aviez-vous mis mes beaux bonnets roses et bleus?» Georgette raconte sa grand-mère: «Elle portait des bonnets boudoirs pour éviter de prendre froid à la tête et aimait beaucoup les rubans et les dentelles. Elle était restée bébé et très coquette.»

«À l'asile de la Providence, Mgr Bruchési, qui était son ami — une amitié qui remontait au temps où il était abbé —, allait la voir régulièrement et il lui disait: "Si vous répétez à toutes les ladies quand je vais venir vous voir, je ne viendrai plus." Elle restait tranquille! Mais combien de fois y avait-il eu des attroupements dans le salon des visiteurs qui désiraient être bénis de Monseigneur[4].»

Le 22 mars 1922, à l'âge de soixante-seize ans, meurt Marie-Louise Bourque. Léonise a quarante-neuf ans. Bien des années après son décès, elle cherche à se souvenir de sa mère; elle écrit dans son *Journal*, le 3 mars 1933:

Je voudrais tant rêver à Maman, j'y pense souvent, et je la crois si sympathique à nous dans le beau paradis que j'aimerais la voir, lui parler, l'entendre en rêve, il est vrai, mais tout de même pourquoi, je ne peux pas rêver à elle, tel que je le désire, chère Maman.

Si 1922 est une année marquée par la perte d'êtres chers, ce sera aussi une année sous le signe d'une plus grande autonomie. Léonise deviendra propriétaire du 1235, avenue Greene. Cette maison abrite aujourd'hui la librairie The Double Hook. Elle qui laissait s'empiler les livres au gré de sa fantaisie, jusque sur le dessus de sa bibliothèque, elle trouverait que sa chambre et son salon n'ont guère changé!

Jusqu'en 1931, elle vivra sans sa sœur Philo, qui jusqu'ici a toujours partagé ses appartements. Durant ces années, après la mort de sa mère, Léonise consacrera son temps à son travail aux Postes, à ses neveux et nièces qui grandissent et qu'elle aime tant recevoir chez elle.

Georgette Cartier se rappelle: «Elle nous entraînait avec elle, nous montrait des livres et déambulait heureuse au milieu de ses poètes, découpures de journaux, et nous lisait parfois des poèmes. Elle avait une voix bien placée. Elle aimait rire et entendait à rire. La famille Valois était une famille joyeuse. Mais au fond d'elle-même, il y avait quelque chose de triste, des yeux doux et rêveurs. Elle était bohème. C'était une femme bien sensuelle, pas sèche du tout. Elle avait une forte personnalité et malgré son caractère très fort, c'était une femme douce. Elle aimait la vie, ses fleurs, son jardin.»

Elle laisse de belles traces de cette passion verte dans ses poèmes, son *Journal*. Elle suit les fleurs de leur éclosion à leur chute, s'émerveillant devant son parterre, celui du curé ou des voisins d'en face. Ses jardins aujourd'hui disparus ont été remplacés par le bitume, une station de métro et un supermarché.

LA GUERRE

Les grands départs, ce sont aussi les Canadiens qui partent au front et ne reviennent pas. Ce temps de guerre donnera lieu à l'écriture de quelques poèmes qui seront repris en 1934[5] dans *Feuilles tombées*. Ces années susciteront des souvenirs marquants qu'elle se remémorera dans son *Journal* de 1935, alors que sévit la crise et que planent les rumeurs d'une autre guerre, laissant les familles dans un climat d'inquiétude.

1915: Évariste Valois décède subitement, laissant dans le deuil sa femme Marie-Eudoxie et leurs enfants, dont ses fils Roger, directeur au journal *Le Pays,* et Gaëtan[6], rédacteur en chef du journal *L'Autorité.*

LES ANNÉES SILENCIEUSES

À la différence de ses amies Madeleine Huguenin, Gaëtane de Montreuil et Blanche Lamontagne, qui publient régulièrement ou tiennent des chroniques, Léonise, elle, durant les années qui suivent la publication de *Fleurs sauvages,* publie peu. De 1910 à 1929, elle ne fait que quelques apparitions à *L'Autorité* et à *La Revue moderne,* mais on peut croire que son emploi du temps ne lui permet pas de rédiger une chronique hebdomadaire.

Je crois que nous devons attribuer ce silence aux années de guerre pendant lesquelles l'édition est au ralenti, puis à son travail aux Postes qui l'accapare, et, surtout, à la vie de famille et à ses amies qui lui demandent beaucoup de visites et de temps, l'empêchant de se consacrer à un travail d'écriture. Comme l'écrira Madeleine Huguenin dans le portrait qu'elle a tracé d'Atala:

> Ainsi, elle a vécu, et si peu pour elle, sans cesse acquise aux autres, familles ou amis, qui réclamaient la part de son affection, la douceur de sa présence, le réconfort de sa confiance et son soutien intelligent et généreux.

13

Les amitiés littéraires

La part qu'elle y fait à l'amitié est émouvante, et
celles et ceux qui émergent à la liste choisie de
ses élus, savent quels merveilleux privilèges, Atala
attache au titre d'amie.

MADELEINE,
Portraits de femmes

La solitude est chère à qui voudrait pleurer;
Les regards indiscrets intimident les larmes.

«Idéales sympathies», *Fleurs sauvages*

Si la solitude est chère à Léonise en temps de douleur, ou en période d'écriture, si elle a traversé des moments difficiles en ne livrant
pas facilement son chagrin aux autres, d'autres heures de sa vie ont été
largement remplies d'échanges amicaux. «Associée à tous les mouvements littéraires», nous apprend Madeleine Huguenin[1], il n'est pas étonnant qu'elle eut une vie mondaine active. Si cette solitude lui est si chère,
c'est qu'elle est rare.

Léonise compte plusieurs familles. La sienne d'abord, allant chez
les uns et les autres, comme en parcourant son arbre généalogique, de
Vaudreuil à Dorion, de Rigaud à Montréal. De plus, Léonise s'entourera
de ses amis des Postes qui lui resteront fidèles après sa retraite. Mais
elle appréciera particulièrement ses amis hommes et femmes de lettres.

Ces amitiés de longue date, elle les a entretenues par des visites, de la correspondance. Plus tard, elle bénira le téléphone et «son illustre inventeur[2]» de les lui préserver. Elle s'inquiétera facilement d'un silence de l'un ou de l'autre, allant jusqu'à en devenir angoissée. Son journal intime nous ouvre une piste sur ces amitiés, les rapprochements et les brouilles. Madeleine Huguenin en fournit un exemple. Elle qui a fait un très élogieux *Portrait de femme* d'Atala, la voici qui lui tourne le dos à la fin de sa vie. Si le *Journal* de Léonise se tait sur le «motif» de ce retournement, il ne faut pas perdre de vue qu'elle cultive les secrets. Cependant, certains passages révèlent combien Léonise en est blessée. Madeleine n'avait-elle pas écrit, en parlant de Léo:

> Elle fut pour moi, une amie de toutes les heures, et je sais tout le rayonnement de ses sentiments, et la splendeur de ses cultes[3].

Si la vie de Léonise a été remplie de ces retrouvailles, de ces rendez-vous amicaux, la fin de sa vie la verra davantage entourée de sa famille, de ses sœurs, des neveux et nièces et de quelques amies du bureau. Léonise en tire la conclusion suivante: «On n'aime pas visiter des gens malades, ce n'est pas assez mondain[4].» Elle semble oublier que ses amis ne sont plus aussi jeunes: Blanche Lamontagne souffre de rhumatismes et ne peut se déplacer seule[5], Gaëtane de Montreuil est très solitaire et «son cercle d'amis s'est considérablement réduit entre 1920 et 1937[6]». Albert Ferland, qui fut constant dans son amitié pour Léonise, sera également un des derniers fidèles auprès de Gaëtane de Montreuil. Cette dernière, à la fin de sa vie «n'accepte plus la présence de personne auprès d'elle — pas même son fils[7]».

Ceux et celles qui figurent dans le *Journal* de Léonise en 1933 et 1935 ont traversé avec elle toute une époque. Plusieurs de ces plumes ont signé leurs premiers textes au *Monde illustré* ou dans le *Journal de Françoise*. Sa sœur Marie-Anne se rappellera:

> Et quand elle lança dans le public ses *Fleurs sauvages*, [...] elle le fit sur les instances de ses amis littéraires, comme elle se plaisait à appeler ainsi les gens de lettres, hommes et femmes qui fréquentaient son salon[8].

Parmi ces gens de lettres, ces amis littéraires, on retrouve aussi Marie Dumais-Boissonnault[9], Antonio Pelletier et J.-H. Roy[10]. De ses amitiés littéraires, naîtront des critiques de ses livres, ou des portraits élogieux d'Atala, ou encore la contribution artistique d'Albert Ferland qui illustra la couverture de la première édition de *Fleurs sauvages*.

Léonise, reconnaissante, leur dédiera des poèmes. À Madeleine, elle offrira «Le parfum de grand prix». À Gaëtane de Montreuil elle donnera «Un Rêve». Au poète Antonio Pelletier, «Réveil». À cet autre poète, médecin aussi, J.-H. Roy, elle dédiera «Les voix étranges». Blanche Lamontagne suscitera son admiration: pour cette dernière, elle écrira, en 1929: «Ma Gaspésie». Remarquons que, pour «Les voix étranges» et «Ma Gaspésie», Léonise a repris le titre même d'une des œuvres du dédicataire.

Léo attachera une très grande importance à ce que peuvent penser ses amis, hommes et femmes de lettres, de ce qu'elle écrit. Constamment, elle ira chercher leur approbation et leur appui. Son manque d'assurance, si fréquent au départ chez bien des créateurs, apparaît renforcé par le fait qu'elle ne publie pas régulièrement.

Dans une lettre à Albert Ferland, l'amie devient aussi une sœur:

> Je vous suggère ces petits conseils comme une bonne sœur le ferait pour un bon frère qui le mérite bien. Une femme *sent* quelquefois plus *sûrement* qu'un homme[11].

En plus d'être poètes tous les deux, ils ont été employés aux Postes canadiennes. Albert Ferland, dessinateur à l'hôtel des Postes de Montréal, y était entré en 1910. Comme le témoigne le *Journal* de Léonise Valois, ce dernier sera aussi au courant des émois de son cœur. Une lettre, écrite à Albert Ferland le 23 janvier 1933[12], donne un aperçu de cette longue amitié et des propos que Léonise pouvait lui tenir.

Lorsqu'elle signera à nouveau, vers la fin de sa vie, une chronique régulière, Albert Ferland se réjouira qu'elle puisse à nouveau «écrire à [son] goût[13]».

Il lui aura fallu attendre l'année de sa retraite, soit 1929, pour qu'elle puisse enfin y parvenir. En effet, quelques mois avant qu'elle ne quitte les Postes, Aldéric Lalonde, président de *La Terre de chez nous* et cousin de Léonise, lui propose la direction de la page féminine: «À l'ombre du foyer». Fidèle à elle-même, elle revient à l'écriture, à l'âge de soixante et un ans. Pleine d'enthousiasme, abordant sa retraite comme une seconde vie, elle signe le 15 février 1929 sa première chronique.

Montréal, 6365, de Saint-Vallier
23 janvier 1933
Monsieur Albert Ferland, *Poète*

Cher Monsieur Ferland,

J'ai bien reçu votre excellent envoi poétique et sympathique, ainsi que vos vœux du jour de l'An. Vous êtes bien toujours le délicat poète que je reconnais et que j'ai bien failli ne plus jamais revoir après ce terrible accident que vous savez bien et dont j'évite de reparler trop souvent. Que de sympathies me sont venues durant cette affreuse épreuve! La vôtre ne m'a pas manquée et ne m'a pas non plus étonnée, car votre amitié m'a toujours été fidèle et dévouée. J'ai reçu de Madeleine (madame Huguenin) une lettre tout à fait sympathique où elle me dit que «son âme blessée» l'avait fait compâtir à «mon accident qui l'avait angoissée et qu'elle était heureuse de savoir que j'allais enfin guérir». J'ai été très sensible à cette marque de bienveillance, car nous n'étions pas très intimes depuis quelques années, et il est bon de sentir nos cœurs se ranimer en certaines tragiques occasions. Une certaine sympathie m'a bien manqué de la part d'un *«quelqu'un»* que je vous nommerai lorsque je vous verrai, car j'espère bien vous revoir plusieurs fois avant de mourir.

Quand me ferez-vous ce plaisir de vous revoir, Monsieur Ferland, mon meilleur ami littéraire?

Ici, à l'hospice Morin, nous sommes comme chez nous, dans la maison adjacente au couvent qu'un bienfaiteur généreux leur a donnée à ces bonnes sœurs franciscaines si hospitalières. Nous avons même des bénéfices, refusés aux autres pensionnaires, c'est-à-dire, recevoir nos parents et amis jusqu'à 10 hrs du soir et même un peu plus tard. Mais vous avez tous vos après-midi et vous serez toujours le bienvenu. Je vous demande seulement de me téléphoner Crescent 9554, à mon téléphone privé, car il m'arrive de sortir au beau soleil tous les jours, et je ne voudrais pas être privée de votre visite.

J'espère que tous les vôtres sont en bonne santé. Priez pour moi s.v.p. Je vous adresse mes meilleures amitiés du plus profond de mon cœur et mes meilleurs souhaits.

Votre bonne amie, Atala.

LÉONISE VALOIS

CINQUIÈME PARTIE

Une seconde vie
1929-1935

14

La Terre de chez nous
1929-1931

> Il faut, de toute nécessité, qu'il soit fait quelque
> chose pour les institutrices rurales. Quelle muni-
> cipalité prendra l'initiative, et se donnera le mé-
> rite et l'orgueil d'un premier élan de justice et de
> générosité?
>
> L. V.,
> *La Terre de chez nous,* 27 novembre 1929

À L'OMBRE DU FOYER

Lancé le 15 février 1929, *La Terre de chez nous* se veut un lieu de
rassemblement «pour défendre et promouvoir en tout et toujours, les
intérêts de la classe agricole[1]». Comme tous les hebdomadaires de
l'époque, le journal aura sa page féminine. Le public que Léonise doit rejoindre est donc concentré en milieu rural. Bien qu'elle se soit installée
à la ville, ce milieu lui est familier, puisque tous ses souvenirs de jeunesse prennent leurs racines à Vaudreuil.

Voici comment Atala présente sa chronique à ses lectrices:

> Cette page est ouverte à toutes les observations bienveillantes, à
> toutes les suggestions utiles.nous y traiterons de sujets toujours
> agréables aux dames: les dernières modes de la saison, présente

ou prochaine, des recettes culinaires et autres, un peu de puériculture, un peu d'horticulture aussi.

Enfin nous essaierons par tous les moyens en notre pouvoir, de promouvoir votre intérêt sur les multiples questions touchant le foyer, la famille, sans oublier la note patriotique devant faire vibrer vos cœurs nationaux, déjà si légitimement fiers de la belle terre de chez nous, et ainsi j'espère bien ne pas désappointer votre légitime attente. Atala[2]

Cet élan patriotique ne manquera pas, car patriotisme et religion vont de pair, et ses textes à *La Terre de chez nous* s'imprégneront d'une constante allégorie religieuse. Le temps des Fêtes, les premières communions, la fête des Mères, toutes ces célébrations, ce décorum, nourriront la plume d'Atala avec exaltation. L'amour de la terre devient une métaphore de l'amour de Dieu. En effet, on a souligné qu'à ses débuts *La Terre de chez nous* «se fait l'apôtre de la doctrine sociale de l'Église[3]».

L'ensemble de la société, y compris les milieux ruraux, est en train de changer, et Léonise, qui a atteint la soixantaine, adopte une attitude plutôt sage et prudente. Son discours prône davantage le respect des traditions que la nouveauté. Elle sait aussi à quel public elle s'adresse et en ce sens le message est très clair. Il faut rester dans la norme, aucun écart n'est permis. En 1929, *La Terre de chez nous* n'est pas un lieu pour revendiquer le droit de vote des femmes! Le journal est administré par l'Union catholique des cultivateurs et on y sent fortement l'influence du clergé. C'est plutôt à la défense du patrimoine et des valeurs traditionnelles que Léonise se portera.

Dans sa chronique «La croix du grand chemin», elle dénonce le fait qu'on laisse ces monuments à l'abandon, le long des chemins. Elle déplore qu'il n'y a

[...] plus de prières au pied de la croix, plus de jardinet en fleurs au pied, plus de peintre empressé de «retoucher le bois de la croix[4].

Ailleurs, elle se porte à la défense des maisons ancestrales.

Nos solides maisons de pierre, nos maisons pionnières, ont un cachet de vétusté qui nous porte à les vénérer. Elles sont les témoins d'un passé fécond et glorieux. Ce sont des écrins remplis de souvenirs précieux. Empêchons le pic démolisseur de frapper sur elles au cœur de la nation. Sachons les garder et les aimer d'un amour tendre, fier et vigilant[5].

Même si ses chroniques à *La Terre de chez nous* sont moins novatrices que ses écrits au *Monde illustré* trente ans auparavant, sa plume est restée la même. Elle trouve toujours une cause à défendre avec passion et les valeurs patriotiques ont constamment été au cœur de ses préoccupations.

LA PETITE POSTE

Quelques mois après son arrivée au sein de l'équipe du journal, Atala inaugure des concours littéraires, comme elle l'avait fait au *Monde illustré*. Ces concours remportent un certain succès, surtout auprès des institutrices, qui voient leurs œuvres publiées et se méritent des livres en prix. Ce qui a davantage de popularité, c'est le courrier des lectrices. Elles se confient à Atala, et il arrive qu'à son tour elle se livre à quelques confidences en plus de leur donner de sages conseils. Plus tard, s'ajoutera à ce courrier «La petite poste» où Atala invitera «les messieurs à correspondre avec les demoiselles».

Il faut comprendre que les abonnés de *La Terre de chez nous* se sentent isolés, loin des villes, et les institutrices, par exemple, qui se sont exilées dans les écoles de rang, ont peu de chance de faire une rencontre amicale ou amoureuse. Pour beaucoup de ces femmes, la page féminine est aussi le seul lien avec la culture et beaucoup d'entre elles rêvent d'un mari qui aura de l'instruction, d'où leur recours à la correspondance à l'intérieur de cette page culturelle. Ayant grandi dans un village, Léonise n'a certes pas eu de difficulté à imaginer leur situation.

> *Rosette* – Petite institutrice de 26 ans d'excellente réputation sage et sérieuse et d'un assez bon caractère, désire correspondant assez instruit et distingué, de préférence fils de cultivateur[6].

> *Des Bois francs* — Fils de cultivateur à l'aise, 30 ans, sage et aimant la terre. Ayant quelques notions du chant, moindres pour la musique; instruit mais un peu sauvage et timide. Quoiqu'il ne soit pas littérateur, désire correspondre avec fille de fermier assez instruite de 20 à 27 ans, brunette aux yeux noirs de préfé-

rence; grandeur moyenne, de bon caractère ferme et aimable, bonne cuisinière et économe; appréciera surtout celle qui connaît le cannage des viandes et des légumes. Désire aussi quelques talents d'agrément comme la musique et le chant[7].

Le courrier déborde et Léonise n'arrive plus à répondre à toutes les lettres. Finalement, il viendra à prendre trop d'espace et la direction s'opposera à la continuité de ce courrier. Était-ce bien la raison véritable? Ces lettres, aux yeux des mères, des aînées ou des religieux n'apparaissaient-elles pas trop légères, trop frivoles?

UNE FEMME SINCÈRE

> Sa vie est un acte de sincérité.
>
> MADELEINE,
> *Portraits de femmes*

Léonise, même sous le nom d'Atala, ne se déguise pas et demeure elle-même. Ainsi, à la question posée par une de ses lectrices sur son emploi du temps, elle répond:

> Ma vie se passe chez moi, dans mon cabinet d'étude à toutes les matinées. L'après-midi ou le soir, je visite nos malades, et assez souvent, j'ai d'agréables rendez-vous chez mes amies ou réceptions chez moi, où l'on cause, et c'est là tout ce que je peux me permettre.
>
> Profitez-bien de vos saines distractions. Les sports d'hiver surtout favorisent tant la santé... et la beauté.
>
> J'aime beaucoup nos poétesses canadiennes et leurs travaux littéraires méritent bien un éclatant succès. Je les préfère à plusieurs de nos poètes masculins. Ces derniers ont peut-être une plus grande vigueur de style, mais ils me semblent moins sincères.
>
> À coup sûr, ils ont moins de délicatesse de sentiments et n'est-ce pas le sentiment qui crée le véritable poète?... N'insistons pas! glissez mortels, n'appuyez pas[8].

À propos d'une autre lettre reçue d'une lectrice, où il est question des amours de celle-ci, Atala s'épanche sur son sort et lui ouvre aussi son cœur. «Le petit roman» n'est certes pas sans lui remémorer la correspondance avec sa sœur Orphélia, lorsque celle-ci voulait à tout prix marier Léonise à Évariste Valois. Près de trente ans après, Léo n'a pas oublié.

> J'ai été très touchée à la lecture de votre petit roman. Tout d'abord, vous l'avez finement écrit et avec tant de cœur. Ensuite, parce que c'est peut-être aussi un peu le mien. Ah! ces âmes incomprises!
>
> Il faut avoir souffert de ces situations pour pouvoir les comprendre. Vous avez raison de ne pas vouloir épouser un «quelconque». Votre haute culture morale et intellectuelle vous permet d'aspirer à un «quelqu'un», c'est d'un «caractère» dont je veux parler. Et vous savez, «un caractère» cela se rencontre chez un bon fermier tout aussi bien, pour le moins, que chez un professionnel[9].

Ces amours déçues remonteront encore à la surface, dans d'autres textes, comme «Au temps des lilas[10]», par exemple, où il est question une fois de plus d'un triste destin amoureux. La forme utilisée est la nouvelle, un des rares récits de Léonise (auxquels il faut ajouter des contes de Noël).

La première qualité d'une femme, écrivait Léonise Valois dans *L'Autorité* en 1914, c'est d'être sincère.

> Sincère dans sa voix, dans ses paroles, dans son maintien, dans ses gestes, dans ses manières, dans toutes ses actions, car pour être vraiment naturelle dans son extérieur, il lui faut avant tout être sincère dans son intérieur, c'est-à-dire dans ses pensées et dans ses sentiments, puisque c'est dans l'esprit, dans le cœur et dans l'âme que la sincérité prend sa véritable source[11].

Je crois que cette qualité intérieure s'est exprimée dans sa vie, dans ses amitiés, et dans ses écrits. En étant sincère dans ses paroles, elle se rapprochait de ses lectrices, précieux atout pour ouvrir un dialogue et gagner leur confiance.

AU TEMPS DES LILAS[12]

... Jeannine Durant était née au temps des lilas, alors que toute la nature semble s'épanouir dans les frondaisons nouvelles toutes parfumées. Elle en avait gardé pour les belles fleurs blanches et mauves une tendre prédilection, parce qu'à l'époque de leur floraison on venait, chaque année, fêter son anniversaire en jonchant la maison paternelle de ces fleurs qui lui étaient chères. Plus tard, Jeannine avait obtenu de son père qu'autour de la maison on fît un enclos de ces arbrisseaux toujours verts aux fleurs printanières, et quand venait le beau mois de mai, elle en portait à la douce Madone qui lui souriait dans la chapelle de son couvent, en ornait son propre pupitre, et aussi, aux heures sympathiques, celui de sa maîtresse de classe qui s'en montrait ravie. Puis n'en donnait-elle pas, très souvent, une petite branche à l'ami Jean Loriot, toujours si complaisant pour elle, et qui lui rendait, à l'occasion, maints petits services d'écolier à écolière, portant le lourd sac de ses livres de classe jusqu'au mur discret, d'où l'œil de bonnes sœurs n'aurait pu les y apercevoir. Il l'aidait dans ses problèmes de mathématiques, alors qu'elle-même donnait, en retour, à ses phrases grammaticales la tournure exigée par la rigoureuse syntaxe. Ah! ces analyses logiques! ces problèmes ardus de l'arithmétique! leur en avaient-il donné du fil à retordre, surtout à l'approche des examens finals de l'année scolaire! Jeannine ne laissait jamais partir son compagnon d'études sans le gratifier, à cette époque, d'une belle branche de lilas, récompense délicate de son amical dévouement.

Les années avaient passé — Jeannine devenue l'une des plus jolies et gentilles filles de la paroisse, sachant profiter sagement des leçons maternelles et se préparant avec conscience à ses futurs devoirs domestiques. Jean Loriot labourait consciencieusement aussi, de son côté, le champ des aïeux et passait tous ses moments de loisir auprès de sa payse, ébauchant avec elle de charmants projets d'avenir, lorsqu'un jour, jour néfaste, Jean apprit à Jeannine la détermination de son père de quitter la terre ancestrale et son devoir, à lui, de le suivre à l'étranger. La pauvre fille sentit sourdre à son cœur une douleur aiguë. Un vague pressentiment envahit son âme. Si Jean partait, reviendrait-il jamais au pays? Reviendrait-il, surtout, y cultiver à nouveau, le domaine des aïeux que son père lui-même abandonnait si lâchement, lui semblait-il, à l'heure présente? La terre voisine, labourée, ensemencée jusqu'ici par les Loriot, de père en fils, la quitter à jamais! serait-ce possible? N'était-ce pas une trahison?... Jean aurait voulu obtenir de son amie qu'elle acceptât de le suivre, un peu plus tard à l'étranger. Elle s'y refusa obstinément. — Vous ne m'aimez donc pas? disait Jean, pour me parler ainsi, à pareille heure? — C'est parce que je vous aime trop, Jean, répliquait Jeannine, parce que je sais que si vous rompez les liens qui vous tiennent attaché à notre glèbe natale, vous deviendrez un tout autre homme, si différent de l'idéal confiant que j'avais placé en vous; et que je ne saurais m'expatrier pour devenir, à mon tour, une tout autre femme que celle que j'incarne en ce moment. Non, je ne vous appartiendrai, cœur et âme, que si vous revenez loyalement chez vous, chez nous! non, je ne partirai pas! et c'est mon dernier mot.

Les Loriot n'ont pas encore vendu leur terre; ils l'abandonnent tout simplement, et déjà les apprêts du départ prochain se font pressentir. Les parents et les amis viennent, à tour de rôle, bonjourer tristement ceux qui s'en vont de plein gré, et consoler celles qui partent à regret: la maman, qui pleure en ficelant les paquets et contemplant le berceau vide où, jadis, elle endormait ses petits de ses chansons joyeuses; les jeunes filles disant adieu à tout ce qui les entoure. Par ailleurs un grand voile de mélancolie semble jeté maintenant sur toute la plaine et les collines avoisinantes, et tout le troupeau de la ferme, même, semble affecté de ce départ subit des maîtres. Il erre à tête basse dans la prairie et broute à regret, semble-t-il, les jeunes pousses du champ qu'on abandonne. Il semble à Jeannine que ce crève-cœur général qui se perçoit dans le voisinage l'atteint sauvagement elle-même et tous les siens. Et puis, ironie suprême! les lilas, les beaux lilas blancs et mauves, sont actuellement épanouis en une floraison superbe.

Jean qui la boude depuis cette soirée de reproches et d'aigreur, viendra-t-il, au moins, lui donner une dernière marque d'affection, à elle-même, et de respect aux siens qui l'ont toujours si bien accueilli? Non, Jean ne viendra pas, mais il laissera pour elle un simple billet glissé furtivement le soir, sur la petite table de la véranda, là même où ils ont si souvent causé d'amour et d'espoir à l'ombre des beaux lilas blancs et mauves, et qu'elle devra lire au matin de son départ:

Ma Jeannine bien-aimée,

Envers et contre tous, je reviendrai. Oui, je reviendrai retrouver ici le bonheur que j'ai failli perdre à jamais. Attendez-moi, et prouvez-moi votre pardon en mettant, à la place de ce billet, un bouquet de lilas blancs et mauves. À ce signe, je comprendrai que vous ne m'en voulez plus d'un écart de pensée plus que de sentiments. Je les couvrirai, ces fleurs que nous aimons tant, d'un large baiser, celui que j'aurais tant voulu vous donner avant mon départ. Toujours fidèle à vous, ma Jeannine, et à la terre de chez nous. — Jean.

Ce à quoi tient la destinée? Jeannine ne reçut jamais le billet de Jean. Voici ce qu'il advint – et ceci pour démontrer que notre sort ne tient souvent qu'à un fil: s'il se casse à notre insu, toute la trame de notre pauvre navette en est rompue et il faut bien alors reconnaître que des puissances supérieures sont bien souvent les seuls arbitres de notre destinée. – Un simple coup de vent, une bourrasque, plutôt, emporta bien loin dans les airs, durant la nuit d'orage qui suivit son émission, le billet de tendresse et de repentir.

Le lendemain, à l'heure du train, Jean Loriot partit à l'étranger avec les siens, la mort dans l'âme, pour ne plus revenir aux lieux chéris de son enfance où l'attendit vainement de jour en jour, de mois en mois, Jeannine Durand, la douce, l'aimante, la fidèle amie de toujours qui en devint folle de chagrin et d'ennui. Pauvre petite blessée, qui ne cessait de dire et de redire: «Oui, Jean reviendra. Il reviendra au temps des lilas blancs et mauves, des lilas tout parfumés d'amour et d'espoir.»

L'enclos fleuri, jadis tant aimé, n'apporta plus, aux beaux jours de mai, qu'une sombre mélancolie dans l'âme de la jeune fille désolée, et la griserie du parfum des lilas se changea bien vite en une âcre saveur, d'une amertume étrange, qui, le printemps suivant, la conduisit, en pleine jeunesse, au cimetière de son village, à l'époque où fleurissaient les lilas blancs et mauves, tout parfumés de mélancolie, de tristesse et de deuil.

Jean reviendra-t-il? Saura-t-il jamais? Comprendra-t-il, dans sa muette prière, ce que contient parfois d'amour, de lie, l'urne du cœur féminin, si délicat qu'il se brise au choc d'un chagrin bizarre et, si souvent, insoupçonné? Hélas!... il l'ignorera probablement toujours...

ATALA

UNE ATTITUDE «SAGE ET PRUDENTE»

Alors que les femmes se prononcent en faveur ou non du droit de vote des femmes, on demande à Atala son opinion sur le sujet. Écrit entre 1929 et 1931, presque dix ans avant que le droit de vote ne soit acquis, ces propos sont peut-être davantage le reflet de l'Union catholique des cultivateurs. Le ton qu'elle emploie est manifestement celui de la défensive.

Connaissant son intérêt pour les questions politiques, on s'attendrait à ce que ses propos ne soient pas dilués. J'imagine que nombreuses étaient les femmes qui, au tout début, n'osaient pas se prononcer. Léonise préconisait l'instruction pour les femmes, bien avant le droit de vote. Son attitude aurait-elle été différente si elle avait écrit ailleurs qu'à *La Terre de chez nous?* Voici un extrait de ses propos:

> À notre époque d'évolution outrancière, il semble que le progrès marche à pas de géant. Après l'ère de la radiologie, de la navigation aérienne, que peut bien nous réserver encore cette présente période de notre civilisation que l'on prétend être le «nec plus ultra» du raffinement? À cette question que je posais

tout récemment à l'un de nos grands économistes, il me fut répondu, fort spirituellement du reste: «Pour ces dames, le triomphe du vote féminin!» Ce galant homme voulait évidemment se payer ma tête. Je me gardai de la perdre et lui répondis du tic au tac «À vos ordres, Messieurs!» c'est-à-dire à votre bon plaisir, ce qui dissimulait assez bien ma pensée; et à vous-mêmes, chères lectrices, je ne saurais vous faire part de toutes mes opinions personnelles sur le sujet. Il y a vraiment trop de «pour et de contre» qui ne cadrent pas avec la teneur de cet article.

[...]

Mesdames, ne désirez pas trop cette si large part d'influence politique extérieure, ce vote féminin, qu'on réclame pour vous «à cor et à cri». En attendant les événements, bons ou mauvais, d'une ère nouvelle, pire ou meilleure que celle-ci, on ne saurait dire, soyez de votre époque, gardez votre rôle de femme avisée, sage et prudente, votre fonction de bonne conseillère. Étudiez avec votre mari, si cela ne lui déplaît pas trop, les problèmes politiques de l'heure présente dans votre pays. C'est de l'histoire contemporaine propre à développer votre sens patriotique. Tout compliqués que ces problèmes puissent être, le bon jugement de votre mari, appuyé du vôtre, votre propre intuition féminine qu'on ne saurait nier, la juste perspicacité de vos deux esprits enfin, feront pencher la balance du bon côté, non celui où les intérêts matériels d'un chacun sont en jeu, mais celui où le bien général l'emporte, celui qui assurera le bien-être et la prospérité de la masse, nonobstant les sacrifices particuliers. C'est à mon humble avis comment devrait s'exercer l'influence des femmes de notre pays. Mais encore faut-il que les hommes de cœur le comprennent! la femme ne doit pas nécessairement n'être que la ménagère de l'homme, mais encore sa compagne d'esprit et de cœur[13]. [...]

On voit bien que Léonise ne s'oppose pas en soi au droit de vote des femmes. Cependant, elle voit au-delà du simple geste civique. Fidèle à ses opinions antérieures, elle défend la communication à l'intérieur du couple (même si, formellement, la relation n'est pas complètement égalitaire) et la participation des femmes aux décisions, ce qui ne peut se faire que par une élévation du niveau d'information et d'instruction. Ainsi, par le biais de sa chronique, Léonise insistera auprès des parents pour que leurs enfants ne soient pas retenus aux champs et qu'ils puissent avoir accès à l'instruction.

À LA DÉFENSE DES INSTITUTRICES

Dans les milieux ruraux, deux importants groupes de femmes sont à rejoindre: les fermières et les institutrices. Lors d'un important congrès agricole qui se tiendra à l'automne 1929 à Montréal, Atala invite les institutrices à y participer, puisqu'elles ont un rôle primordial à jouer auprès des enfants des fermiers et des fermières.

> Nous comptons bien que nombre de jeunes filles, et tout particulièrement nos vaillantes institutrices, feront partie de ce congrès, et nous prions Messieurs les commissaires d'école de bien vouloir accéder au désir de nos gentilles amies en leur permettant que les deux jours d'absence nécessaires à cet effet soient remplacés par les deux congrès hebdomadaires suivants[14].

Peu d'institutrices participeront. Atala regrettera cette absence et s'en étonnera. À ses propos, «une dame fermière» répliquera:

> Mais, Madame comment espérez-vous les y voir venir? Ignorez-vous que leur salaire leur donne à peine de quoi vivoter?

«Et une autre de me dire», écrit Atala dans sa chronique:

> «J'ai trois filles qui travaillent au dehors, l'aînée est la plus instruite et c'est elle dont l'éducation nous a coûté le plus cher. Eh bien! ses jeunes sœurs font quatre fois son salaire; aussi peuvent-elles faire quelques économies. Plus que cela, Madame, ses sœurs doivent l'aider à s'habiller.»

> Ces propos me rendirent songeuse et perplexe. Je vous dirai même qu'ils me hantent depuis. Il faut, de toute nécessité, qu'il soit fait quelque chose pour les institutrices rurales. Quelle municipalité prendra l'initiative, et se donnera le mérite et l'orgueil d'un premier élan de justice et de générosité?

> M. Charlemagne Rodier, traitant récemment de «coopération matérielle, intellectuelle et morale» à la salle Saint-Sulpice, a attiré, encore une fois, l'attention publique sur la rémunération

insuffisante que reçoivent nos institutrices rurales. Il a proposé
même de faire régler leur cas par la commission du salaire mini-
mum des femmes dont le gouvernement de Québec pourrait à
cet effet étendre la juridiction.

Qu'on n'attende donc pas que les autorités provinciales forcent
la main à des gens d'intelligence et de cœur, tels que le sont ceux
à qui sont confiés les deniers publics d'une municipalité honorable. Qu'on fasse bien et qu'on fasse vite[15]!

Léonise persévère dans ses revendications et y revient dans plusieurs chroniques, dont «La rentrée des classes», parue le 10 septembre
1930:

[...] Quelle tâche que celle du professeur, de l'institutrice! Noble
et sainte, il est vrai, mais combien pénible et ingrate! Comment
ne pas en comprendre la lourdeur et travailler à leur en faciliter
le devoir complet par tous les moyens en notre pouvoir, même en
essayant d'ouvrir les yeux de nos autorités ministérielles provinciales qui jusqu'ici sont restés aveuglement fermés sur une
telle abnégation! Nos gouvernants resteront-ils toujours sourds
aux revendications de ceux qui s'intéressent à cette portion intéressante de leurs administrés?

12 mai 1931: elle ouvre sa page sur une déclaration de l'honorable C. F. Delage, surintendant de l'Instruction publique, en faveur de
l'obtention de meilleurs salaires pour les institutrices.

Le traitement des institutrices à la campagne est trop bas et on
devrait améliorer leur sort.

En septembre 1931, encore sous le thème de «La rentrée des
classes», Atala s'adresse à elles.

[...] À l'œuvre donc, mes courageuses et vaillantes amies. La
Province a l'œil sur vous. Faites de votre mieux votre devoir,
tout votre devoir, nonobstant ce qu'il y a de plus pénible: l'insu-
bordination des petits, trop souvent l'ingratitude des parents et
voire même, l'indifférence des gouvernants. Qui sait si un jour ou
l'autre, animés d'un sentiment de justice plus conscient, ces derniers ne se décideront pas, lorsque la crise présente sera passée,

à donner une plus grande valeur à vos services d'un prix réellement inestimable. Lequel de nos députés aura alors l'insigne
d'honneur de décrocher la timbale et de réveiller l'inertie de
ceux qui dorment[16]?

La lutte de Léonise pour les institutrices prend fin ici, puisque deux
mois après, elle subira un «terrible accident» qui la forcera à quitter brusquement *La Terre de chez nous*. «Petit tableau champêtre[17]» sera le dernier texte publié dans la chronique «À l'ombre du foyer».

Le 25 novembre, un court texte signé par l'exécutif du journal
apprend aux lectrices que la directrice de leur page féminine «repose
encore sur un lit de douleurs à l'hôpital. Elle n'a pas repris connaissance
depuis l'instant de l'accident» (soit le 9 novembre). Le 9 décembre 1931,
une autre note sera insérée afin d'informer les nombreuses lectrices qui
s'inquiètent de sa santé: «Nous avons le regret d'annoncer qu'aucune
amélioration ne se fait sentir sur son état.»

Mais que lui est-il donc arrivé?

15

«Le terrible accident»
1931

J'agitai mes doigts et je pensai que je pouvais
tenir ma plume et écrire comme je le voudrais.

L. V.,
Journal, 4 mars 1933

L'ÉVÉNEMENT

Dans une lettre adressée à Léonise le 16 octobre 1933, Marie-Rose McGowan, qui travaillait dans un restaurant situé près du lieu de l'accident, raconte les faits. Léonise avait dû, tout probablement, lui demander de témoigner à son procès, d'où l'abondance de détails. Nombreux sont les passages soulignés à la mine par Léonise, ce qui laisse supposer qu'ils lui furent précieux pour son procès, à défaut du témoignage de Marie-Rose McGowan qui n'a pas «bien vu ce qui est arrivé».

Georgeville, le 16 octobre 1933

Chère Demoiselle Valois,

J'étais au restaurant au registre placé tout près de la grande vitrine de devant lorsque je vous ai vue sortir de la banque pour venir, du côté de l'avenue Greene, si souvent je vous voyais faire le même trajet et vous voir observer les lumières.

Ayant été appelée pour servir un client, je ne vous ai pas vue
plus loin que quelques secondes plus tard, mon attention attirée
par un bruit, comme une auto qui arrête subitement et la première chose que j'ai entendue dire, quoique je vous avais présente à la mémoire, étant la personne qui se préparait à traverser
la rue et bien ces gens qui parlaient, devaient vous connaître
puisque j'entendais dire: «Mademoiselle Valois de l'Avenue
Greene a été frappée par une auto que conduisait une femme.»
[...] De là, j'accours à la porte et je vois tout le trafic arrêté, une
auto arrêtée, une femme dedans, une police sur le marche-pied
qui parlait, avec cette femme peut-être pour prendre son [mot
illisible] et ce que j'entendais dire que la femme en question
n'avait pas de licence, de l'autre côté, un homme en bicyclette
blessé. Pendant ce temps, mon frère va vitement voir, au
moment que l'on vous rentrait à la pharmacie. C'est mon frère
qui a ramassé vos boucles d'oreilles et votre bourse comme je
crois aussi. Le tout s'est fait tellement vite. Si n'ayant pas été
dérangée par un client, je suis certaine que j'aurais été votre
témoin, j'aurais observé et j'aurais bien vu ce qui est arrivé.

Cet accident survient le 9 novembre 1931, après que Léonise soit
sortie de la banque[1]. À l'intersection de la rue Greene et de la rue Sainte-
Catherine, une voiture surgit à toute allure et, malgré le feu rouge, ne
peut s'arrêter. Cette voiture fonce sur une motocyclette, en éjecte le
chauffeur et le projette sur Léonise. Le choc est si violent qu'elle tombe,
sa tête cogne sur des rails de tramway et elle perd connaissance.

Elle est transportée à la pharmacie Brooks, le temps qu'arrive une
ambulance. De là, on la conduit à l'hôpital Western[2]. La famille est tout
de suite prévenue. Le Dr Fleet, qui s'occupe de son cas, leur laisse entendre qu'elle n'en n'a pas pour très longtemps à vivre. Une question
d'heures, de quelques jours tout au plus. Toutes ses sœurs se préparent au
deuil et s'empressent de s'acheter des robes noires[3].

Mais voilà, Léonise va demeurer pendant soixante-trois jours inconsciente, dans le coma. Jour et nuit, elle est sous la surveillance d'infirmières. Elle est opérée à plusieurs reprises, pour «une fracture du crâne
et des contusions graves par tout le corps[4]».

Léonise fut la première patiente d'une jeune infirmière (qui est
aussi une de ses petites cousines), Angélique Harwood; même après
toutes ces années, elle se souvient très bien de Léonise[5].

«On m'avait appelée pour une urgence, je venais juste d'être diplômée. Je me rappelle d'elle très bien. C'était mon premier cas et il était grave. Lorsqu'elle est arrivée à l'hôpital, elle était inconsciente: frappée à la tête, plusieurs fractures, le visage bleu, et couverte de sang. Le sang coulait de ses yeux, de sa bouche. Grande et forte, je me souviens qu'elle était difficile à déplacer dans son lit.

Sa famille venait la voir à tous les jours et elle demeurait inconsciente. Nous la nourrissions par gavage nasal. Il s'agissait d'un mélange composé d'une chopine de lait, de la mélasse, des œufs, un peu de cognac et une ou deux poudres dont je ne me souviens plus la teneur. Il fallait passer le tube par le nez et, comme elle avait de grandes narines, cela aidait, puis le tube passait à l'estomac en faisant très attention de ne pas toucher les poumons[6]. On lui faisait cela matin et soir. C'est durant la nuit qu'elle est revenue à elle et, les premiers jours, elle fut très confuse.»

Puis, elle s'éveilla:

> Sous quel effet? Je ne puis le dire. Je constatai que j'étais à l'hôpital. Je me croyais à l'Hôtel-Dieu où j'avais passé quinze jours alors que j'avais été opérée dans la bouche. Je me croyais encore à cet hôpital. Pour quel nouveau malheur? pensais-je. Une garde anglaise entra alors que j'étais seule pour un moment et me demanda: «Comment est votre bras?» Je pensai: mon bras a-t-il été enlevé? Il était ligoté et je vis que mes deux mains étaient intactes et remuaient parfaitement. J'agitai mes doigts et je pensai que je pouvais tenir ma plume et écrire comme je le voudrais. «Que m'est-il donc arrivé?» demandai-je avec ardeur et inquiétude. «Votre bras a été démis seulement», me répondit-on, et je commençai à espérer.
>
> L. V.,
> *Journal,* 4 mars 1933

À la suite de ce long sommeil, alors qu'elle était toujours hospitalisée, la première fois qu'elle vit son image dans un miroir, elle dit: «C'est qui cette vieille folle-là, comme je plains son mari[7]!»

Contre toute attente, celle à qui on ne donnait que quelques heures, voire quelques jours, a survécu.

LA CONVALESCENCE

À sa sortie de l'hôpital, le 29 janvier 1932, elle revient à son domicile de la rue Greene, mais son état de santé est si précaire qu'elle doit garder ses infirmières auprès d'elle et ce, jusqu'au 12 février. Ensuite, elle les renvoie et doit engager une personne qui n'est pas diplômée. Cette dernière reste auprès d'elle jusqu'au 1er juin 1932. Puis l'été arrive et elle se retire en compagnie de sa sœur Philomène chez leur cousine Éva Brasseur et leur sœur Angélina, qui tiennent une maison de pension au 11, rue Saint-Jean-Baptiste, à Rigaud[8].

On y joue aux cartes, les amis et parents de Vaudreuil et de Montréal viennent rendre visite à la miraculée, la revenante, on prolonge pour un repas et c'est ainsi, entourée des siens, et de bons soins, en pleine saison estivale, que Léonise se remet sur pieds, prête à recommencer sa vie d'avant l'accident, prête à écrire, à revoir «son monde» et à leur montrer qu'elle est bien vivante et surtout qu'elle a toute sa tête!

Certains de ses comportements après son accident mettent son état de santé en doute, car on pense autour d'elle qu'on ne peut revenir d'un coma sans séquelles. Ces petites étrangetés se sont manifestées davantage au début de sa convalescence. Ainsi, lors de ces parties de cartes où Philo et les autres tantes jouaient avec leurs nièces, Georgette Cartier raconte que Léonise passait derrière une joueuse et disait: «Mon Dieu que tu as un beau jeu, trois as, deux rois!

– Ma tante! dites-le pas!

Et Léo de répondre:

– Qu'est-ce que cela peut bien faire, elles vont le voir tantôt, quand même que je le dirais tout de suite!»

Ces agissements effrayaient quelque peu la famille. Les médecins n'avaient-ils pas après tout diagnostiqué une incapacité physique permanente de cinquante pour cent et une incapacité intellectuelle de quatre-vingt-dix pour cent[9]? Tous ses proches qui, à chaque jour, étaient allés à son chevet, des semaines durant, sans obtenir un simple mouvement de ses lèvres, en sont restés marqués.

Ce qui inquiétera encore plus Marie-Anne, c'est de voir sa sœur revenir à la vie avec tant de projets, sans prendre le soin de se donner des limites. Manifestant son désaccord, elle lui écrit cette lettre à Rigaud pour tenter de freiner un peu l'enthousiasme à vivre qu'elle démontre, et lui rappelle non seulement par où elle vient de passer, mais aussi dans quelles angoisses la famille a été tenue.

Montréal, le 27 juillet 1932
Mademoiselle Léonise Valois,
Rigaud, Qué.

Ma chère Léonise,

Faut pas que tu prennes au sérieux les paroles que je t'ai dites
quand j'étais à Rigaud, ces derniers jours. Tu sais, on n'a jamais
que l'âge qui remonte à sa naissance, et dans l'occurrence, en
réalité tu as 63 ans, pas davantage. Mais personne ne peut s'empêcher de trouver que ton terrible accident t'a considérablement
vieillie physiquement et que, parce qu'on ne te le dit point, on
n'en pense pas moins. Et comme c'est à propos qu'on te le rappelle, puisque tu ne veux pas t'en apercevoir toi-même, je trouve
que c'est quasiment un devoir pour moi, de te le rappeler, pas
grands dieux pour te faire de la peine, mais bien pour te faire
comprendre qu'il faut te ménager beaucoup, et ne te causer
aucune fatigue supplémentaire, puisque c'est déjà juste pour toi,
de supporter celles qui sont absolument nécessaires à ton existence. Il ne te faut aucun surmenage, ni intellectuel, ni corporel;
dans les deux cas, pas le moindre petit surmenage. Ce serait vraiment dommage que pour un plaisir de quelques heures, tu perdrais
ce que si péniblement tu gagnes à la semaine ou au mois. Ce que
je t'en dis, c'est pour ton bien. Il ne te faut pas penser pour bien
longtemps encore aux plaisirs des mondanités: réceptions, visites, etc. Ce ne sont pas les gens et les personnes que tu entre-
tiendras, que tu recevras, ni celles que tu visiteras qui prendront
soin de toi, s'il fallait qu'à cause d'un écart ou d'une fatigue, il
t'arriverait un contretemps, et cela peut survenir bien facilement
dans ton cas. Pourtant tu sais ce qu'il t'en a coûté, et ce qu'il en
a coûté aux autres pour te remettre sur pattes; et aussi ce qu'il
en coûte encore, à notre sœur Angélina ainsi qu'à cette pauvre
Éva (elle notre cousine seulement, et qui y met aussi, tout son
grand cœur) pour te maintenir sur ces mêmes pattes. Elles aussi,
sont fatiguées, cela se voit à l'œil nu, je t'assure, et il faut bien que
tu essayes et non seulement que tu essayes, mais que tu t'arran-
ges pour ne pas leur donner le moindre surcroît de fatigues, à
elles aussi. Je faisais des farces quand j'appelais la maison
d'Angélina et d'Éva, un sanatorium, mais franchement, c'est
bien là un qualificatif qui lui convient.

Encore une fois, ma chère Léonise, ne prends pas ce que je te dis, avec une arrière-pensée. Dépouille-toi du «vieil homme» dans ton cas, de la vieille femme, et si tu veux ajouter encore une vingtaine d'années à celles qui te sont déjà comptées, tiens-toi tranquille, laisse-toi vivre sans secousse pas la moindre petite secousse, autre que celles que fatalement tu es obligée de subir. Et tu sais, celles-là nous viennent sans nous crier: gare! Tu le vois, par les chagrins que nous cause en ce moment la santé délabrée de notre pauvre frère Héliodore. Donc une troisième fois, je te répète de ne pas prendre en mauvaise part les remarques que je te fais, et c'est seulement par solidarité familiale et pour l'affection que je te porte, ma chère doyenne, que je me permets de t'avertir avant qu'il ne soit trop tard, et par acquit de ma conscience qui me reprocherait d'avoir manqué gravement à mon devoir, quand je le pouvais.[...]

MARIE-ANNE VALOIS-CARTIER[10]

Cette lettre produit sans aucun doute le résultat escompté car, après sa convalescence à Rigaud, Léonise ne retournera pas à sa maison de l'avenue Greene. S'occuper d'une convalescente est une charge trop lourde pour Philomène qui voit sa besogne multipliée, elle qui s'était accomodée d'un autre rythme à Rigaud, vivant seule dans un petit appartement, réalisant à l'âge de la retraite ce rêve de vivre de nouveau à la campagne. Sous l'instance de ses sœurs, Léonise séjournera à l'hospice Morin, mais accompagnée de sa sœur Philomène. La lettre de Marie-Anne a fait, oui, son chemin. Dans son *Journal*, Léonise écrit:

J'ai dû quitter ma propre maison avec ma sœur Philo, car toutes deux, nous ne pouvions plus la gouverner, ni la tenir. [...] Je n'ai pas voulu m'y soustraire car pourquoi causer encore plus de trouble à mes parents qui n'ont rien épargné pour me sauver la vie?

L. V.,
Journal, 14 février 1933

Toutefois, Léonise décide de ne pas vendre sa maison, bien que cela soit un ardent souhait de Philomène. Pas question de tout abandonner: Léonise nourrit le projet de retourner chez elle une fois que ses forces seront revenues. «Vends, vends», lui répète sa sœur, car en ce temps de crise où les affaires ne sont pas favorables, la famille pense que la maison pourrait subir une dévaluation. Mais la maison ne fut vendue qu'après la mort de Léonise.

La convalescence à l'hospice Morin se trouve relatée dans le premier cahier du *Journal* de Léonise et ce, jusqu'à son départ. Malgré les bons soins, les visites, elle s'y ennuie, n'étant décidément pas faite pour la vie de couvent! Pendant que Philomène tricote et joue aux cartes, Léo tourne en rond dans sa chambre et c'est là que nous la retrouvons, à la première page de son journal intime en février 1933.

16

Introduction au *Journal*
1933-1936

> Mon journal! Pourquoi griffonner toutes ces
> lignes? Je ne sais, c'est un petit besoin pour moi
> et je passe le temps bien innocemment en écri-
> vant tous ces faits de ma vie journalière.
>
> L. V.,
> *Journal,* 6 juin 1935

LES PAGES INTIMES

Il s'agit vraiment d'une chance inouïe d'avoir accès à cet important *Journal* inédit, retrouvé plus de cinquante ans après la mort de Léonise Valois.

Cette première édition du *Journal* ne présente que des extraits choisis en fonction de la pertinence de leur propos, ayant trait à l'édition, à certaines figures littéraires ou à la petite histoire, par exemple. Pour s'assurer que sa mémoire n'a pas été touchée à la suite de son accident, Léonise prend un grand plaisir à faire des liens dans son arbre généalogique, remontant à telle ou telle branche et refaisant les mariages, les naissances et les décès, effectuant en quelque sorte des exercices de mémoire. On retrouve des pages entières sur les successions et les héritages qui nourrissaient les histoires de famille. Ces pages n'ont pas été retenues.

Étant sous l'égide des religieuses, en convalescence à l'hospice Morin, la vie pieuse devient aussi le centre de ses activités. Dans son

Journal, Léonise est très reconnaissante à Dieu d'être encore de ce monde. Il s'agit pour elle d'un retour en force à la vie religieuse, car dans une lettre à Albert Ferland en 1916, alors que celui-ci venait de perdre sa mère, elle lui avait confié ceci:

> mes prières ont peu de valeur, je le sais trop. Je ne suis plus aussi ardemment pieuse qu'autrefois[1].

Quinze ans plus tard, elle renouera avec une ferveur ancienne: «Je ferai mon chemin de la croix, chose sainte que je faisais si peu souvent avant mon accident[2].» Léonise évoque chapelets et neuvaines, pèlerinages et chemins de croix, elle prie pour remercier, mais aussi pour obtenir d'autres faveurs, dont celle de gagner son procès. Elle va jusqu'à raconter longuement les fameuses apparitions de la sainte Vierge en Belgique! Il n'était pas nécessaire de publier l'ensemble de ces pages religieuses teintées de bigoterie. Quelques fragments conservés en témoignent, esquissant tout de même un portrait fidèle de Léonise ainsi que de la société québécoise d'alors. Il ne faut pas perdre de vue qu'à travers son discours, c'est une époque qui se raconte.

Il est à noter également qu'un journal intime regorge inévitablement de répétitions, d'une journée à une autre. Le fait, par exemple, de s'être retrouvée après son accident avec une vue affaiblie fait l'objet d'inquiétudes qui se renouvellent sans cesse, semaine après semaine. Les redites ont été également coupées afin de rendre la lecture plus dynamique. Les mots en italique étaient soulignés dans le texte original. Un travail d'édition a été effectué afin d'harmoniser la ponctuation, l'orthographe et la typographie avec les normes actuelles.

L'AIDE-MÉMOIRE

Son *Journal* conservé se compose de deux cahiers, un daté de 1933 et l'autre de 1935. Quant au cahier de 1936, il a été détruit, et seules les dernières pages, écrites avant de mourir, ont été dactylographiées par sa sœur Marie-Anne.

S'il n'y a pas trace d'un cahier de 1934, on peut émettre l'hypothèse d'une disparition posthume de ce cahier, comme dans le cas de celui de 1936.

C'est donc le 14 février 1933 que Léonise commence un nouveau cahier, un journal intime qui aura pour titre «Pages de journal». Elle entre en convalescence à l'hospice Morin[3], suite à l'accident de 1931. Dans ce premier cahier qu'elle tiendra presque quotidiennement, elle relatera les choses du présent: visites, décès, parties de cartes, livres lus et diverses activités reliées à sa vie, à sa maladie et à son procès.

Mais elle s'attachera aussi à faire revivre le passé:

> J'ai encore bonne mémoire et me rappelle de tout de tout de tout[4].

C'est ce qu'elle veut se prouver. Léonise reconstruit, vérifie sans cesse sa mémoire. En écrivant tous les jours, elle détient la preuve qu'elle ne l'a pas perdue. Advenant qu'elle la perde, elle s'assure aussi qu'il restera des traces de son passé. Dès que sa sœur Philomène sort, Léonise écrit.

En écrivant, on garde sa mémoire vivante. En écrivant sa journée, on la revit. N'est-ce pas aussi une seconde vie que célèbre à chaque jour Léonise? Cela est si peu ordinaire que chaque jour mérite d'être conservé[5]. Philippe Lejeune affirme, à propos de l'autobiographie: «On n'écrit pas pour dire ce qu'on sait, mais pour approcher au plus près ce qu'on ne sait pas[6].» Ainsi par le journal, Léonise cherche à ranimer la vie de ses mois de coma, elle cherche à se souvenir de cette seule période de sa vie qui lui ait échappé.

Ce journal relate un changement dramatique dans sa vie: elle a cessé subitement de travailler. Après un long coma, elle en est sortie vieillie, subissant les séquelles de son accident. Sa vue affaiblie limitait ses déplacements, réduisant brusquement son autonomie, la condamnant à dépendre de sa sœur Philomène.

Elle avait été si heureuse d'avoir repris sa vie de journaliste, et terriblement déçue d'être remplacée par une autre pendant son accident. Léo passe donc de la page de journal à *La Terre de chez nous,* à la page... du journal intime. Aussi lui arrive-t-il de parler de son journal en employant le terme de «chronique». À quelques reprises, elle s'adresse à des lecteurs imaginaires en utilisant la deuxième personne du pluriel et, à l'occasion, elle s'adresse à Dieu. Cependant, il ne s'agit nullement pour elle de faire de ce journal une œuvre littéraire. Aucun de ces textes n'a subi un travail d'écriture. Les ratures y sont rares, les propos de famille et le quotidien y tiennent une grande place. Toutefois, elle est consciente de l'héritage culturel qu'elle laisse à ses nièces[7]. Enfin, elle imagine un public composé de parents et d'amis:

> Cela en intéressera peut-être quelques autres lorsque j'aurai fermé les yeux pour toujours[8].

Léo s'ennuie, souffre de solitude, pense à sa mort prochaine et son *Journal* se veut aussi présent qu'un confident, qu'une confidente. Elle sent rôder la mort et, quand ce n'est pas un pensionnaire qui décède, c'est «un crêpe à la porte» à «la maison voisine d'en face[9]» qui l'incite à méditer. Est-ce dans ces moments de méditation que Léo se rapproche de Dieu et de l'écriture poétique, se préparant à publier *Feuilles tombées*?

L'ANNÉE 1935

L'année 1935 nous permet de suivre la sortie de son second livre en librairie, les ventes, l'aide gouvernementale reçue, la critique qui accueillera son œuvre, et ses amis littéraires qui lui feront part de leurs commentaires. Ce journal se veut donc une chronique des démarches reliées à ses deux publications: réédition de *Fleurs sauvages* et parution de *Feuilles tombées*.

Ces pages sont aussi un vibrant témoignage sur les années de crise et cette peur de la guerre à venir, la présence envahissante de la religion, les angoisses reliées à la vieillesse et à son procès. Angoisses aussi de l'écrivain par rapport à la critique, à la vente de ses livres, mais aussi par rapport à elle-même: «Si je ne faisais hélas d'autres vers!», écrira-t-elle[10]. Nourri de tant d'angoisses, ce *Journal* vient accentuer sa mélancolie et l'alimente en quelque sorte, car elle se heurte continuellement à un idéal qu'elle n'a pas entièrement réalisé, celui de vivre de sa plume. Vu sous cet angle, le journal sert quotidiennement à lui rappeler un échec[11].

Au moment où elle écrit ces pages, Léonise vient de subir un très dur coup et, malgré cela, elle trouvera en elle l'énergie nécessaire pour se tourner de nouveau vers l'écriture. Si Léonise n'avait pas tenu son *Journal* et écrit des poèmes durant cette période, elle n'aurait pas su traverser cette nouvelle épreuve. Elle le savait et tant pis pour la famille qui ne veut pas qu'elle se fatigue en écrivant! C'est au contraire en n'écrivant pas qu'elle se serait tuée puisque, à chaque période douloureuse de sa vie, ce sont précisément les mots, l'expression d'un langage intérieur, ce souffle qui part du dedans, qui lui ont redonné vie, c'est l'écriture qui lui a permis de se défendre. Quelle ne fut pas son angoisse, rappelons-le, lorsqu'en ouvrant les yeux, au sortir de son coma, elle crut d'abord qu'elle ne pourrait pas écrire comme elle le voudrait.

> Bientôt, ce sera l'hiver avec toutes ses misères et nous ne pourrons presque plus sortir[12].

Le cercle se referme. Léo devient de plus en plus casanière, ses forces déclinent doucement, mais jusqu'à la fin elle sera fidèle à ses amis, aux mots. Sa mémoire et sa lucidité l'accompagneront, jusqu'au dernier souffle.

17

«Pages de *Journal*»
1933

Aujourd'hui, c'est le 14 février 1933. L'an dernier, à pareille date, j'étais inconsciente à l'hôpital Western. Pourquoi? Je ne le réalise pas, et si ce n'était de mes pauvres yeux voilés, embrouillés, je ne croirais pas que quelque chose d'anormal m'est arrivé: une chute terrible sur une voie ferrée dont je ne peux bien définir l'origine, si ce n'est ce que mes parents et amies m'en disent. À un doigt de la Mort, à la porte de l'Éternité, et je remercie le bon Dieu de m'avoir ramenée à la Vie, sans doute avec des intentions que Lui seul connaît et que je ne connaîtrai sûrement qu'après ma mort. Mais je voudrais bien n'être pas tout à fait inutile sur la terre. Que me demandez-vous Seigneur? Qu'attendez-vous de ma bonne volonté pour votre gloire, mon Dieu, et de l'amélioration de ma vie pour mon salut? Il faut que mes jours soient remplis de bonnes pensées, de profonds sentiments et de belles actions qui puissent m'être méritoires pour l'éternité.

J'ai dû quitter ma propre maison avec ma sœur Philo, car toutes les deux, nous ne pouvions plus la gouverner et la tenir. Du 1235, avenue Greene à Westmount, il nous a fallu toutes deux prendre logis au couvent hospice Morin, 6365, de Saint-Vallier. Je n'ai pas voulu m'y soustraire car pourquoi causer encore plus de trouble à mes parents qui n'ont rien épargné pour me sauver la vie? Comment nous nous plaisons ici? Je ne pourrais exactement le dire. Les religieuses franciscaines[1] sont excellentes. Je n'ai ou plutôt, nous n'avons pas le moindre reproche à leur faire. Vivant présentement sous le toit du bon Dieu, nous ne pouvons désirer mieux sous nos pénibles circonstances, et nous constatons de jour en jour qu'elles sont vraiment hospitalières et prennent soin jour et nuit de leurs pauvres malades. [...]

Ma chambre! comment la définir et définir aussi celle de ma bonne Philo, elle-même malade, et que mon accident a tellement chagrinée! Je veux bien vous en faire une description: la mienne est double-pièce fraîchement tapissée en papier couleur drabe. Mes murs sont ornés de mes gravures pieuses et artistiques. [...] Un tapis et des meubles en foin sauvage qui appartiennent à Philo, une paire de rideaux de soie, achetés dans un magasin du quartier, deux garde-robes contiennent l'une nos fourrures actuelles, l'autre nos jolies toilettes et la balance de mes paperasses lesquelles sont pleines de souvenirs de famille... Quelques meubles d'en avant viennent de chez nous avenue Greene, un fauteuil ayant appartenu au salon de ma tante Préfontaine[2], en velours broché et peluche rouges. Quatre ou cinq coussins en peluche et soie, dont l'un m'a été donné par Mme Bernier, un autre de Mlle Doré, la ménagère de mon frère, un autre par ma cousine Eugénie D'Ariault et les autres façonnés par Marie-Alma ma nièce, un petit tabouret pour reposer mes pieds fatigués.[...] Dans le meuble à porcelaine, j'ai aussi de la belle porcelaine, achetée pour la plupart et quelques argenteries en métal solide [...], et nous avons aussi une boîte contenant assez de coutellerie en argent pour en orner notre table aux jours d'occasion sans toutefois oublier notre verroterie pour servir le vin aussi aux jours de fêtes et de visites. Je possède deux belles statues, dont l'une représente Jeanne d'Arc que je veux donner à Jeannette, ma nièce, et une autre représentant *la Poésie* que je destine à ma nièce Madeleine Cartier. J'ai un téléphone privé. Quelle commodité! [...]

Je continue de définir ma modeste chambre. Il m'en reste bien peu à dire. Il me reste un fameux radio lequel nous a été donné par mon frère Avila. Ce que toute cette musique nous égaie avec ses discours, ses sermons, ses airs d'opéra et sa musique comique, etc. Mes gravures, je vous les énumère, les médaillons dorés qui contiennent les portraits de papa et maman, une petite gravure qui représente les portraits des trois marraines: Flora, Marie-Anne et Alice avec leurs trois filleules: Marcelle, Yvonne Gohier, Hélène Cartier ou, plutôt, Jacqueline Cartier; un joli miroir doré tout près du lavabo à eau chaude et froide. Au-dessus du meuble à porcelaine, Marie-Antoinette, reine de France, avec ses trois enfants. C'est une jolie pastorale. Dans un panneau, une gravure sur acier représentant Victor Hugo sur son rocher de Guernesey où il a écrit son fameux «Extase en Dieu», superbe pièce en vers qu'il nous faut lire avec émotion. Dans le grand panneau, j'ai placé «La légende du lac», que j'ai achetée parce qu'elle est souverainement poétique, et deux jolies toiles dont l'une représente «Les enfants des bois»; une femme désabusée; un petit paysage donné par Rachel et une scène hivernale crayonnée par Albert Ferland qu'il m'a donnée toute encadrée, durant ma maladie, et pour me remercier en gratitude...

Sur ma table du centre où nous prenons ensemble, toutes deux, nos trois repas, que mangeons-nous? Au déjeuner: une orange, du fromage, deux rôties et une ou deux tasses de café avec crème; pour dîner: de la bonne soupe, une viande rôtie, poulet, veau, roast-beef ou steak avec un dessert à la crème et gelée, et gâteaux feuilletés que souvent nous fournissons à nos frais. Tout est bien propre quand nous recevons nos visites l'après-midi ou le soir. Chaque jour, la sœur Paul-Eugénie fait notre ménage et rien ne cloche de ce côté-là. Nos beaux dessus en dentelle sont sur table dont l'une porte une corbeille en argent avec beaux fruits, et l'autre une lampe dorée qui protège mes yeux; quelques effets en argent et pots à bouquets vert, mauve et jaune qui contiennent des tulipes, des fleurs jaunes, des fleurs légères et un superbe lys d'eau.

Dans ma chambre à coucher, il y a une superbe gravure tissée sur satin blanc et noir. [...] J'ai un petit coin spécial pour mes livres. Une étagère en bois franc que je tiens de maman, cadeau fait par Mme Lanctôt, l'épouse du juge, et une boîte toute remplie de livres dont je ne veux énoncer tous les titres, c'est bien trop long. Mais j'en lis un presque tous les jours et je les donne ensuite à qui peut s'y intéresser. Ils sont tous bons d'ailleurs et ne peuvent pervertir.

On m'a acheté une jolie couchette simple en fer que j'ai trouvée dans mon salon au retour de l'hôpital Western. Au pied du lit, l'on avait déposé un superbe bouquet de roses. En ouvrant les yeux, j'ai demandé d'où elles venaient. De ta famille, m'a-t-on répondu. J'en étais flattée et heureuse. Combien d'autres belles fleurs j'ai reçues à l'hôpital et chez nous durant ma maladie, plus que je n'en recevrai quand je serai morte, sûrement. J'ai dû cesser d'en recevoir, mais à Pâques, j'ai voulu me payer le luxe de superbes lys blancs offerts à Jésus-Christ par sa «ressuscitée».

[...] Le téléphone! qui sonne. M. Albert Ferland m'annonce sa visite pour l'après-midi. J'en suis charmée. Ce que nous allons causer de l'autre... J'aurai de ses nouvelles. S'il s'est intéressé à moi durant mon accident. Il me le dira bien.

Au-dessus de ma table à téléphone, j'ai placé l'image, la gravure qui représente une peinture à l'eau de René et Atala de Chateaubriand et j'ai aussi le portrait de notre chère tante Préfontaine qui nous a enrichies [...]. J'ai peu touché au bien de ma tante Lussier, moi, et tout mon héritage est allé aux médecins, à l'hôpital et à mes gardes-malades. Heureuse encore ai-je été de le recevoir pour payer les frais de mon terrible accident. Je les remercie d'avoir pensé à nous faire du bien avec leurs successions. J'ai aussi un gramophone que j'ai emporté de chez moi. J'ai donné des «records» à sœur Paul-Eugénie qui prend soin de nous, et je joue mes autres «records» de temps à autre. Mon bureau qui contient mes vêtements appartient aux religieuses et je le leur rendrai quand je partirai d'ici. Pour aller où? Je ne sais pas bien au juste où j'irai... Où Dieu voudra!...

Ma petite pendule dorée ou plutôt mon cadran marque toutes mes heures. Que seront-elles? Je pense que ce cadran restera en souvenir de moi, mais que marquera-t-il dans l'avenir?... Mes chandeliers dorés serviront encore une fois pour l'extrême-onction, avant que je meure, et resteront aussi en souvenir de mes dernières heures. C'est la vie... et la mort. Plus rien dans ma chambre qui m'appartienne davantage. Celle de Philo est une bien jolie chambre aussi avec un balcon propre comme la mienne. Je leur préfère, à ces balcons dont le mien donne sur une jolie terrasse, la galerie d'en avant où je place d'ordinaire à l'été mon fauteuil [en foin] sauvage que j'ai apporté de Rigaud. Si l'on s'y repose bien!

À la maison voisine d'en face, il y a aujourd'hui un crêpe à la porte. Je ne connais pas ces gens-là. Philo non plus, mais cela nous porte à la méditation quand même. Nous avons une bien jolie chapelle dans ce couvent. Nous y faisons assez souvent, et Philo tous les jours, notre chemin de croix, et disons notre chapelet; nous n'oublierons pas une prière pour ce défunt que nous ne connaissons pas.

Je continue la définition de la jolie chambre à Philo. Un magnifique ameublement de chambre à coucher; cette couchette dans laquelle sont décédées tante Préfontaine et notre chère sœur Flora. Quels souvenirs tristes elle nous rappelle. Le bureau avec son grand miroir dans lequel elles se sont regardées, nos chères défuntes; il nous semble encore les voir dans cette glace...

15 février 1933

[...] La lecture est un si grand désennui pour moi que je remercie le bon Dieu de m'avoir laissé d'assez bons yeux pour que cela m'intéresse sans trop me fatiguer. C'est un bonheur pour moi. [...]

Dès qu'une visite intéressante s'annonce, nous préférons rester chez nous pour les recevoir, et nous savons leur faire plaisir en contribuant au nôtre. Nous avons ainsi une petite part de mérite et la vie n'est donc pas tout à fait nulle. C'est moins embêtant lorsqu'on peut constater que nous ne sommes pas tout à fait inutiles dans le monde et que mutuellement nous pouvons faire un peu de bien ici-bas.

[...] Dans le fond de mon cœur, j'ai le désir d'aller passer l'après-midi avec Philo, souper et veiller chez Marie-Anne, jouer aux cartes avec elle et les enfants. Ce n'est pas que j'adore les cartes, mais Philo aime beaucoup cela, et cela passe le temps. Nous avons si peu à leur apprendre dans nos causeries et je trouve le temps si ennuyeux le dimanche après-midi au couvent. Mais Marie-Anne va-t-elle pouvoir nous recevoir? [...]

Actuellement, nous préparons la fête de sœur supérieure, le 19 mars. Philo prépare un morceau de piano et une chanson «Sous les tilleuls» que je chanterai en alto avec elle. On m'a demandé de préparer une déclamation que l'on aime «Rabboni[3]!» Je l'avais oubliée, et je cherche à m'en souvenir. Cela passe le temps.

19 février 1933

[...] Marie-Alma[4] nous apprend que son procès est différé. J'espère au moins qu'il aura bonne fin pour elle et que son mari continuera à lui payer la pension de 60 $ par mois toute sa vie durante. Gabrielle[5] m'a apporté le travail qu'elle m'a fait à la clavigraphie de toutes mes pièces de vers qui doivent former mon nouveau volume. Comment vais-je l'intituler? Je ne sais encore, mais tout cela se fera l'an prochain, lorsque toutes mes dettes seront payées, et surtout si mes revenus me le permettent. Je me souhaite avec cette publication, bonne chance et bonne recette. J'ai communié ce matin comme je le fais tous les dimanches et je confie cette entreprise comme les autres entre les mains du Seigneur. Qu'il bénisse cette nouvelle œuvre intellectuelle!...

20 février 1933

[...] Qu'allons-nous faire aujourd'hui? Je ne sais pas au juste. Il neige à plein temps. Le vent chante à pleurer. C'est une véritable plainte bonne pour nous inspirer. Actuellement, je lis Madame de Montespan. Cela passe le temps, la lecture. [...]

22 février 1933

[...] Éveline Bernier, ma plus intime amie qui est morte durant mon séjour à l'hôpital alors que j'étais inconsciente, m'avait écrit une si affectueuse lettre, et si désolée, que j'en ai été touchée. Dès que j'ai repris conscience, avant qu'on m'eût remis sa lettre, je lui ai écrit quelques lignes sans les voir, mais ma signature était bien lisible et pouvait servir à mes affaires. C'est Avila qui m'a appris sa mort, arrivée le 14 décembre, et j'avais été frappée le 9 novembre. C'était le lundi, et le dimanche précédent, j'étais allée la voir dans l'après-midi. Je me rappelle que la pauvre enfant m'avait dit: «Ne me négligez pas, venez souvent me voir, car avant longtemps ce sera fini de ma vie et nous nous verrons plus ici-bas.» «Qui sait, lui répondis-je très touchée, si ce n'est pas moi qui partirai la première. Un accident d'auto, de tramway peut m'enlever la vie, ce soir ou demain. Nous ne savons jamais. Je vous en prie, ne parlez plus ainsi. Dieu est le Maître. Il ne peut faire de nous que ce qui lui plaira», et le lendemain, je tombais frappée par une auto. [...]

23 février 1933

Comme j'aime à recevoir nos bonnes amies, et Philo aussi d'ailleurs. J'aime à me mettre en contact par téléphone si je ne puis les visiter ou les recevoir ici pour sentir la sympathie naturelle qui s'établit entre nous ici-bas. Au couvent c'est quelquefois pénible d'y vivre lorsqu'on se sent trop malade pour faire tout ce que l'on voudrait. Philo tricote, tricote et tricote pour se désennuyer. Moi, je lis, j'écris, lorsque nous ne sortons pas ou ne recevons pas.

[...] Les belle parties de cartes que Philo donnait à ses amies de Rigaud lorsque j'allais me promener là. J'avais le plaisir d'y rencontrer aussi Mme P. Sauvé, une amie d'enfance que je connaissais très bien et qui se rappelait mes amours avec Rodolphe Lemieux qui est devenu plus tard l'honorable Rodolphe Lemieux, mais elle semblait oublier mes amours, et les aveux d'amour que me faisait son mari alors que j'avais dix-huit ans. Ce sont des souvenirs de jeunesse que j'aime ainsi à évoquer et nos ouvertures de cœur, nos pensées sentimentales dont nous nous rappelons nous amusent de temps à autre tant nos souvenirs du passé nous laissent de si joyeux souvenirs.

25 février 1933

Je pars pour aller à confesse à la chapelle à M. le Chapelain. Il me comprend parfaitement. J'ai si peu de choses à lui dire. Je ferai mon chemin de la croix, chose sainte que je faisais si peu souvent avant mon accident. [...]

27 février 1933

[...] Quand retournerai-je demeurer à Westmount? Je crois bien que ce beau temps soit fini et je pense bien aussi qu'il appartienne au passé. Que de souvenirs vont me laisser ce passage de ma vie à Westmount... [...]

28 février 1933

[...] Je fais un peu de lecture aujourd'hui pour me distraire et je vois aussi à mes livres de compte. Mes affaires financières vont bien heureusement. Je viens de signer un chèque de pension à la sœur supérieure 35 $ que je lui donne tous les mois. Je remercie le bon Dieu d'avoir assuré mon existence par ma pension postale que je retire tous les mois et j'ai fait un gros plaisir à Philo en lui donnant un accompte sur la dette que je lui dois, c'est à dire un gros chèque de 50 $. J'espère bien pouvoir lui payer ma dette cette année. L'an prochain, je ne sais pas si j'aurai gagné mon procès. Dieu le veuille, car enfin, je ne me sens nullement responsable de cet accident, dont il me reste une vue mauvaise avec mes pauvres yeux malades. [...]

1er mars. Mercredi des Cendres!

[...] J'ai donné à Madeleine[6], hier soir, trois volumes qui l'intéresseront sans doute: *Le traité de Droit usuel pour la femme* de Mme Gérin-Lajoie, les *Mille questions d'étiquettes* de Mme Marc Sauvalle et un autre dont je ne me rappelle plus le titre. Je les lui ai donnés comme prix gagné à la partie de cartes. [...]

2 mars 1933

Que vais-je faire aujourd'hui? De l'ennui, je suppose... J'essaierai de remplir mon temps le mieux possible. Comment?...

[...] J'aime entendre une voix de parente et d'amie au téléphone. Cela relève le moral. Que ce téléphone vienne d'elles ou de moi, cela me réconforte absolument.

[...] Comme c'est loin! ce temps de jeunesse où j'avais à peine vingt ans; mes sœurs n'étaient guère plus âgées, Flora avait vingt et un ans et Philo dix-huit ans. C'étaient de bien jolies filles, et comme ma chère maman disait: «Tu es l'ombre du beau tableau de ma famille.» Il a bien fallu le croire... [...]

Je suis heureuse d'avoir pu conserver une si bonne mémoire même après mon terrible accident et si ce n'était que mon si gros mal d'yeux, si voilés, si embrouillés, je ne réaliserais pas que cette chose d'anormal me soit restée de mon affreux accident. Je remercie sincèrement le bon Dieu et mes amis célestes d'avoir permis d'obtenir que mes yeux, quoique si malades, aient gardé une si bonne vue et me permettent encore de pouvoir lire et écrire, faire un peu de couture, etc. Il faut bien que je lise un peu, sans trop me fatiguer, pour me distraire. Heureuse je suis d'avoir conservé des volumes pour m'intéresser, et chaque soir, je lis mon journal. C'est de l'histoire contemporaine qui est instructive, et toutes les jeunes filles devraient lire les journaux avec cette intention d'apprendre un peu d'histoire de tous les pays.

3 mars 1933

Je viens d'ouvrir *La Terre de chez nous;* ai-je été bien mal désappointée lorsque j'ai lu que la rédactrice de la page féminine que je rédigeais passe sous la plume de Mlle Antoinette Coupal? Non certes, je ne tiens guère à l'argent que je recevais pour mon travail littéraire. C'était assez et pas trop ce que j'en recevais. Je désire de tout mon cœur qu'elle fasse un peu de bien auprès de nos lectrices à ma place. Ai-je fait réellement un peu de bien? [...]

Ce matin, 1er vendredi du mois, je suis allée communier à la chapelle avec ma sœur Philo. Nous prenons un soin particulier de notre vieille mémère, Mme Coutu, qui nous rappelle tant tous les soins que nous aurions voulu rendre à notre bonne maman lorsqu'elle était en pension à l'asile de la Providence. Si nous n'avions pas été obligées de travailler à cette époque, au-dehors surtout, qu'aurions-nous pas pu faire de plus pour tant la soulager...

[...] À neuf heures, la cloche sonne, il nous faut nous empresser de partir. On n'a pas de l'autre côté le privilège de pouvoir partir à dix heures comme chez nous, et l'on s'en plaint. [...]

Juste avant de nous coucher, il fait bon, bien bon, je crois, d'entendre la voix des nôtres. Je voudrais tant rêver à Maman, j'y pense si souvent, et je la crois si sympathique à nous dans le beau paradis que j'aimerais la voir, lui parler, l'entendre en rêve, il est vrai, mais tout de même pourquoi, je ne peux pas rêver à elle, tel que je le désire, chère Maman.

4 mars 1933

Ce matin, j'ai fait un petit raccommodage et ensuite j'ai lu deux paquets d'anciennes lettres, de Maman, d'Héliodore, de ma famille en bonne partie et ensuite d'amis et d'amies, qui m'ont amusée en les relisant avec Philo, surtout celles de l'honorable Monsieur Rodolphe Lemieux qui m'étaient si amicales et pleines de bons souvenirs. Tout ne meurt pas en ce monde, surtout les choses du cœur qu'on ne saurait oublier...

[...] En pensant quelque peu à mon procès qui ne passe pas encore, je me demande si cela me consolerait de le gagner. Je sens si bien que si l'on pouvait m'offrir les yeux dont je disposais avant mon accident, et si l'on pouvait m'offrir à volonté mes yeux, ou cinq ou dix mille dollars pour en compenser la perte, j'accepterais de mon gré, avec bonheur, mes yeux, en sacrifiant tout le reste. Pourtant, il me reste à remercier de tout mon cœur le bon Dieu, de m'avoir permis de revoir toutes mes choses, de reconnaître tout mon monde, de pouvoir lire et écrire comme je le fais tous les jours, et j'espère que Dieu et mes amis célestes finiront par m'accorder ce que je sollicite avec tant de ferveur.

Mes souvenirs de ce terrible accident se rapportent à un immense détail dont je ne me rappelle pas une ombre de responsabilité. J'ai été frappée si soudainement que je n'ai vu ni la machine ni la motocyclette qui m'ont frappée si violemment que ma tête est tombée sur les rails d'acier de la voie des tramways. J'ai perdu connaissance aussitôt que je suis tombée, et je m'en allais vers l'éternité sans savoir où, ni comment. C'est ce qu'on m'a dit, et c'est ainsi que je puis mieux réaliser comment tout ceci s'est passé. L'on m'a fait entrer à la pharmacie Brooks d'en face et l'on a promptement téléphoné à l'ambulance de la «Western Hospital» qui m'a emmenée à cet endroit salutaire, où l'on m'a si bien soignée, si bien traitée, grâce au dévouement des bons médecins, de mes bonnes gardes-malades, de toute ma famille. [...]

Comment ai-je repris connaissance à l'hôpital, et combien de temps après?... Je sais bien que cette pauvre Philo a été la première avertie par le facteur Brown de ma maison. [...] Les autres membres de la famille qui sont accourus vers moi ont bien pensé, sur l'avis du médecin aussi, le Dr Fleet, que je mourrais sous peu. Quelle vie je devais posséder pour lutter aussi longtemps?... Des jours, des semaines et des mois dans l'inconscience où je ne me rappelle pas avoir reconnu quantité de gens qui sont venus et revenus me voir plusieurs fois, et j'ignore complètement ces démarches que l'on faisait par sympathie pour moi et les miens. J'ai reçu des fleurs que je n'ai même pas vues. [...]

À l'hôpital, un jour, je m'éveillai. Sous quel effet? Je ne puis le dire. Je constatai que j'étais à l'hôpital. Je me croyais à l'Hôtel-Dieu où j'avais passé quinze jours, alors que j'avais été opérée dans la bouche. Je me croyais encore à cet hôpital. Pour quel nouveau malheur? pensai-je. Une garde anglaise entra alors que j'étais seule pour un moment et me demanda: «Comment est votre bras?» Je pensai: mon bras a-t-il été enlevé? Il était ligoté et je vis que mes deux mains étaient intactes et remuaient parfaitement. J'agitai mes doigts et je pensai que je pouvais tenir ma plume et écrire comme je le voudrais. «Que m'est-il donc arrivé?», demandai-je avec ardeur et inquiétude. «Votre bras a été démis seulement», me répondit-on, et je commençai à espérer. Mes cousines Harwood, mes bonnes petites gardes m'ont laissée sous cette impresssion et lorsqu'il me fût demandé «combien de temps croyez-vous, Cousine, que cet accident vous est arrivé?», je répondis sincèrement: «Depuis trois jours, je crois.» Et il y avait soixante-trois jours que j'étais inconsciente entre la vie et la mort. On m'a dit que le Dr Fleet leur avait appris que je ne passerais peut-être pas la nuit lorsque Marie-Anne et Madeleine sont revenues me voir. Cette dernière m'apportait une relique de la Bienheureuse Marguerite Bourgeoys[7] et demanda à sa mère la permission de répandre ses cendres sur moi. «Oh oui!» répondit-elle, «une médaille de plus ou de moins, pourvu que tu demandes qu'elle la ramène à la vie avec son cerveau correct, car il nous faudrait pour son malheur et le nôtre l'enfermer à Sainte-Thérèse ou encore à Saint-Jean-de-Dieu». «Oui», dit Madeleine, «je prierai pour cela». Le lendemain ou le jour même, je reconnus parfaitement Philo que je nommai aussitôt exactement, et je lui dis: «Yvonne[8] notre nièce va-t-elle encore dîner avec toi? Lui fais-tu un bon dîner? Mange-t-elle bien?» «Elle va te répondre elle-même, me dit-elle, car elle est avec moi.» La petite me dit alors que les sœurs de l'académie Saint-Paul avaient bien prié la Bienheureuse Marguerite Bourgeoys pour ma guérison, et lorsque Marie-Anne est revenue vers moi, elle m'a dit que je devrais remercier Marguerite Bourgeoys, car c'était grâce à sa relique si je revenais à la vie. Je pensai aussitôt à ce que m'avait dit Yvonne, la veille, et je pensai aussi que c'était sans doute grâce à cette relique et à ces pieuses et ferventes prières que je devais mon salut vital. [...]

6 mars 1933

[...] Ce matin, après déjeuner, je suis allée avec Philo, rue Mont-Royal, m'acheter une jolie robe en georgette noir et blanc qui me va très bien et que j'aime beaucoup. Il faut bien que je commence à m'habiller pour l'été, sans faire d'extravagance, et j'ai su profiter d'une belle vente pour acheter ma robe à très bonne condition. [...]

Je me rappelle avec plaisir la jolie réception de madame Gertrude Carman à Kanawakee, au Club de Kanawakee, où nous sommes allées, madame de Kappelle et moi, pour répondre au grand dîner de quatorze couverts offerts dans la belle salle du Club par madame Carman à ses bonnes amies, anglaises et françaises, dont l'une était la fille mariée de M. Ham, un journaliste du *Star* à qui nous devions d'avoir fait une belle excursion de journalistes féminines à l'Exposition mondiale de Saint-Louis, Missouri. Quel beau voyage que je devais à la générosité de notre parente seigneuresse et quasi millionnaire, que nous appelions par politesse ma tante Lussier. Ce que ces messieurs nous ont offert de gentillesses, de belles fleurs le long du parcours, de beaux et bons dîners gratis à Saint-Louis, Chicago et Détroit. Les dames journalistes nous ont fait faire de si beaux tours d'autobus au parc Lincoln à Chicago, sur le bord du lac Michigan qu'on appelle là-bas *la grande mer douce*.

Je ne suis jamais allée en Europe, à mon grand regret. Pourtant mon frère, le curé Héliodore, m'avait bien promis de m'emmener avec lui, un soir où je devais subir une grande perte par la mort de maman, et où il m'avait trouvée toute seule chez nous qui pleurais tant ma solitude. Je n'ai pas trouvé l'occasion d'y aller, en Europe, ni lui non plus, le pauvre enfant. Ses lourdes pertes financières subies l'an dernier, et son mauvais état de santé, y mettront toujours obstacle, j'en suis presque sûre, et moi donc, avec mes pauvres yeux malades et la perte de mon héritage, comment pourrais-je réaliser un si beau désir? Allons, n'y pensons plus...

J'ai peu voyagé dans ma vie. Au Canada, j'ai fait quelques petits voyages dont j'ai gardé un excellent souvenir. À Ottawa, je suis allée deux fois par affaires y consulter M. Hector Perret. J'y ai été reçue chez Mme Loulou Duhamel et aussi chez Mme Edmond Desaumiers, le traducteur de la chambre des Débats, l'amie intime de lady Laurier qui la recevait chez elle, chaque fois qu'elle recevait les couples de députés libéraux à la table de sir Wilfrid Laurier. J'imagine que le député de Vaudreuil, M. Hormidas Pilon, a dû être reçu sans doute avec sa femme. C'est à peu près en trois fois que je suis allée à Ottawa.

Une fois, j'y suis allée sur le «Sovereign» et je suis entrée dans le port à Ottawa vers dix heures. M. Duhamel était là pour m'amener chez lui. Ce que cette belle promenade sur «l'Ottawa River» m'a laissé de jolis souvenirs. Je m'étais emporté un beau livre. Lequel? Je ne me rappelle pas. Je me rappelle seulement qu'en passant devant Montebello, cela m'a fait penser, en apercevant les tourelles, au grand Louis Papineau, à l'abbé Gustave Bourassa, à l'article que «Colombine», Éva Circé[9], avait écrit sur la résidence de Louis Papineau, et que l'abbé Bourassa avait tant critiqué.

Je suis allée à Québec lors des grandes fêtes du tricentenaire de Québec voir les «pageants» et danser la pavane sur les plaines d'Abraham au crépuscule d'un beau jour d'été. [...]

Il y a quelques années, trois ans, je crois, je suis retournée à Québec[10] avec ma sœur Philo sur une faveur de M. Robert Raynauld qui m'a obtenu une passe d'occasion au nom de l'U.C.C. en tant que collaboratrice à *La Terre de chez nous*. J'avais le désir d'y aller voir les «pageants» patriotiques qui représentaient l'histoire du Canada. C'était féérique sous l'effet des lumières multicolores, et nous sommes revenues le soir sans encombre à l'hôtel Champlain où nous avions retenu une superbe chambre et pris nos repas. [...] J'oubliais de dire que lorsque nous sommes allées, Philo et moi, à Québec, lors de notre dernier voyage, nous nous sommes payé le luxe de dîner au Frontenac, de visiter ce superbe hôtel et aussi de visiter cette partie gouvernementale de la ville, les bâtiments du Parlement, etc. Nous avons gardé de ces jolis voyages à Québec et presque autour de la Gaspésie les meilleurs souvenirs dont nous aimons beaucoup à nous rappeler à l'occasion.

De notre pays, nous avons aussi visité, Philo et moi, les Mille Îles sur une faveur de la compagnie du Richelieu. Comme j'avais mon passage, Philo payait le sien et je me chargeais de la cabine. L'hôtel des Mille Îles était superbe. Je me rappelle y avoir rencontré un monsieur Pilon, employé des Postes en voyage de noces; nous avons pris le bateau, le soir, pour visiter toutes ces îles dans ces méandres capricieux [...] et sommes revenues par le même trajet deux jours, ou trois ou quatre jours, après. Une autre fois, ou plutôt par deux fois, nous sommes allées à Toronto[11], une fois par bateau, je crois, et une autre fois par le train. [...] C'est là que nous avons appris le bridge, à le jouer jusqu'à deux heures du matin. Je suis allée voir les chutes du Niagara, par une promenade de deux heures sur le grand lac Ontario. Je me rappelle avoir pris un gros coup de soleil en traversant le beau lac. Une autre fois, nous avons fait une belle excursion de trois ou quatre jours en faisant le tour du Saguenay, Philo et moi. Comme c'était beau, ces hauts monts de pierre, deux falaises de granit de chaque côté de la rivière Saguenay, ces hauts caps de la Trinité et celui de l'Éternité si bien chanté par Charles Gill[12]. Nous allâmes jusqu'à Chicoutimi, mais c'était la nuit et nous ne sommes pas descendues dans la ville. Je me rappelle avec émotion le son de la cloche de Saint-Alphonse-de-Ha! Ha!, jolie petite église dans une baie verdoyante, et qui nous invitait si pieusement à notre prière du matin. Ces sons argentins se répercutaient au-dessus des ondes et nous charmaient pieusement. Au retour, Philo était bien malade, ayant pris froid sur le pont durant les longues nuits passées là à admirer les beaux paysages nocturnes. [...]

De la province, j'ai connu nombre de villages qui nous charmèrent de plus en plus. Je ne puis les énumérer et trouverai sans doute l'occasion d'en parler quelques fois.

Aux États-Unis, je peux dire que je suis allée à New York une fois avec Rachel, ma nièce. [...] Nous avons visité les théâtres, les musées, l'auditorium et l'aquarium, le Bronx, le Palace, etc., les grands magasins, le Waldorf Astoria, etc. Nous avons visité, Philo et moi, les jolies villes américaines de Plattsburg, Malone, Bluff Points où se trouve le bel hôtel Champlain, etc. Nous aurons l'occasion d'en reparler à l'occasion aussi, et je me le promets bien.

8 mars 1933

[...] Hier soir, ma cousine Augustine Duckett-Germain, à qui j'ai téléphoné pour la féliciter du grand succès théâtral et musical qu'elle déploie actuellement, nous a gentiment invitées pour nous promener en auto avec elle et Maria sa sœur. Nous avons remis à plus tard ces belles promenades dans leur auto pour le printemps prochain, à travers la ville et dans les villages environnants. [...]

9 mars 1933

Hier, j'ai écrit plusieurs lettres à mes amies, en de courts billets intimes sur des cartes blanches de luxe, à Mmes Wilfrid Huguenin (Madeleine) et à Blanche Lamontagne, et à mon cousin Gustave Valois, le maître de Poste de la station postale «N». [...]

Pour l'amuser [Philo], je lui ai lu ensuite quelques pages de mon journal. Cela paraissait l'intéresser. Cela en intéressera peut-être quelques autres lorsque j'aurai fermé les yeux pour toujours...

10 mars 1933

J'ai reçu un appel téléphonique ce matin de Gustave Valois, mon cousin, le maître de Poste de la station «N», qui m'annonce sa visite prochaine avec sa femme. Nous avons causé quelque peu. Il m'a dit qu'en effet, l'honorable Rodolphe Lemieux s'est informé deux fois de moi. Cela m'a fait grand plaisir et m'a aussi émue, parce que je lui dois une haute et permanente protection dans ma position au bureau de poste et aussi ma pension actuelle. C'est que c'était mon premier amour, un amour d'enfant de dix-sept ans. Que de jolies lettres j'ai reçues de lui depuis, et quelques lignes m'ont appris qu'il n'avait pas oublié ce beau temps-là. J'en ai gardé aussi un profond et vivace souvenir et c'est bien en lui rappelant cela que j'ai pu obtenir ma position au bureau de poste. Quand je publierai mon volume, je lui en ferai parvenir un comme témoignage d'affection et de gratitude. Aussi de sympathie car il y a une pièce de vers[13] écrite à la mémoire de son fils Roddy Lemieux qui a été tué à la guerre en 1915.

11 mars 1933

[...] Cette fois nous avons parlé d'Orphélia, de maman et d'autres membres de la famille de façon très discrète. Au retour vers neuf heures, j'ai téléphoné à Marie-Alma et Rachel, car je croyais leur rappeler ce jour-là (jour de sa fête) le souvenir de leur chère et tendre maman. Elles y pensaient et avaient prié pour leur chère défunte. Je vois que tous les ans elles y pensent. Il y a déjà plusieurs années qu'elle est morte, elle avait alors trente-sept ans et maintenant, elle en aurait soixante-neuf. On la voit toujours jeune, elle aussi sans doute. C'est un bienfait pour la mémoire qu'on laisse de mourir jeune. Flora avait cinquante-deux ans, maman soixante-dix-huit et papa soixante ans. Vieux ou jeunes, nous aimons à nous les rappeler tels qu'ils étaient à leur mort, nous souvenir d'eux à toute époque et nous les aimions autant quand ils étaient vieux que lorsqu'ils étaient jeunes. C'est la vie. Nous sommes déjà vieilles nous-mêmes, et chaque année nous le sommes davantage. Quand mourrons-nous? Nous l'ignorons. Dieu seul le sait!...

15 mars

[...] J'ai reçu un appel téléphonique de Marie-Anne qui m'a proposé d'aller au théâtre Stella[14] cet après-midi avec Albertine et elle-même, pour jouir du succès théâtral de notre petite-cousine Olivette Thibault[15] dont La Presse et La Patrie font les plus grands éloges. Augustine Duckett-Germain est fière de sa petite-fille. Pourvu qu'elle reste bonne et charmante dans cette nouvelle sphère où elle va tracer sa voie. [...]

16 mars 1933

Qui pourrait croire que je suis allée au théâtre Stella hier après-midi aller voir jouer sur la scène ma petite-cousine Olivette Thibault? Les journaux ont eu raison de louer son grand talent et succès théâtral. Je l'ai approuvée surtout d'être, dans ses trois toilettes de théâtre, habillée bien modestement. Sa dernière robe en mousseline à volants était si jolie. Elle semblait une vraie poupée! Augustine Duckett-Germain, sa grand-mère, était là avec sa tante, Maria Duckett-Nolin, pour s'en réjouir et l'applaudir. En avant de nous, un peu plus loin, il y avait aussi son arrière-grand-mère, la femme de mon oncle Richard Duckett, née Tellier, avec sa fille Mme Félix Desrochers, Rita Duckett, qui se trouve à être la grand'tante d'Olivette Thibault. [...]

20 mars 1933

[...] J'ai aussi téléphoné à ma cousine Maria Duckett-Nolin, parce qu'Augustine n'a pas répondu au téléphone, il était engagé, et je tenais à la complimenter sur le succès théâtral d'Olivette Thibault, sa petite-fille. J'ai transmis mes félicitations à Maria pour sa sœur Augustine. Le fait est que cette enfant est modeste dans ses toilettes et cela n'enlève rien à son beau talent d'actrice. J'espère bien que cela la favorisera plus dans le choix d'un bon mari que cela lui nuira dans sa réputation d'excellente jeune fille. [...]

La vue du beau lac Saint-François, que nous avons tous admiré. J'ai même écrit une pièce de vers en l'honneur de ce beau lac[16].

21 et 22 mars 1933

Peut-on me reprocher d'aimer un peu la visite? Sans quoi, comme je trouverais cela ennuyeux de vivre dans la réclusion que m'impose ma convalescence. J'ai fini par lire Victor Hugo, Alfred de Musset. Je crois entreprendre de lire *L'Huis du passé,* les vers de Mme Boissonnault, une décorée des Jeux floraux. J'ai reçu une lettre bien sympathique de sa part et en plus une instante demande que je lui envoie une demi-douzaine de mes plus jolies pièces de vers qu'elle veut insérer dans son *Anthologie des Muses Canadiennes féminines,* sans doute. Je lui donnerai satisfaction ces jours-ci. Ce sera un plaisir pour elle et un souvenir pour mes nièces plus tard. Je ne crois pas mal faire en faisant cela.

24 et 25 mars 1933

[...] J'ai aussi téléphoné à Marie-Alma pour avoir de leurs nouvelles. Elle a causé un quart d'heure, d'elle, de ses enfants et de Rachel. Celle-ci a beaucoup de couture à faire pour ses amies, c'est pourquoi elle n'a pas rapporté ma robe neuve qu'elle est à me refaire. Marie-Alma, elle, se dévoue aux œuvres de charité pour l'Assistance maternelle[17]. Elle fait du tricot et de la lingerie pour les pauvres mères et leurs bébés. En voici une qui recueille sa part de mérite aussi. Gaby travaille toujours à sa nouvelle place pour le même salaire et Réal est reconnaissant à *sa* mère pour l'avoir si bien élevé.

27 mars 1933

Quelle chose terrible que ce feu de l'église Saint-Jacques! où j'ai tant prié et combien de fois! Toute la sainteté de cet intérieur, je l'ai toute gravée dans mon âme et dans mon cœur. Que d'Ave j'ai dits devant le superbe groupe de Notre-Dame de Piété en traversant cette église pour aller voir ma pauvre vieille maman. On dit que cet incendie est criminel tout comme celui de l'église de Saint-Louis de France. Je me rappelle que cet incendie m'a rendue si malade lorsqu'on me l'apprit si soudainement. C'est Mlle Maillet qui m'a avertie de cet incendie, et j'ai aussitôt pensé dans quel chagrin serait plongée la famille Cartier, dont les membres étaient si familiers depuis plusieurs années avec cette église paroissiale. Sont-ce véritablement des Canadiens bolchévistes qui ont mis le feu à ces temples sacrés?... Les journaux rapportent qu'une femme du nom de Paquette a dû aller porter plainte à un vicaire de Saint-Jacques, qu'elle avait entendu dans une conversation des amis malfaiteurs de son mari qu'ils mettraient le lendemain le feu à l'église Saint-Jacques et qu'ensuite douze autres églises de la ville seraient incendiées. Quel coups terribles atteindront l'âme et le cœur de tous ces paroissiens à qui appartiendront ces églises! Actuellement tout est sous la plus sévère enquête et si l'on peut arrêter ces coquins sacrilèges, ces vilains projets seront enrayés. Prions avec ferveur le Dieu Tout-Puissant qu'il arrête ces misérables méchants d'en incendier d'autres.

29, 30 et 31 mars 1933

[...] Marie-Alma est aussi venue cet après-midi. Cette visite m'a fait beaucoup de peine et avant de m'endormir, que j'ai donc pensé à son état financier! Il y a quelques jours, elle est venue mais ne m'a rien demandé. Seulement, elle était songeuse et a dit: «J'ai dû chauffer toute la semaine avec du papier.» J'ai pensé qu'elle ne manquait pas d'argent, qu'elle avait fait du ménage et je ne lui ai rien offert. Rachel lui a avancé 2 $. Je l'ai vue revenir après-midi. Philo a eu le pressentiment qu'elle avait besoin d'argent. Elle ne s'est pas trompée et m'a demandé si je pouvais lui prêter 10 $ pour payer sa taxe d'eau, sans quoi on pourrait peut-être lui saisir son ménage. Je restai stupéfaite, non pas d'avoir à lui prêter un si petit montant, mais j'ai cru m'apercevoir que cette jeune femme

était encore une fois de plus à la porte de la misère. Je m'empressai de les lui prêter. Elle m'a dit: «Je vous les rendrai les premiers jours d'avril, car M. de Boucherville[18,] au lieu de m'envoyer mon 60 $ que je perçois mensuellement en
pension de mon mari, ne m'en a envoyé que 45 $. [...] Et si son mari lui refusait
sa pension, il faudrait bien qu'elle se trouve une position, etc. Mon Dieu! si je
peux l'aider quelque peu, je ne m'y refuserai certes pas, si mes logements sont
loués. Je suis prête à faire tout le bien possible avant de mourir, mais je demande
au bon Dieu qu'il m'en donne le pouvoir et les moyens... J'espère louer mes
logis au moins.

1er avril 1933

C'est aujourd'hui l'anniversaire de la mort de papa. Déjà plusieurs années
de 1898 jusqu'à ce jour (35 ans). Comme le temps passe, et il n'avait que 60
ans. J'en ai déjà soixante-quatre. Où serais-je dans 35 ans? Je crois bien que
Philo et moi seront toutes deux sous terre dans notre terrain du village de Vaudreuil, et après notre vie, que trouverons-nous dans la mort?... [...]

Je lis peu actuellement, des journaux et des vers... Hier soir, j'ai eu une intéressante conversation avec madame Blanche Lamontagne-Beauregard au téléphone. Les causeries m'ont été très sympathiques et encourageantes, et ensuite
ont porté sur des choses littéraires. Elle m'a promis de venir me voir prochainement avec son mari, car elle ne peut sortir autrement qu'en taxi. La pauvre
enfant souffre d'un mauvais rhumatisme et ne peut s'orienter toute seule. J'ai écrit
à Mme Dumais-Boissonnault pour lui envoyer une douzaine de pièces poétiques. Nous en avons parlé Mme Beauregard et moi. Je lui ai promis de lui lire
de mes travaux littéraires...

2 avril 1933

Hier a été une journée plutôt ennuyeuse. Du mauvais temps à ne pas sortir. Du temps plutôt sombre qui menace la pluie. Exactement le temps qu'il faisait le matin des funérailles de notre père, avec un peu de neige mouillante qui
tombait. Hier soir, Mlle Sirois est venue faire une veillée avec nous. Nous avons
causé sans penser aux cartes. Il y avait si longtemps qu'elle n'était pas venue nous
voir. Mais je ne saurais l'oublier; elle a été si bonne pour moi, lors de mon accident. Elle a prêté si bon secours à mes gardes lorsque j'étais à l'hôpital. J'aime
qu'elle me rappelle certaines choses dont je ne me rappelle absolument pas. Je
ne saurais me rendre compte de quoi que ce soit et l'on m'a dit que j'ai souffert
de deux panaris dont je n'ai pas senti la moindre douleur. [...]

3 et 4 avril 1933

[...] Je n'ai fait que commencer le feu. Une religieuse m'annonce la visite d'une dame amie. Je me suis levée pour reconnaître une amie des lettres, Mme Chas [Charles] Gill qui m'a téléphonée tant de fois durant ma maladie et qui venait me voir pour la première fois depuis mon accident. Elle ne m'a pas trouvée changée du tout et m'a dit sa joie de me retrouver avec ma bonne tête et en si bonne santé. J'ai parlé quelque peu de mes pauvres yeux malades mais elle a tenu à savoir les détails de toute ma maladie, et j'ai bien vu qu'elle avait encore un peu de foi, peut-être beaucoup même, et je n'ai pas hésité à lui dire ce que je croyais que Marguerite Bourgeoys avait fait pour moi.

Nous avons causé de nos amis littéraires: M. Ferland, Mme Madeleine Huguenin, Mme Boissonneault, Mme Blanche Lamontagne-Beauregard. Il faut que j'écrive aujourd'hui à Mme Boissonnault qui demeure à Québec. J'ai reçu une seconde lettre d'elle qui me remercie de lui avoir envoyé plusieurs poésies pour l'*Anthologie de ses muses canadiennes.* Elle n'aura qu'à choisir celles qu'elle préférera. Moins elle en publiera, mieux cela sera. Il y en a qui seront inédites pour le prochain volume que je publierai probablement sous le titre de «Gerbe poétique[19]» l'an prochain. [...]

5 et 6 avril 1933

Mme Boucher m'a dit hier soir au téléphone que celle qui m'a remplacée à la direction de la page féminine dans *La Terre de chez nous* se faisait payer le joli salaire de 12 $ par semaine, alors qu'on ne me donnait que 7 $ et à la fin 5 $ après leur avoir donné mes services gratuits de Noël à Pâques, il y a trois ans. M. Albert Rioux m'avait écrit un joli mot de remerciement à cette occasion. Écrit-elle vraiment mieux que moi? Mme Boucher prétend qu'Atala faisait mieux, écrivait mieux. C'est probablement son amitié qui trouve cela. Mais à vrai dire, je trouve ces chroniques de Mme Antoinette Grégoire-Coupal[20] ne valent sûrement pas 12 $ par semaine, car je les trouve plutôt insignifiantes. Mais j'ai hâte de lire *Les sanglots sous les sources* qui lui ont valu le prix de l'Action intellectuelle, ce qui lui a mérité de gagner 100 $. Est-ce mieux écrit? J'ai hâte de lire ça!... Non certes! Je n'en suis pas jalouse, de ce qu'elle m'a remplacé à *La Terre de chez nous.* Mais on a bien droit de dire ce qu'on en pense, de nos femmes écrivains. Ainsi, je trouve «Colette» insignifiante, elle aussi, de répéter tous les jours la même chose, et «Louise» donc! La chroniqueuse de *La Patrie* ne vaut guère mieux que celle de *La Presse.* Libre à elles de dire ce qu'elles peuvent penser d'Atala. Je ne peux pas nier et garder de la gratitude même à «Colette[21]» pour le joli article qu'elle m'a dédié après la lecture de mes modestes *Fleurs sauvages,* après tout...

9 et 10 avril 1933

[...] J'ai aussi écrit à Mme Boissonnault, lui ai parlé du livre que j'avais l'intention de publier l'an prochain et j'étais bien flattée de recevoir une lettre me remerciant de mes «beaux poèmes». Est-elle sincère au moins?

13 et 14 avril 1933

[...] Les colonnes de journaux sont remplies des œuvres de la Fédération canadienne-française[22]. Leur objectif était de 170 $. Ils sont rendus, paraît-il, à la somme excédente de 190 $. Ce que les dames de Montréal, si charitables, sont méritoires à collecter leur part de pareille somme.
       [...] Ce soir, en ouvrant le journal, peut-être verrons-nous qu'ils sont rendus à 200 $. Si ce montant était réel, quelle gloire pour une œuvre aussi nationale, patriotique, et religieuse!...

17 et 18 avril 1933

[...] La semaine dernière, j'ai lu les vers d'André Chénier et aussi les cent meilleurs poèmes français de l'année. Je viens aussi de terminer cette semaine les *Profils de femmes* d'un auteur inconnu. C'est un bon livre et très intéressant mais celui qui m'a le plus frappée est bien celui de Mme de Chateaubriand qui valait cent fois mieux que son mari. Hélas! C'était l'auteur du *Génie du Christianisme* et d'*Atala et René* etc. [...]

29 et 30 avril 1933

Vendredi, il fait beau, c'est pourquoi nous avons décidé Philo et moi d'aller faire un beau tour de promenade. Nous sommes allées jusque chez Marie-Anne, où nous avons soupé chez elle avec ses enfants. Nous avons lu dans sa chambre un article que Georges[23] a écrit dans le journal *La Presse* sur les noms des rues qu'on désire changer en numéro comme à New York. Des noms historiques pour les rues valent mieux que de simples numéros. Comment les écoliers vont-ils apprendre ainsi l'histoire de notre pays? de notre Canada?

2 mai 1933

[...] Dimanche soir, tandis que nous veillions chez Marie-Alma, la radio nous a communiqué le discours de Georges Cartier. Le sujet était «Du respect le dimanche». Il a très bien discouru sur le sujet. Je vous dis qu'il se pousse le jeune homme!... Sa mère a raison d'en être très fière. Je crois qu'il fera bien son chemin, le cher garçon.

Je lis avec intérêt le journal *La Presse* tous les jours et *La Patrie* aussi souvent que je le puis, dès que Mlle Maillet veut bien me le prêter. Je cherche toujours des visages que je connais et je lis rarement sans y rencontrer des noms et même y voir des vignettes que je connais. Cela m'intéresse toujours agréablement.

Aujourd'hui, ce matin, j'ai lavé des dentelles et des mouchoirs. J'ai aussi des bas à repriser. J'ai lu la semaine dernière l'*Anthologie des écrivains féminins* par M. Georges Bellerive, avocat, écrivain de Québec. Il m'a consacré deux pages de son intéressant volume avec une petite vignette qui me ressemble pas trop mal, et aussi un article de deux pages de M. l'abbé Camille Roy de Québec, pas de vignette, mais tout plein de courtoisie pour ma pauvre plume qui s'est effeuillée dans mes pauvres *Fleurs sauvages*. C'est pas mal du tout, ce qu'il m'en dit. Ce pauvre Antonio Pelletier m'a accordé aussi deux aimables pages dans son volume *Hommes et Femmes de cœur*. C'est dans ces trois volumes que M. Paul Boucher s'est inspiré pour écrire, quelques semaines avant mon accident, une jolie colonne dans *La Terre de chez nous* pour y faire ma biographie et me présenter sous le meilleur jour à mes lecteurs et lectrices de notre hebdomadaire.

Que vais-je lire maintenant? Je ne sais plus. Pourtant j'ai quantité de volumes en réserve. J'en ai prêté et même donné plusieurs à mes amis pour les récompenser de leur trouble durant ma maladie[24]. Je chercherai dans mes boîtes tout à l'heure.

6 mai 1933

[...] Je viens de finir de relire le livre de Madeleine Huguenin, *Le long du chemin* qu'elle m'avait gracieusement offert et je lis actuellement un beau livre de poésies choisies d'auteurs français: Alfred de Musset, Mme Desbordes-Valmore, Lord Byron, etc.

10 et 11 mai 1933

[...] Actuellement, je me délasse en lisant *Les yeux qui s'ouvrent* de Henry Bordeaux. C'est bon, et jusqu'ici je n'ai rien trouvé de mauvais dans ce livre. D'ailleurs, tous ces livres sont dans la bibliothèque des pensionnats de jeunes filles du couvent et du monde, et c'est intéressant de les lire pour se désennuyer du moins. Je n'y vois aucun mal.

15 et 16 mai 1933

[...] Hier après-midi, nous sommes allées voir Mme Paul Boucher l'épouse du secrétaire de l'U.C.C. qui parle encore avec émotion de la perte de son fils, un bébé de deux jours que son frère l'abbé Renaud a pu baptiser le lendemain de sa naissance. Elle nous a dit que son mari Paul Boucher et elle-même ont beaucoup pleuré lors de la perte de leur enfant. C'était bien naturel. Elle m'a dit que la nouvelle directrice de la page féminine de *La Terre de chez nous* ne leur plaisait pas du tout, qu'elle regrettait ma page infiniment plus jolie, etc. Était-ce un simple éloge? Je l'ignore... [...]

Quand j'ai les bleus et que l'ennui me gagne, je prie et je lis. Je viens de finir le livre *Les yeux qui s'ouvrent* de Henry Bordeaux et je lis actuellement *L'Étape* de Paul Bourget. Toutes les jeunes filles ne peuvent lire cela. Mais à mon âge je peux lire des livres de ce genre sans aucune objection, ni malaise. Mon âme n'en devient pas malade.

Ce matin 26 mai 1933

[...] Mon logement n'est pas encore loué sur l'avenue Greene. Si Philo le voulait, c'est bien simple, je retournerais chez nous avec elle. Cela nous coûte- rait sûrement meilleur marché et durant les vacances, nous n'aurions rien à payer ici et nous garderions cela pour nous accommoder partout où nous iri- ons. Je ne sais pas encore au juste ce que nous allons décider.

28 et 29 mai 1933

Enfin, c'est décidé! nous partons d'ici la fin de la semaine prochaine. Question d'économie. Ici, nous payons 75 $ par mois régulièrement à nous deux. Chez nous, 1235, avenue Greene, mon propre appartement n'est pas loué, tout meublé. Nous l'habiterons et pour nous nourrir, cela ne nous coûtera pas cher. Celui du haut restera tout loué pour l'année, je l'espère. C'est cela et encore autre chose que je pourrai mettre de côté. Samedi, dans l'après-midi, je suis allée à confesse à la chapelle. J'ai dit cela au chapelain, et l'embêtement et la perte que cela semble causer aux religieuses qui semblent regretter notre départ. Il a dit: «Vous êtes parfaitement libre de partir, si cela fait mieux votre affaire. Ce n'est pas du mal faire si c'est une question d'économie.» [...]

Ce matin, Philo est sortie pour aller s'acheter un poêle «à trois ronds» pour notre cuisine de l'avenue Greene. Je l'ai laissée acheter à son goût pour lui faire plaisir. Se plaira-t-elle chez nous? elle qui avait pris goût à la campagne, à Rigaud surtout. Mais elle économisera une jolie somme chez nous et je pense bien qu'elle s'en trouvera bien à la fin.

30 mai 1933

C'est étonnant comme tout le monde ici, les bonnes sœurs et les pensionnaires semblent regretter notre départ du couvent. Le regrettons-nous de notre
côté? Nous espérons que non. Reviendrons-nous y habiter plus tard, quand nous
serons vieilles, vieilles, beaucoup plus vieilles qu'aujourd'hui? La chapelle est
pleine de vieux monde et pleine d'éclopés, hommes et femmes. [...]

Mes amies de littérature Madeleine Huguenin et Blanche Lamontagne-
Beauregard, qui m'ont écrit de si jolies lettres de sympathie, après s'être intéressées à moi par téléphone durant mon accident, ne sont pas venues me voir au couvent, ni chez nous, d'ailleurs. Puis-je les croire si indifférentes après m'avoir
écrit des lettres si sympathiques? Je ne les attends plus. Seule Mme Chas Gill est
venue me voir et j'en ai été très contente, car cela m'a prouvé qu'elle m'aimait
un peu plus que je ne le pensais.

1er juin 1933, 2 et 3 juin 1933

C'est notre dernier jour à rester ici, au couvent. C'est la dernière fois que
je fais mon lit ce matin, et c'est la dernière fois que j'ai dîné ici aujourd'hui.
[...] Tout notre appartement, ici, au Couvent, sent le déménagement. Les valises
et les boîtes sont remplies. Nous ne voulons plus recevoir personne dans tout
ce brouhaha. [...] Demain, à cette même heure, nous serons rendues chez nous.

4 et 5 juin 1933

Il fait bien chaud aujourd'hui. Il fait beau soleil. Aurons-nous le même
temps pour déménager?... J'ai reçu une lettre de M. Charles de Boucherville
hier, qui m'annonce que mon procès passera aux derniers mois de cette année.
Le gagnerai-je? [...]

6 juin

[...] Plusieurs ont promis de venir nous voir à l'avenue Greene, et toutes
nous ont exprimé leurs regrets de nous voir partir. C'était mieux que de sentir
leur hâte de se débarrasser de nous...

18

Le procès
1932-1933

J'ai gagné le procès en *justice* mais j'ai perdu en *finances.*

L. V.,
Lettre à l'abbé Lionel Groulx,
9 octobre 1934[1]

Dès l'année qui suivit l'accident, des démarches furent entreprises afin que la responsabilité en soit établie et en vue d'obtenir des dédommagements. La conductrice de l'automobile s'appelait Béatrice Rubinovitch, mais la réclamation s'adressait à son père, propriétaire du véhicule.

Le dossier du procès de Léonise Valois fournit une foule de renseignements intéressants quant à l'accident lui-même, nous éclaire sur ses revenus comme chroniqueuse à *La Terre de chez nous,* et surtout, il prend une signification particulière à cause de son travail d'écrivain. C'est aussi la première fois, souligne-t-on, qu'une femme réclame une indemnité pour ses écrits.

Dans *La Patrie,* le 2 novembre 1933, on peut lire le titre suivant: «Femme écrivain qui réclame 24 741 $ de dommages-intérêts», et en sous-titre: «Un accident qui a des répercussions dans le monde des lettres[2].»

À la lecture des notes du procès, nous pouvons voir comment se décompose cette somme importante pour l'époque. Dans le résumé de ses dépenses qu'a fourni Léonise à son avocat, une part est allouée aux frais hospitaliers, à sa convalescence et aux dommages faits à ses vêtements. Cette somme se chiffre à 2281,75 $. À l'article 12 de la réclamation, elle demande 500 $ pour ses écrits, et 1000 $ «par le fait qu'elle ne peut plus exploiter convenablement sa maison de la rue Greene et ne peut voir à ses affaires». De plus, à l'article 13, ayant perdu son autonomie et nécessitant «de l'aide continuellement, des soins médicaux, et des traitements spéciaux et la vie lui étant ainsi bien plus dispendieuse et pour jouir du même confort et prévoir à ces augmentations de dépenses, il lui faudrait au moins 2000 $ par année». L'article 14 stipule «Que pour obtenir ces 2000 $ par année pour le reste de ses jours, cela coûterait au moins une somme de 20 760 $». Article 15: «Que cette somme de 20 760 $, ajoutée aux sommes ci-dessus mentionnées, forme la somme de 24 741,75 $ que la demanderesse a droit de réclamer des défendeurs conjointement et solidairement[3].»

Autre détail non négligeable, quant aux propos tenus lors du procès, il est spécifié que «la demanderesse est une femme très instruite, et cultivée, [qui] avait charge de la page féminine d'un journal hebdomadaire, *La Terre de chez nous* qui lui donnait 300 $ par année comme salaire fixe, qu'aussi elle écrivait souvent sous le nom de plume "Atala" des articles, poèmes, historiettes, etc. dans d'autres revues qui lui rapportaient au-delà de 200 $, par année[4]». Dans le dossier du procès figurent quelques poésies et articles publiés dans divers journaux, servant de pièces justificatives. Il est extrêmement intéressant de constater que le statut d'écrivain de Léonise Valois est défendu et lui sert à fonder sa réclamation.

Dans l'article de *La Patrie*, il est aussi écrit que des gens de lettres sont venus témoigner de la valeur de ces poésies, mais dans les notes du procès ne figure aucun des noms de ces témoins, ni aucun texte de leur témoignage. Seuls les noms des médecins qui l'ont soignée y sont mentionnés. Tous se sont accordés pour dire que Léonise avait souffert d'une incapacité physique de 50 pour cent et d'une incapacité intellectuelle de près de 90 pour cent! De plus, l'enquête établit que Léonise «souffre d'un affaiblissement de la vue, de mémoire et d'ébranlement du système nerveux qui l'empêche de circuler sur la rue sans être accompagnée — que par suite dudit accident, de l'incapacité physique et intellectuelle et d'une déficience de mémoire lui en résultant, la demanderesse ne peut plus faire le travail intellectuel auquel elle se livrait dans le passé, ni s'occuper comme avant, de la production de ses œuvres littéraires[5].»

Au cours de ce procès, son avocat, Charles de Boucherville, insistera sur le fait qu'à partir du moment où elle fut violemment renversée et perdit connaissance, elle fut inconsciente pendant soixante-trois jours. Qu'elle dut séjourner quatre-vingt-un jours à l'hôpital Western, soit du 9 novembre 1931 au 29 janvier 1932.

Après de longues procédures, suite à sa demande et au témoignage de ses médecins, le juge Camille Pouliot de la Cour supérieure considère la demande de Lucien Babin, le motocycliste renversé. Ce dernier se dit lui-même victime de cet accident: «un instrument par force majeure passif et involontaire». Il réclame de son côté 1 000 $ aux Rubinovitch pour les dommages dont il a souffert. Ces actions feront l'objet de deux contestations des Rubinovitch et ralentiront toutes les procédures.

Finalement le juge prononce son jugement le 30 décembre 1933 et rend les Rubinovitch seuls responsables. Il maintient l'action et condamne conjointement et solidairement père et fille Rubinovitch à payer à Léonise Valois la somme de 8000 $. Le juge reconnaîtra le statut d'écrivain de Léonise et le fait qu'elle soit désormais «privée d'un revenu annuel de 500 $ qu'elle retirait dans le passé, vu que maintenant, son cerveau n'est plus apte à fournir ce travail intellectuel[6]».

Israël Rubinovitch préférera déclarer faillite. Léonise écrira à Lionel Groulx: «Je n'ai pas reçu un seul sou de ce jugement fait en ma faveur.» Son frère Avila et sa sœur Marie-Anne tenteront d'autres démarches pour obtenir un montant compensatoire. D'après le *Journal* de 1935 et ce qu'ont rapporté les informatrices, il semble que Léonise ait pu finalement toucher 1000 $ de la famille Rubinovitch.

Cet échec fut un très dur coup pour elle dont la santé était précaire. Elle avait toutefois gagné en justice et cela est chargé de sens pour elle. Aux dires de ses nièces et petites-nièces qui se souviennent très bien de cette époque, cette bataille l'aurait littéralement vidée de ses forces.

Malgré tout, elle s'apprête à réaliser son «rêve littéraire». Il s'agit de la réimpression de *Fleurs sauvages* et de la publication d'un nouveau recueil de poèmes, *Feuilles tombées*. Alors qu'on avait diagnostiqué une telle incapacité intellectuelle, comment expliquer ce désir de publier, après toutes ces années, à l'âge de soixante-six ans?

19

Feuilles tombées
1934

L'on m'a blâmée dans la famille d'avoir autant
de témérité.

L. V.,
Journal, 13 février 1935

LE «RÊVE LITTÉRAIRE»

Au début de l'année 1933, alors que Léonise se remet de son accident et prolonge sa convalescence à l'hospice Morin, elle n'est plus en mesure de reprendre son travail de journaliste. D'autant plus que son rôle de chroniqueuse l'amenait à effectuer de fréquents déplacements pour couvrir les congrès et les foires agricoles et régionales, ce que ses jambes et sa vue affaiblie ne lui permettent plus. Cependant, sa pratique d'écriture se poursuit par le biais du *Journal* qu'elle tient régulièrement. La lecture de ces pages de 1933 nous a appris qu'elle rassemble, écrit, sélectionne les poèmes qui formeront son prochain recueil. Lorsque son amie Marie Boissonnault de Québec lui demande de lui envoyer quelques poésies pour son *Anthologie des muses canadiennes*[1], elle écrit dans son *Journal*:

> Moins elle en publiera, mieux cela sera. Il y en a qui seront inédites pour le prochain volume que je publierai probablement sous le titre de «Gerbe poétique» l'an prochain[2].

On peut se demander ce qui pousse Léonise à publier de nouveau, vingt-quatre années après son premier recueil. Dans une lettre adressée à l'abbé Lionel Groulx[3] afin de lui demander une préface, Léonise écrit:

> Je publie ces deux volumes pour m'aider quelque peu à m'indemniser de mes frais d'hôpital, de médecins, de gardes, etc.[4]

Sa sœur Marie-Anne répondra autrement à cette question dans une lettre adressée à Marie-Claire Daveluy.

> [...] quand elle publia *Feuilles tombées*, c'était pour se prouver à elle-même que sa muse n'avait pas sombré dans le terrible accident qui a failli lui ravir sa pensée, en lui laissant cependant la vie[5].

La famille et ses sœurs l'accusent d'être téméraire, et souvent, dans son *Journal,* elle s'en défendra: «Je ne crois pas faire mal, en faisant cela.» Léonise a eu très peur de mourir, elle veut laisser des traces. En plus d'une reconnaissance littéraire, elle vise toujours un public particulier, lié à la famille. Comme elle n'a pas d'enfant, elle pense donner ses vers en héritage à ses nièces. Dans son *Journal,* elle précise: «Un souvenir pour mes nièces plus tard.»

Aussi, en prenant sa retraite, c'est justement avec la vie littéraire que Léonise voulait renouer. À présent qu'elle a été remplacée à *La Terre de chez nous,* que sa carrière journalistique a pris fin, elle se tourne vers la poésie et cela répond à un rêve, rappelé par elle à Albert Ferland: «la publication de toute [son] œuvre poétique[6]».

L'ensemble de son recueil étant formé, Léonise ne fera pas relire son manuscrit[7] comme elle l'avait fait pour *Fleurs sauvages.* Elle avait bien pensé montrer son recueil à Albert Ferland, mais, lui écrira-t-elle:

> vous m'avez dit lorsque vous êtes venu, que vous aviez tant de travail à faire, que vous étiez toujours occupé, etc. que je n'ai pas osé vous surcharger davantage, et j'ai osé publier tout cela, sans consulter qui que ce soit[8]...

Cette assurance lui vient peut-être de son expérience d'écriture, mais aussi du fait que la majorité des pièces ne sont pas inédites.

Le 9 octobre 1934, elle écrit à l'abbé Lionel Groulx et lui demande une préface. N'en avait-il pas fait une pour Blanche Lamontagne en 1917, lors de la parution de *Par nos champs et nos rives?* Le 18 octobre, elle lui écrit à nouveau pour le remercier. Le 24 novembre, Albert Ferland fait la critique du recueil[9]. Nous pouvons donc penser que le livre est paru entre la fin octobre et le début novembre de l'année 1934.

Ce «rêve littéraire», la publication de l'ensemble de son œuvre poétique, puisque du même coup elle réédite *Fleurs sauvages,* lui a coûté beaucoup plus cher qu'elle ne pensait, et pour couvrir les frais d'impression qu'elle doit elle-même payer, elle doit en vendre beaucoup. Ses amis, sa famille, qui «l'approuvent», l'aideront à vendre ses volumes. Son *Journal* nous en apprend davantage sur ces ventes ainsi que sur les critiques de *Feuilles tombées.*

FEUILLES TOMBÉES OU LA MORT DANS L'ÂME

Sur le plan formel, sur le plan des thèmes abordés, *Feuilles tombées* n'est pas différent de son premier recueil, si ce n'est une emphase religieuse plus prononcée qui résulterait de son accident, de ses mois de coma où elle serait, selon ses croyances, revenue à elle, miraculée, grâce aux prières faites à Marguerite Bourgeoys et aux reliques qui ne l'avaient pas quittée durant son séjour à l'hôpital.

Léonise n'est pas sans penser à sa mort prochaine et ce constat de vieillesse lui inspirera ses dernières poésies: «Hommage à sainte Thérèse d'Avila» et «Marguerite Bourgeoys», écrites à Westmount en 1933; également «Désolation... Consolation», qu'elle dédiera à ses «chers défunts». Nombreux sont les poèmes de ce recueil publiés avant 1934, surtout dans les années vingt ou pendant la guerre 1914-1918. Ces poèmes de guerre ne manquent pas de nous rappeler le souvenir des soldats disparus. Il y a plusieurs autres poèmes offerts à des parents dont les enfants sont décédés. Le thème de la mort y est donc envahissant, d'où le titre, rappelant la fin de l'automne, l'arrivée d'une morte saison.

Au-delà de ce cliché, ne pouvons-nous pas voir dans cette chute des feuilles *tombées,* un rappel de l'accident de Léonise qui a bien failli la mener à sa *tombe?* Le recueil commence ainsi:

Feuilles rouges, dorées, attachées à nos arbres
Dont vous faites la gloire, ah! pourquoi tombez-vous

De si bas, de si haut, sur la terre et les marbres
De chaque cimetière où vous tombez partout?

«Feuilles tombées», *Feuilles tombées*

Il y a bien dans ce livre quelques paysages champêtres, mais l'eau des lacs, des chutes, rappellera souvent les larmes versées et teintera les poèmes de mélancolie. «Angoisse», «Tristesse», «Ennui», «La Souffrance», «Vous l'avez vu en pleurs», tels sont les titres de quelques-uns de ces poèmes qui témoignent de cette absence de vie amoureuse, de ces deuils, d'une profonde douleur. Une vie chargée de longs soupirs, tel est le constat qu'elle fait à la fin de ses jours.

En plus de rassembler des poèmes déjà publiés dans les journaux après 1910, *Feuilles tombées* comprend des textes plus anciens mais réécrits. En supposant que le poème «Feuilles tombées» ait été écrit après son accident, le recueil comprendrait seulement six poèmes inédits.

En rééditant *Fleurs sauvages,* en publiant *Feuilles tombées*, Léonise réussit à prouver qu'elle a surmonté l'incapacité intellectuelle qu'on avait diagnostiquée. Au fond, lors du procès, la partie du jugement à laquelle elle tenait le plus devait être cette reconnaissance publique de son statut d'écrivain. Ses nouvelles parutions le concrétisent indiscutablement.

Westmount, 9 octobre 1934
Monsieur l'abbé Lionel Groulx
Homme de lettres

Monsieur l'abbé,

Vous ne me connaissez pas, je le pense bien, mais vous connaissez, je le sais, mon frère, l'abbé Héliodore Valois, le curé de Burke, N.Y.[10] et aussi votre aimable famille a bien connu la mienne. Peut-être, mon père a-t-il déjà été le médecin des vôtres lorsqu'il demeurait à Vaudreuil. Peut-être aussi, j'ose vous l'écrire, vous a-t-il aidé à voir le jour... Qui sait! C'est un service dont se réclamaient les évêques John et Guillaume Forbes nés tous deux à l'île Perrot du côté de Vaudreuil. Comme nous sommes nés, tous deux dans cette belle petite patrie, j'ose de ce fait, vous demander une *grande faveur*. Vous ne pouvez deviner laquelle? Je m'explique: comme je dois publier prochainement deux modestes volumes de vers, dont l'un sera la seconde édition des premiers vers *de femme* publiés au Canada en 1910, et dont le second volume, en première édition, portera le titre de «Feuilles Tombées» (l'autre déjà paru en 1910, portait le titre de *Fleurs sauvages*), j'ose vous demander de bien vouloir m'accorder une toute petite *préface* à mon second volume — ni flatteuse, ni trop vilaine, ma foi, puisque je publie ces deux volumes pour m'aider quelque peu à m'indemniser de mes frais d'hôpital, de médecins, de gardes, etc., etc. lors de mon terrible accident d'auto en 1931 et dont j'ai gagné le procès *en justice,* mais perdu *en finances*. Le défendeur *juif*[11] ayant cru bon de faire faillite la semaine suivante et dont je n'ai pas reçu un seul sou de ce jugement fait en ma faveur.

Si vous m'accordez cette faveur — une préface pour mes modestes vers, je vous adresserai sans retard une copie clavigraphiée de mes petits poèmes pour vous *en inspirer* et je vous promets de vous adresser un de chaque catégorie, dès qu'ils seront publiés.

Comme je vous remercierais! Si vous vouliez bien me faire cette *grande faveur*. Je vous prie, monsieur l'abbé, de bien vouloir agréer l'expression de ma haute considération et de mes meilleurs sentiments, en attendant ceux de ma profonde gratitude. S'il vous plaît rappeller à madame votre mère, le souvenir de notre famille et tous nos respects.

LÉONISE (ATALA) VALOIS

20

«Mon Journal»
1935

5 janvier 1935

[...] Cette semaine il a fait si mauvais que l'on fait ce qu'on peut pour se distraire et s'empêcher de trop s'ennuyer. Nous tricotons pour les pauvres et moi je lis, j'écris, et je jongle... à qui, à quoi? Aux personnes qui ont reçu mes volumes et ne m'ont pas même adressé un simple «merci». À monsieur Omer Héroux du *Devoir* et au docteur Fleet. Sont-ils en voyage? À la lettre que j'ai écrite à Madeleine pour connaître la cause de son mutisme et qui ne m'a même pas répondu par une seule ligne. Pourquoi cette Madeleine que j'aimais et estimais agit-elle ainsi? Je l'ignore absolument. Pourtant, je puis affirmer n'avoir jamais eu la moindre pensée malveillante à son sujet... À la grâce de Dieu! J'attends que son amitié se réveille avec de meilleures dispositions...

[...] J'ai adressé il y a une quinzaine, une lettre au rédacteur en chef de *La Presse* pour lui demander de bien vouloir publier la jolie appréciation de Mme Blanche Lamontagne-Beauregard. On me l'a sans doute refusé, puisque rien n'a paru. Pourtant, j'ai reçu de bien belles lettres d'appréciation de M. Albert Ferland, de Mme Chas Gill (Gaëtane de Montreuil), de Mme Jean-Louis Audet[1] sans compter celle de Blanche Lamontagne-Beauregard. De jolis articles ont aussi paru dans *La Patrie,* édition du dimanche, dans *Le Canada* par mon neveu Guy Jasmin, dans l'*Événement* de Québec, signé «Jean Grondel», mais j'étais sûre que c'était Mme Boissonnault. [...] Dans *La Presse*, l'éditeur de Beauchemin dans «les nouveaux livres et nouvelles publications» m'a aussi écrit quelques lignes charmantes. Mais *Le Devoir* ayant reçu mes volumes n'ont pas cru m'en remercier d'une ligne.

20 janvier 1935

[...] La semaine dernière, comme il faisait doux et beau soleil, Philo et moi avons décidé de sortir pour prendre un peu d'air et s'occuper de nos affaires. Nous sommes allées chez M. Désilets le commissaire d'école pour lui offrir mes deux volumes. Je n'étais nullement indisposée à lui demander de les acheter parce que je lui paye fidèlement 52 $ de taxes scolaires, et en son nom personnel, il m'a bel et bien refusé, «n'ayant pas l'habitude d'en acheter» m'a-t-il simplement dit. J'ai trouvé cela tout simplement *mesquin* et sur sa demande, je n'ai pas pu lui refuser de les lui laisser pour les soumettre au directeur de l'école de Saint-Léon. [...] Nous avons ensuite continué à pieds jusqu'au parc Westmount, à la librairie de Westmount, où nous avons été assez chanceuses pour y vendre deux volumes, mes *Fleurs sauvages* et *Feuilles tombées*, Miss Perkins, la directrice, a bien consenti à m'en acheter deux, mais pas plus. J'étais contente tout de même. [...] Dans l'après-midi, Mme Charles Gill, Gaëtane de Montreuil, est venue passer l'après-midi avec nous. C'est une de mes bonnes amies en littérature et nous avons parlé de mes volumes, qu'elle a dit avoir bien aimés et bien appréciés. Comme cette femme de lettres s'y connaît très bien en poésie, j'étais heureuse de lui entendre dire que mes vers étaient bien faits, bien imprimés, etc. Après tout, mieux vaut les entendre loués que blâmés. On ne sait jamais ce qu'en pensent les gens...

29 janvier 1935

[...] Je suis tellement grasse qu'on me traite de «paresseuse» au téléphone. Ah! si l'on était à ma place, l'on comprendrait que je ne puis faire mieux... Le désert se fait un peu autour de nous. Il a fait si froid jusqu'ici que je n'osais inviter personne et pouvais encore moins sortir. J'écris à mes amies et c'est tout ce que je peux faire. Écrire aux plus lointaines et téléphoner à celles de la ville. [...] J'ai écrit à M. Mayrand[2] et lui ai demandé s'il voulait bien me publier l'appréciation de Blanche Lamontagne-Beauregard, et il s'y est soumis à mon désir avec la meilleure grâce du monde puisque cet article a paru dans *La Patrie* ce soir même le 29 janvier. J'étais bien contente car cette publication me fera certainement du bien pour l'écoulement de mes livres. Ce soir je vais téléphoner à Blanche Lamontagne-Beauregard pour la remercier et l'inviter à la relire dans *La Patrie* et aussi à mes parents et amis intimes. Demain, j'écrirai aussi à M. Mayrand pour le remercier de sa bonne amabilité *tout à fait gratuite.*

13 février 1935

[...] L'on m'a blamée dans la famille d'avoir autant de témérité.

La Terre de chez nous a publié l'article de *La Presse,* c'est-à dire la bonne annonce de Beauchemin. Cela ne me fera pas de tort assurément. J'ai reçu une très jolie lettre du rédacteur et je la garde en souvenir. Il me dit un bon mot et m'exprime son regret que je ne sois plus directrice de la page féminine. Ma page était si attrayante! Quant à mes volumes, on les trouve très intéressants... Tant mieux! J'espère qu'il est très sincère. [...]

Madeleine Huguenin ne m'a même pas adressé un cordial merci pour l'envoi de mes deux volumes, pas même quelques lignes aimables. Pourquoi? Ne les a-t-elle pas aimés? Est-elle malade? ou trop occupée avec d'autres choses plus personnelles? Je ne sais. Tout de même, j'ai reçu de très jolies appréciations qui me consolent de toute cette indifférence. Celle surtout de M. A. Heurteau, avocat, journaliste et poète, m'a fait grand plaisir. Je lui ai téléphoné mes remerciements.

18 février 1935

[...] J'ai cru devoir aller chez Granger pour mes affaires. Rien n'est bien favorable en ce temps de crise. Six livres vendus seulement. C'est presque rien. Cela me désappointe un peu. Heureusement que mes ventes privées vont mieux et si cela peut continuer ainsi je n'aurai pas à m'en plaindre trop. [...]

7 mars 1935

Comme de pénibles choses me sont arrivées depuis la fin des Fêtes! Tout d'abord, ce compte exorbitant reçu de l'avocat Lavery, tandis que j'étais toute seule à la maison. J'aurais voulu avoir quelqu'un près de moi pour leur raconter cette si désagréable surprise! [...] On dit que mon défendeur Rubinovitch essaye de m'offrir un certain montant pour effectuer le règlement de sa cause. J'ai remis tous mes intérêts entre les mains de mon frère[3] et je le laisse libre d'agir à sa guise. Je n'attendais plus rien de lui. Si cette affaire peut s'arranger pour qu'on n'en entende plus parler, j'en serai bien satisfaite. [...]

[...] J'ai reçu deux jolies réponses et deux commentaires dont l'une de M. E.-Z. Massicotte l'avocat archiviste de la Cité de Montréal et l'autre de M. Raphaël Ouimet, avocat et biographe des Canadiens qui ont bien voulu m'encourager et rien des autres, pas même un mot aimable. J'attends l'avenir et ce qu'il me dira d'eux et d'elles. La semaine dernière, nous avons reçu aussi la visite de notre cousine Adélia Pilon-Valois, et elle a bien voulu s'intéresser à mon œuvre littéraire. Elle a emporté une douzaine de mes volumes et m'a promis d'*essayer* de les vendre à mon bénéfice et au sien car je lui ai fait de bonnes propositions. J'ai vendu déjà pour 182 $ de mes volumes, mais il faut que j'en vende encore pour 100 $ pour couvrir l'impression, ou plutôt le montant de l'impression de mes volumes. J'espère bien y arriver avant la fin de l'année.

Samedi dernier, nous sommes allées chez Avila, notre frère, porter les reçus de nos deux avocats De Boucherville et Lavery. Nous avons causé un peu de mon procès, de sa solution probable.

[...] Parfois je me demande si des «djinns» malfaisants ne me font pas un peu de tort au sujet de la publication de mes volumes? On ne sait jamais ce que l'on peut en penser de bien ou de mal. Hier, j'ai reçu une belle lettre de M. Albert Ferland, notre délicat poète canadien, qui m'a certainement fait plaisir. Lui, du moins, semble apprécier mon travail poétique quelque peu. Laissons faire et vivons...

[...] Depuis le jour de l'An, j'attends les visites de mes amies [...]. Aucune d'elles n'est venue, n'a même pas téléphoné. Elles ont retourné leurs cartes du jour de l'An, bien aimables, il est vrai, mais c'est tout. On n'aime pas à visiter les malades, je crois, ce n'est pas assez mondain, je pense. Tout de même, je garde un bon souvenir.

18 mars 1935

[...] La semaine dernière, nous sommes aussi allées chez M. Déom, le libraire, et nous avons appris que la vente de mes livres était bien lente à se faire dans les librairies. La poésie se vend peu au comptoir, mais par contre la vente privée jusqu'ici est assez fructueuse. [...]

J'oubliais de dire une mauvaise nouvelle apprise la semaine dernière dans la lecture de nos journaux du soir. La mort de M. Adrien Desrosiers, un ami d'enfance, mon premier *cavalier* de Vaudreuil décédé à 67 ans. Comme c'est court la vie! et comme cela nous semble loin, tous ces événements de notre enfance. J'ai prié de tout mon cœur pour lui. C'est tout ce que je pouvais faire en me rappelant tous ces lointains souvenirs. Aujourd'hui la journée a été bien triste. [...]

30 mars 1935

[...] Je suis allée avec Philo porter mes deux volumes à mon bon ami, M. Robert Raynaud, l'ancien directeur de *La Terre de chez nous* qui me les avait gentiment achetés. Il nous a reçues avec beaucoup d'amabilité et nous a dit: «Vous ne m'en avez apporté que deux, de vos volumes.» En désirez-vous plus? lui ai-je dit en souriant. «J'en prends deux autres pour les envoyer à la directrice de la page féminine du *Bulletin des agriculteurs* dont je suis le présent rédacteur.»

J'aurais cru que c'était pour votre «*blonde*» que vous me les demandiez. «De fait, je crois qu'ils lui plairont vos deux volumes. Envoyez m'en quatre autres; ce qui me fera la demi-douzaine à 0,75 $.» Il me fit son chèque d'avance de 4,50 $ et me le remit aussitôt. J'étais émue de rencontrer un si bon ami dont j'avais gardé un si agréable souvenir. Je l'ai vraiment remercié et sommes parties de là très contentes [...]. Si mon procès ne va guère mieux, mon œuvre littéraire semble aller assez bien. J'ai vendu 18 volumes la semaine dernière. [...]

Hier, comme il faisait beau, je suis allée avec Philo faire mes trois visites: d'abord à l'abbé Lionel Groulx pour le remercier de sa jolie préface dans mes *Feuilles tombées* et à sa bonne mère invalide qui a paru touchée de nous recevoir. Nous avons causé de notre famille qu'elle a si bien connue à Vaudreuil, et à M. l'abbé son fils, j'ai parlé naturellement de mes volumes. Il m'en a dit du bien; tout naturellement, nous avons parlé des autres poètes et poétesses et écrivains du Canada. Lorsque je lui ai dit que «mon pays ne m'encourageait pas et semblait ne pas vouloir m'encourager parce que l'honorable Athanase David[4] n'avait pas même répondu à mes lettres, ni accuser réception de mes volumes», il m'a dit: «Ne vous attendez pas à mieux, ni à plus de lui. Il n'accuse jamais réception de mes propres volumes sur l'histoire du Canada et ne répond jamais à mes lettres non plus.» Quel étrange homme! Il n'encourage que ses amis probablement. Est-il bien à sa place? Répondra-t-il à la dernière lettre que je lui ai écrite, au sujet de mes deux volumes?... Je ne sais. [...]

Toute la semaine a passé et [*mes amies*] ne sont pas encore venues. Viendront-elles? Sont-elles devenues trop *snobinettes*? Peut-être on a bien d'autres choses à faire que de visiter des vieilles filles, malades ou convalescentes. Je ne les attends plus.

6 avril 1935

Qui pourrait dire quelle semaine j'ai passé! Dimanche dernier, veille de l'anniversaire de la mort de papa, je suis allée à la messe et j'ai communié pour lui. [...] À peine étais-je rentrée que mise à table pour déjeuner, je venais à peine de manger mon pamplemousse que je me suis sentie inondée de sang. Une véritable hémorragie que je croyais mortelle. Je me suis empressée de téléphoner à mon médecin le Dr Authier de Saint-Laurent qui m'a commandé de me mettre au lit, et c'est ce que j'ai fait après avoir téléphoné chez Marie-Anne. Il s'est empressé de venir, m'a encouragée et m'a prescrit de bons remèdes et m'a promis de me soulager et même de me guérir. J'étais plus rassurée et Philo aussi. [...]

Trois jours de visites de médecin et de très bons soins de mes gardes-malades m'ont enfin remise sur pieds. [...]

J'ai reçu lundi, jour de l'anniversaire de la mort de papa, une belle lettre de M. Athanase David, m'achetant pour 50 $ de mes volumes. J'en ai remercié le bon Dieu qui m'envoyait une joie à côté de ma nouvelle épreuve. Le lendemain je pus lui adresser, à M. Athanase David, une lettre de remerciement de mon lit de malade et à M. Valiquette de la maison Beauchemin une autre lettre lui annonçant la bonne nouvelle avec copie de la lettre du sec. général de la Province.

6 avril 1935

[...] L'autre carte a été adressée à Mme Dumais-Boissonnault pour la féliciter d'avoir été élue présidente des Poètes canadiens de Québec. C'est un honneur pour elle! et elle a déjà reçu une médaille d'or pour la récompense d'avoir déjà écrit un joli poème national belge. J'ai reçu cette semaine une jolie lettre comme accusé de réception de mes deux volumes, de la part de Mlle Graziella Paquette, jeune professeur d'élocution. Seule une bonne diseuse, Mlle Jeanette Desaulniers, n'a pas encore envoyé son accusé de réception; me l'enverra-t-elle? Je l'espère. Ce ne serait vraiment pas gentil de sa part. Est-ce une amie de Mme Madeleine Huguenin? Et je me demande encore si celle-ci est devenue un de mes «djinns» malfaisants. Pourtant, je ne lui ai jamais rien fait de mal à cette pauvre femme déjà si éprouvée dans la vie. Mais je la trouve si étrange dans sa conduite envers moi. Je ne lui en veux pas tout de même, et lui pardonne bien volontiers les torts qu'elle aurait pu me faire, à mon insu.

J'ai écrit ce matin et envoyé mes deux volumes à M. Camille Bertrand, le directeur de la *Revue des livres* pour m'y abonner et lui donner mon opinion sur les pensées de Medjé Vézina[5] [...]. Je n'ai pu m'empêcher d'écrire ce que je pensais à Monsieur le directeur de la *Revue des livres,* mais j'ai cru devoir lui dire que j'appréciais cependant quelques-uns de ses poèmes, comme «Agenouillement» par exemple qui me semble si bien pensé, si bien senti et si bien écrit. Je ne veux pas faire la critique littéraire de son œuvre. Cela ne m'appartient pas et je ne veux pas non plus passer pour une jalouse, mais il y a certaines licences poétiques que je ne saurais admettre, faire rimer les rimes au singulier avec les rimes au pluriel et faire trop souvent des hiatus comme d'écrire: «tu / es». Il me semble que c'est inexact dans l'art poétique. Mais je passe...

18 avril 1935

[...] J'ai reçu plusieurs belles lettres tout à fait intéressantes durant ma fameuse quinzaine de réclusion. Tout d'abord, celle de l'honorable Athanase David, si courtoise, si généreuse et ensuite celle de Mgr Camille Roy à qui j'avais cru devoir envoyer *gracieusement* mes volumes, pour le remercier d'avoir pensé à moi un jour en m'écrivant deux bonnes pages dans son volume *Les Érables en fleurs* et je voulais lui prouver qu'à mon tour, je savais aussi penser à lui. Ma lettre était respectueusement *aigre-douce*. Il a su répondre fort gentiment. Je dis aigre-douce, c'est parce que je lui disais qu'au lieu d'écrire mes *Fleurs sauvages* sur un balcon de la rue Saint-Denis – tel qu'il l'a écrit – je les avais plutôt pensées et écrites sur notre balcon de notre maison d'été à Dorion, à l'île aux Pins, à la pointe Cavagnal du côteau Landing, etc. C'était un petit reproche de s'être laissé tromper par qui? Je l'ignorais...

J'ai aussi adressé mes deux volumes à M. Alphonse Desilets[6], poète et agent général de l'Instruction publique à Québec, du Cercle des Fermières, etc. J'osais lui demander s'il ne pouvait pas m'aider un peu au comité de l'Instruction publique comme M. David l'avait fait au ministère des Arts et des Lettres? Pas de réponse... Ce n'est guère surprenant! Mais une lettre courtoise d'un homme que je croyais devoir être si galant m'aurait fait plaisir quand même.

La semaine dernière j'ai aussi téléphoné à mon bon ami l'ancien rédacteur de *La Terre de chez nous* alors que j'en dirigeais la page féminine. Je désirais savoir s'il avait reçu les volumes qu'il m'avait gracieusement achetés et payés d'avance. Nous avons causé librement pendant tout près d'une heure, et c'est lui qui m'a *fortement* conseillée d'en adresser deux exemplaires à M. Alphonse Désilets poète qui semble avoir quelque autorité ou quelque influence au cabinet de l'Instruction publique à Québec. Parce que mon ami journaliste a eu la bonne fortune de se faire acheter son propre volume par l'honorable Athanase David et l'honorable M. Chapais, il a cru sans doute que j'aurais la même faveur. Je crains bien hélas, d'avoir trop tenté la chance. Pourvu que cela ne fasse aucun tort d'un côté, comme de l'autre... On ne sait jamais.

[...] La maladie me retient recluse chez moi. Mais comme j'apprécie mon téléphone. Comme je le bénis plutôt et comme j'en suis reconnaissante à l'éminent américain, cet illustre génie Edison [*sic*] qui nous l'a inventé!...

19 avril 1935 (Vendredi saint)

[...] Aujourd'hui les journaux ne paraissent pas. Je lirai ce soir *La Presse* que je n'ai pas lue hier soir, et cela passera le temps. Quelles nouvelles inquiétantes au sujet de tous les pays du monde! On a craint un certain temps que la guerre éclate en Europe! mais heureusement que l'Angleterre, la France et l'Italie s'entendent et ont condamné l'Allemagne de n'avoir pas respecté le traité de Versailles [...]. Hitler, le président [*sic*] de la République allemande, était irrité contre l'Angleterre, espérant que ce gouvernement prendrait sa part. Mais non pas, l'Angleterre est patiente et prudente mais elle est ferme et lorsqu'elle dit «non», c'est non! Comment tout cela va-t-il tourner?

1er mai 1935

Mardi dernier, je suis allée à Saint-Laurent, ai fait une visite avec elle [Philo] chez le docteur Authier qui a cru devoir me trouver «pas trop mal», m'a prescrit de nouveaux remèdes et doit m'envoyer sur ma demande son compte sous peu. Combien lui dois-je? Trois visites, un examen, prescriptions, etc. J'ai hâte de régler ce compte médical.

[...] la guerre qui semble menaçante sur l'Europe et peut-être sur notre continent aussi. Qu'arriverait-il si le Canada était pris dans ce mouvement comme en l'an de guerre 1914 jusqu'en 1918? C'est affreux rien que d'y penser. Et penser aussi que nos neveux, étant tous grands maintenant, seraient peut-être forcés de s'enrôler. Je n'ose y penser trop sérieusement.

[...] Voici qu'une autre bonne lettre et bonne commande m'arrive de Québec. M. Alphonse Désilets poète, fonctionnaire à l'Instruction publique de Québec, m'écrit une très belle lettre et me commande au nom de l'Instruction publique, deux douzaines de mes *beaux* volumes. Je finis par croire que Dieu ne m'abandonne pas puisqu'il me gâte encore un peu, assez même.

17 mai 1935

[...] mes livres achèvent leur diffusion. J'en vends très peu actuellement, et l'impression de mes volumes n'est pas encore toute payée. Il faut pourtant que j'acquitte cette dette de l'édition entièrement par la vente de mes volumes.

[...] J'ai reçu quelques lettres de Mme Boissonnault de Québec, amie du bureau de poste et aussi mon amie littéraire. Des lettres bien aimables auxquelles j'ai répondu — selon son désir. Elle désirait une preuve d'amitié. Je n'ai pas hésité à la lui donner. Elle y répondra de tout son cœur, je le sais.

[...] Lundi le 6 mai, c'était le 25e anniversaire de l'accession au trône du roi George V et de la reine Marie. Toute la ville de Montréal et même celle de Westmount, étaient inondées de décorations royales, des pavillons «Union Jack», des portraits du roi et de la reine partout. J'avais des Anglaises comme locataires. Elles ont fait leur part et moi aussi. Deux pavillons «Union Jack», un portrait coloré du roi et de la reine, très joli, et pour l'illumination du soir, mes deux lampes de table à ampoules rouges, et le ruban rouge à mon lampadaire faisaient un très joli effet. La radio, c'est-à-dire ses émissions, nous a bien intéressées. Nous avons joui surtout du beau discours du maire Houde et de celui du roi. C'était intéressant de les entendre.

[...] Nous avons fait une courte visite chez le docteur Arthur Valois. Leurs enfants M. et Mme Rodolphe Fortier, Flore, venaient d'arriver avec leurs *huit* petits enfants, dont l'aînée a à peine douze années. Je les ai félicités, mais cela me rappelait tant notre enfance à Vaudreuil, alors que notre pauvre maman avait tant de trouble avec cette marmaille. Heureusement que les bonnes ne coûtaient pas trop cher à cette époque-là.

[...] Hier, j'ai aussi reçu le téléphone aimable de Mme Charles Gill s'informant bien gentiment de ma santé et de celle de Philo. La causerie est toujours longue et amusante au téléphone. [...]

J'ai écrit ces jours derniers une lettre à Mme Lemaire, amie de «Madeleine». Si elle veut bien me dire la cause du mutisme obstiné de son amie j'en aurai le cœur net. Pas de réponses à mes lettres. Indifférence absolue de sa part après mon envoi gratuit de mes deux volumes que je lui ai offerts. A-t-elle fait un mauvais rêve?... Mme Gill m'a parlé d'un *certain motif* qui l'aurait portée à agir ainsi. Je ne saurai m'arrêter à pareille mauvaise pensée contre elle qui m'a écrit un si joli article si personnel pour elle et pour moi dans *La Patrie*. Non, ce n'est pas cela.

31 mai et 1er juin 1935

[...] Philo aimerait bien que je vende ma maison. Je crois même qu'elle prie ardemment pour obtenir cette grâce. Serait-ce une bonne affaire pour nous deux? Au moins, si je puis en obtenir un prix raisonnable. Je laisse tout cela entre les mains de la Providence – comme cette affaire de mon fameux procès et je demande à saint Antoine de Padoue, de me trouver un bon acquéreur si c'est mieux que je la vende maintenant. Où irions-nous?... Serions-nous mieux ou pire?...

J'aime ma maison et je contemple de ma fenêtre mon joli parterre actuel. Mes tulipes en fleurs, mes iris mauves et violettes déjà ouvertes, mes iris jaunes qui le seront probablement ces jours-ci. Mes quatre arbustes pivoiniers dont les nombreux boutons se forment déjà, et dire que je serai peut-être absente tout le temps qu'elles fleuriront. Mes blanches, mes roses et mes rouges pivoines! L'an dernier, j'ai pu jouir de quelques-unes à mon retour, mais ma concierge avait cru bien faire en en envoyant à Monsieur le curé de Westmount, les lui offrant en mon nom!!! Et dire qu'il en a à profusion dans son beau jardin. Si j'avais été ici, j'en aurais plutôt donné à mes parentes et amies. Hélas! il faut bien partir dès maintenant puisque Philo se déplaît tant de vivre ici au mois de juin.

[...] La semaine dernière, j'ai aussi reçu la visite de mon amie littéraire, Mme Chas Gill, que j'aime beaucoup recevoir, car elle est intéressante et nous avons causé de nos amies littéraires, de Madeleine Huguenin et des autres.

[...] Les journaux ne parlent que d'une prochaine guerre. L'aurons-nous cette fameuse guerre? Qu'allons-nous devenir si elle est encore plus meurtrière que celle de 1914-1918? Hitler est un fameux hypocrite, chef allemand à ce que l'on dit. Comment peut-on se laisser gouverner par un pareil tyran? La guerre n'a donc pas été assez douloureuse pour les cœurs des mères allemandes?...

6 juin 1935

[...] Je tenais mon beau bouquet de lilas blancs dans mes bras et l'autobus s'était rempli de personnes emportant de beaux lilas blancs et mauves, des tulipes, des iris. L'autobus était parfumé de toutes ces belles fleurs et le trajet de retour en a été très agréable et nous a laissé un bien doux souvenir.

[...] Reçu ce matin une lettre bien affectueuse de M. et Mme Boissonnault de Québec qui m'expliquent certaines choses au sujet de la Société des poètes que je ne comprenais pas bien, mais une lettre si sympathique, si invitante, si bienveillante que je la considère comme une amie très sincère...

Cet après-midi, Philo est sortie pour magasiner et pour elle et pour moi. Nous avons acheté des sous-vêtements d'été. J'épargne cependant mais, tout de même, il faut bien que je m'habille un peu, sans me toiletter toutefois, et j'en connais peu qui y mettront le peu de frais que j'y mets cette année. Durant son absence, j'ai écrit [...] et j'ai fait ces pages de journal. Mon journal! Pourquoi griffonner toutes ces lignes? Je ne sais, c'est un petit besoin pour moi et je passe le temps bien innocemment en écrivant tous ces faits de ma vie journalière. Deux ou trois bataillons avec fanfare passent actuellement devant ma porte en joli uniforme bleu marin et blanc. À quelle compagnie appartiennent-ils? Je l'ignore absolument, mais ils sont tous jeunes et forts bien disciplinés. Que leur réserve l'avenir? Peut-être, plus tard, feront-ils tout simplement de la chair à canon! Si c'était au moins pour défendre notre propre pays! Hélas! combien d'autres ont été arrachés des bras de leur mère, de leur épouse, de leur fiancée pour aller se faire tuer à la défense d'autres pays que le leur. Les uns ont donné leurs fils à la France, d'autres à l'Angleterre. À demi mal au moins. Mais mieux vaut encore que les pays que nous défendons n'entrent pas en guerre avec d'autres que nous estimons moins comme l'Allemagne, l'Autriche, etc. C'est toujours si triste la guerre! et que de répercussions sur nos contrées américaines, de bouleversements sérieux et économiques, etc.

14 juin 1935

[...] Mes volumes semblent se vendre comme de bons petits pains chauds. C'est qu'on doit les aimer sans doute. Hier matin, je recevais une lettre du secrétaire de la Société des poètes, M. Lessard, jeune avocat de Québec qui m'annonce la bienvenue dans la Société des poètes. Si je ne faisais hélas d'autres vers!...

[...] J'ai réglé toutes mes affaires avant de partir [pour Côteau Landing]. Je ne dois plus de dettes qu'à cette pauvre Philo et j'espère bien m'en acquitter bientôt. Si l'honorable Athanase David et M. Alphonse Desilets me payent mes volumes en juillet comme ils me l'ont promis, cette impression de mes livres sera toute payée, et après cela, je les vendrai pour moi-même. Je n'ai qu'une grande inquiétude dans mon cerveau et aussi dans mon cœur. Je la recommande à Dieu et j'espère bien m'en sortir indemne de cette malheureuse affaire. L'issue de mon procès, favorable ou peu, ou point favorable, autant pour ma famille que pour moi. J'ai hâte d'en avoir fini avec tout cela. Pourvu que cela ne me coûte pas davantage de frais d'avocats.

Dimanche dernier, nous avons assisté à une belle petite séance du Cercle Récamier[7] organisée par mes nièces les demoiselles Hébert. La pièce a été bien réussie, et Mémé[8] a fort bien récité «La Coquette», l'un de mes poèmes des *Fleurs sauvages*. Nous avons continué après, jusque chez Marie-Alma, leur mère, où nous avons soupé avec leur tante Marie-Anne, avec deux des acteurs et l'auteur de la pièce «Nos grandes sœurs», qui se nomme M. C. Hamel[9]. Mlle Guay[10], l'amie intime de Gabrielle Hébert était là aussi. Nous sommes revenues vers 10 h 30 un peu fatiguées mais enchantées.

J'achève de payer l'impression de mes volumes. Après, le profit en sera bien pour moi, pour m'aider quelque peu à payer mes dettes de maladie, de procès et autres. Mais si je suis chanceuse par la vente, je le suis encore assez par l'appréciation qu'on m'en fait. Mmes Louise de *La Patrie* et Margot de *La Terre de chez nous* m'ont promis de publier plusieurs de mes poèmes si je leur envoyais mes volumes. Avec quel plaisir j'ai consenti à leur adresser. Quels poèmes publieront-elles? Margot a déjà publié «Rabboni» à Pâques, et Louise «À la Reine du Printemps» dans *La Patrie*. Deux de mes poèmes de mes *Fleurs sauvages,* celles-ci valent-elles mieux que les autres? Pas que je sache, tout de même. Attendons...

5 juillet 1935

[...] Après le souper nous sommes parties pour nous rendre à Vaudreuil où nous nous sommes arrêtées à divers endroits pour saluer nos parents. À la pointe Cavagnal, nous nous sommes arrêtées sans débarquer chez Jean Valois notre cousin, à son beau camp si idéalement situé à cette belle pointe Cavagnal que j'ai chantée du mieux que j'ai pu dans mes *Fleurs sauvages*.

[...] Il ne faut pas que je finisse cet article sans signaler la visite *blanche* que nous avons faite à Saint-Polycarpe, à M. l'abbé Élie Auclair, ce distingué littérateur que je connaissais bien depuis longtemps. Malheureusement, il était absent, en voyage à Montréal. Son beau-frère est venu nous causer assez longuement avec nous à la voiture. C'est un bien gentil homme; il nous a comblées de fleurs. Dix-huit pivoines blanches et roses, en retour, je pense, des volumes que j'emportais à son beau-frère mes *Fleurs sauvages* et *Feuilles tombées.* Dix-huit belles pivoines à emporter à notre chère Eugénie[11]! C'était vraiment bien délicat de nous les donner et à nous de les offrir de si bon cœur à Eugénie. Les fleurs! Je les adore! Mais vraiment nous en avons été comblées au côteau Landing! Le jour de notre arrivée, c'était l'anniversaire de naissance de Maria[12]. Nous lui avions emporté, Philo un beau double jeu de cartes et moi une belle boîte de bons chocolats, et l'une de ses amies du Côteau lui avait emporté 65 belles boules de neige pour représenter ses 65 ans révolus. Il y en avait partout! C'était vraiment délicieux à considérer toutes ses fleurs! Quelques jours après, une dame qui savait que j'adorais les fleurs, m'a apporté bel et bien à moi, par deux fois, deux beaux bouquets d'iris jaunes qu'on appelle «la fleur des poètes et des artistes». [...] En arrivant ici, je pensais bien, après mes trois semaines d'absence, retrouver mon propre parterre en fleurs. Hélas! toutes mes pivoines étaient parties. Celles envoyées chez Marie-Anne, je ne les regrettais pas celles-là, mais les autres, quantité d'autres qui m'ont été volées durant mon absence. Il ne restait que des pensées, de petites fleurs colorées pour jeter un peu de lumière à travers toute cette verdure. Mes iris blancs et mauves et mes iris mauves et violets, mes jaunes n'ont pas fleuri cette année, ont déjà fini de fleurir. Mais j'attends mes belles marguerites jaunes avec cœur brun qui embelliront bientôt la façade de ma maison et j'ai bien hâte de les voir fleurir. Le grand parterre d'en face, celui des Sheridan, est admirable à contempler. En écrivant de ma table je n'ai qu'à jeter un œil à ma fenêtre et mes yeux sont ravis du spectacle floral dont je suis enivrée. Cela me console de n'être pas à la campagne durant le bel épanouissement de cette saison florale. [...]

J'ai reçu une jolie lettre de l'abbé Élie Auclair adressée au côteau Landing, me promettant un joli article sur mes *Fleurs sauvages* et *Feuilles tombées* dans *La Voix nationale* qu'il m'enverra lui-même, dit-il, à Westmount. Va-t-il me l'écrire? Je l'attends. Marie-Anne m'a aussi emporté deux jolis volumes que j'ai reçus à Westmount dont l'un, intitulé *Dans la brousse,* est le nouveau travail littéraire de Blanche Lamontagne-Beauregard. C'est un livre très agréable à lire. Je lui ai écrit mes remerciements au Côteau, et mon attestation, ici, dès mon retour. [...]

J'ai reçu plusieurs bonnes commandes pour mes volumes. [...] Victor Doré de la Commission des écoles catholiques de Montréal qui m'en achetait aussi deux douzaines, ce qui me fait 18 $ de plus à recevoir. J'ai aussi reçu les beaux chèques de l'honorable Athanase David et de Alphonse Désilets (poète) de l'Instruction publique. L'un se montait à 50 $ et celui d'A. Désilets à 18 $. J'étais très heureuse!

[...] Mlle Sirois[13] est aussi à se préparer pour aller passer ses vacances au bord de la mer. J'en suis très contente pour elle. Elle est si fatiguée de son travail au bureau de poste. Je connais cela.

17 septembre 1935

[...] Ce matin j'ai écrit à M. Antoine Valiquette de la librairie Beauchemin et lui ai adressé l'avant-dernier chèque de l'impression de mes deux volumes. Je devrais dire le dernier, car je crois bien ne plus avoir à lui en envoyer d'autre, car il me semble qu'on devrait s'efforcer d'en vendre un peu plus dans leur librairie. Tout de même, il ne faut pas trop que je m'en plaigne, après avoir couvert les frais d'impression de mes volumes en moins d'un an. C'est merveilleux! [...] Mes parents, mes amies, et les parents de mes parents et les amis de mes amis, et même les autorités du gouvernement du Québec, l'honorable Athanase David, M. Alphonse Désilets, M. Victor Doré et [*mot illisible*] m'ont très encouragée et je ne peux plus, ma foi, désirer plus.

5 octobre 1935

[...] J'ai relu *Dans la brousse* de Blanche Lamontagne-Beauregard, et j'ai passé une journée délicieuse à le relire. Pourquoi le prix David ne lui a-t-il pas été décerné? Le livre est si bien écrit avec tout son esprit et tout son cœur. C'est une jeune fille du nom de Francœur[14] qui l'a gagné. Un prix de 1700 $. Ce n'est pas banal et à celle qui l'a emporté, cela a dû lui causer un immense plaisir! Mais je ne l'ai pas encore lu, et pourtant il me semble qu'il ne vaut pas celui de Blanche Lamontagne, si émouvant, sublime à lire et qui nous cause tant de sentiments délicieux. J'ai hâte tout de même de lire celui primé de Mlle Francœur.

14 octobre 1935

[...] Ces jours derniers, c'était mon anniversaire de naissance! Quel âge j'ai atteint? Je n'ose le dire. Les années pèsent trop lourdement sur nos épaules pour qu'on n'éprouve pas un malaise d'en parler... J'ai écrit à mon frère le curé de Burke et lui ai payé une messe pour Flora et pour moi. Le même quantième marquait nos deux anniversaires de naissance à un an d'intervalle. Flora était née, paraît-il, à 7 h 30 du matin et moi à 7 h du soir. Maman m'a déjà dit que j'étais née dans un *éclat de rire*! Quelle ironie du sort! Je n'ai pourtant pas ri toute ma vie. Mais n'en parlons pas. Cette année ma fête n'a pas passé inaperçue. J'ai reçu trois ou plutôt quatre appels téléphoniques, dont l'un de Marie-Anne, un autre d'Alice, un de Cécile du sanatorium Provost, un autre de Madeleine Cartier de son bureau d'affaires. Le soir, le 11, Marie-Alma est venue veiller avec ses enfants Gaby et Mémé et sa belle-fille Gladys, la femme de Réal[15]. Marie-Alma m'a apporté un beau gâteau portant l'étiquette «Bonne

Fête», Gaby m'a apporté deux jolis mouchoirs de fantaisie, Mémé deux petits vases peints par elle-même. [...]

[...] Tous les jardins sont tristes actuellement, toutes les fleurs n'apparaissent plus, à part quelques jaunes et rouges chez nos voisins. Je n'en possède plus aucune et le beau parterre d'en face est tout défleuri et tout fané. Seuls les arbres sont encore beaux et les belles feuilles dorées et rouges ne sont pas encore toutes tombées. Comme c'est beau la nature, en octobre, au Canada!

[...] J'ai reçu un téléphone de Mlle Sirois. Nous avons parlé d'élections qui sont le cri du jour actuellement. Nous sommes allées toutes deux voter hier avant-midi. J'ai cru devoir voter pour M. Dixon, un libéral, mais il a malheureusement subi une défaite à Westmount. Hier soir, nous avons suivi le résultat des élections à la radio. Tous les rapports de toutes les circonscriptions nous arrivaient tour à tour, et finalement, nous avons appris que Bennett était bel et bien battu et que Mackenzie King conduirait le pays! J'espère qu'il rendra notre patrie heureuse et prospère, que les enfants du pays et nos jeunes gens n'iront pas se battre et se faire tuer dans les guerres étrangères et que nos chômeurs auront du travail, enfin, et cesseront de se mettre sous les secours directs! Que nous réserve l'avenir? Pas le nôtre, car probablement, nous ne serons pas là pour pouvoir envisager les choses de l'avenir. Mais désirons tout de même, qu'il soit prospère et heureux au moins pour les nôtres.

[...] Nul journal n'a encore attaqué mes volumes. *La Renaissance,* dirigée par M. Olivar Asselin, n'a pas ménagé l'œuvre *Aux sources claires* de Mlle Francœur, la poétesse de Québec qui a remporté le prix David et a obtenu le 1700 $ qu'on offrait. Ce qu'on l'a abîmée, la pauvre petite! Serait-ce la jalousie ou la justice qui se la disputaient? [...]

14 novembre

Quel temps morose aujourd'hui! quelle semaine avons-nous passée! Trois jours de pluie froide! Hier un peu de neige, la première tombée, cet automne, et tout plein de verglas. Les arbres ressemblaient à du cristal; ils étaient tout blancs de givre et c'était beau à contempler. Bientôt se sera l'hiver avec toutes ses misères et nous ne pourrons presque plus sortir.

[...] J'ai reçu la semaine dernière le gracieux envoi du livre de l'abbé Lionel Groulx *Les Orientations.* Quel beau livre! Je l'ai lu en vitesse mais le relirai sans doute à tête plus reposée. J'en ai acheté un pour Jean[16] que je lui donnerai en étrennes. C'est un fameux livre pour tous les jeunes gens. [...] J'ai entendu sa belle conférence à la radio. Comme on l'applaudissait! C'est donc qu'on l'approuvait, qu'on l'admirait. Je lui ai adressé un mot de félicitations et c'est sans doute, ce qui m'a valu l'envoi de son beau livre si joliment dédicacé en «respectueux hommages».

[...] Dans le dernier exemplaire de *la Revue des livres,* une jolie page sur mon œuvre littéraire m'a fait grand plaisir. Tout ce qu'on en disait était gracieux. Après l'article de l'abbé Élie Auclair dans *La Voix nationale* du mois d'août, je ne saurais désirer mieux. J'avais tant peur des vilaines critiques. J'en remercie Dieu de me les avoir jusqu'ici épargnées. J'ai cru remercier le directeur de la *Revue des Livres,* d'avoir bien voulu publier l'une de mes poésies, «Chante», de mes *Fleurs sauvages.*

[...] La grâce que je sollicite actuellement: celle du règlement des affaires de mon procès. Je finis par croire que les prières seront efficaces. Une légère indemnité de 1000 $, c'est peu, réellement. Mais c'est enfin cela, et tant de troubles pour que je l'obtienne enfin. Marie-Anne a fait tout son possible pour me régler cela aussi avantageusement et je lui en suis bien reconnaissante. Si Mlle R. était moins coupable que le jeune Babin, ce serait un aussi grand sacrifice pour elle que de me le donner. Enfin, j'ignore quel est le véritable coupable et si le juge C. P. a cru bien faire en m'accordant 8000 $ je ne me rends pas trop coupable de consentir à n'accepter que 1000 $. À la grâce de Dieu! Et je le remercie de permettre que je reçoive ce simple montant sans trop de scrupules. Enfin! [...]

5 décembre 1935

[...] La radio nous transmettait le résultat des élections provinciales avec beaucoup d'entrain. Nous nous sommes amusées ensemble jusqu'à onze heures. C'est encore le parti libéral qui a été victorieux, avec une faible majorité tout de même. Mais M. Alexandre Taschereau gouvernera. Bien ou mal? L'avenir le dira.

[...] Ce soir, notre intention est de téléphoner à quelques-uns des nôtres et de jouer à deux une bonne partie de «Rummy»... Les soirs de semaine, d'ordinaire nous tricotons pour les pauvres, lisons *La Presse* et téléphonons ou répondons aux appels téléphoniques qui nous sont adressés. *C'est tout.*

AU COIN DU FEU

SOUS LA DIRECTION DE Mlle ATTALA

LA MODE

Beaucoup de chapeaux de velours dans les nouveaux modèles. Tous garnis en largeur plutôt qu'en hauteur. Ces chapeaux sont en général très seyants.

Notre dessin No 1 donne un chapeau très pratique, car on peut le porter toute une saison sans que les garnitures s'abiment. En outre, il coiffe gracieusement. La forme est en veloutine lilas fleuri, encadrée sur la passe d'une belle draperie de velours perle de velours mordoré. Une large boucle retient cette draperie en avant et se sert en même temps, à fixer les plumes sous un pouff de velours. Comme on peut s'en rendre compte par nos dessins, les chapeaux se font larges, encadrant bien la peur bleue.

robe habillées, seulement terminées au bas par un liséré. La jupe portée sur le corsage, simplement liséré, ou cachée par une ceinture, reste le modèle à porter constamment. En ce moment, la grande nouveauté réside dans le choix et la diversité des garnitures, qu'il faut, avant tout, savoir combiner de façon originale.

CHRONIQUE

Le vent est au féminisme, paraît-il. Dans tous les cercles sociaux ou intimes, on ne parle que de cela. Il n'y a pas un journal ou une revue, de France et du Canada, qui n'agite cette importante question, cet épouvantail affreux, ce noir cauchemar qui se nomme "féminisme." Les moins braves crient gare! et se voilent la face de leurs deux mains pour ne pas voir le spectre hideux. D'autres attendent patiemment le calme qui doit suivre cette effervescence nouvelle, pour chercher à froid la solution de ce nouveau problème : "Que sera la femme de l'avenir ?" Pour la plupart de celles qui sont plus ou moins indéressées dans le grand conflit féministe, je vous assure qu'elles s'amusent fort et rient à belles dents de tout ce mouvement, qui suscite chez le sexe à barbe, une si grande peur bleue.

16

17

18

AU COIN DU FEU

SOUS LA DIRECTION DE MLLE ATTALA

Vol. 1—No. 7 **MAI 1889.** Prix : 2 Centins

L E
Recueil Litteraire
PUBLICATION MENSUELLE
(16 Pages)

ROMANS — CONTES — NOUVELLES — POÉSIES
VOYAGES — SCIENCES — ETC.

Litterature Canadienne et Etrangere

SOMMAIRE

F. Z. Massicotte.........	... En Causant....	34
Adam Mizard...........	J'aurais dû oser !	35
Gonzalve Désaulniers....	L'orpheline ...	36
Ataïa..............	Aimer !....	36
Louis H. Fréchette.....	Renouveau	36
Varaine............	Grâce à une Claque....	37
Jean L'Espéru........	Marianne.	40
Alfred des Essarts...	Julie de Fenestranges (suite).....	42
Rémi Tremblay......	Fabie-Express.....	44
	Choses et Autres......	44

ABONNEMENT

Canada et Etats-Unis, - Un an, 25 centins.
Autres Pays de l'union postale - " " 35 centins.

Les manuscrits et communications concernant le journal devront être adressés comme suit : Le Recueil Littéraire, Boite de Poste 46, Ste Cunégonde, P. Q.

Victor Grenier, } F. Z. Massicotte,
Editeur Propriétaire. } Secrétaire de la Rédaction.

2ᵐᵉ ANNÉE—No 15 Le NUMÉRO, 8 cts SAMEDI, 7 NOVEMBRE 1903

Le Journal de Françoise

(GAZETTE CANADIENNE DE LA FAMILLE)

Paraissant le 1er et le 3ième samedi de chaque mois

Directrice : R. BARRY

Dieu vent et j'ose bien.

	À L'ÉTRANGER :
RÉDACTION et ADMINISTRATION	Un an ... Quinze Francs
80, Rue Saint-Gabriel, Montreal.	Six mois ... 7 fra 50
Tél. Bell, Main 899	Strictement payable d'avance

ABONNEMENT :
Un an $2.00
Six mois 1.00
Strictement payable d'avance.

❖ SOMMAIRE ❖

PRIÈRE DU MORT (Poésie)........	ROBERT DE MONTESQUIEU
LA TOUSSAINT..............	FRANÇOISE
LE JOUR DES MORTS.........	LAURE CONAN
L'APOTHÉOSE D'UN ARTISTE.....	EMILE BOUCHETTE
UNE ŒUVRE RECOMMANDABLE ...	ADRIENNE D'ORVILLE
RÊVERIE	FALSTAFF
TRIBUNE LIBRE	J. K. FORAN
AU MONUMENT NATIONAL......	FALSTAFF
QUI CROIRE	H. HARMON
UNE REINE DES FROMAGES ET DE LA CRÈME ...	Mme LONGGARDE
(Suite).	
EN GLANANT	
PROPOS D'ÉTIQUETTE	LADY ETIQUETTE
L'ORAGE (Poésie)..........	ATAÏA
PAGES DES ENFANTS :	
CAUSERIE...............	CHRISTINE DE LIMOGE
L'ENSEIGNE............	H. TRAIL-OUY
LE COIN DE FANCHETTE	FRANÇOISE
A TRAVERS LES LIVRES	FRANÇOISE
RECETTES FACILES	
HISTOIRE DES MOTS ET LOCUTIONS ...	

Fleurs Sauvages

Poésies

Par Atala

MONTRÉAL
LIBRAIRIE BEAUCHEMIN LIMITÉE
79, rue Saint-Jacques
—
1910

21

Gaëtane de Montreuil

DANS LES

MONTAGNES
ROCHEUSES
CANADIENNES

DÉDIÉ À

LORD SHAUGHNESSY

Président de la Compagnie C. P. R.

❋

QUÉBEC,

ERNEST TREMBLAY, Imprimeur

1916.

[dédicace manuscrite]

DANS LES

MONTAGNES ROCHEUSES CANADIENNES

23

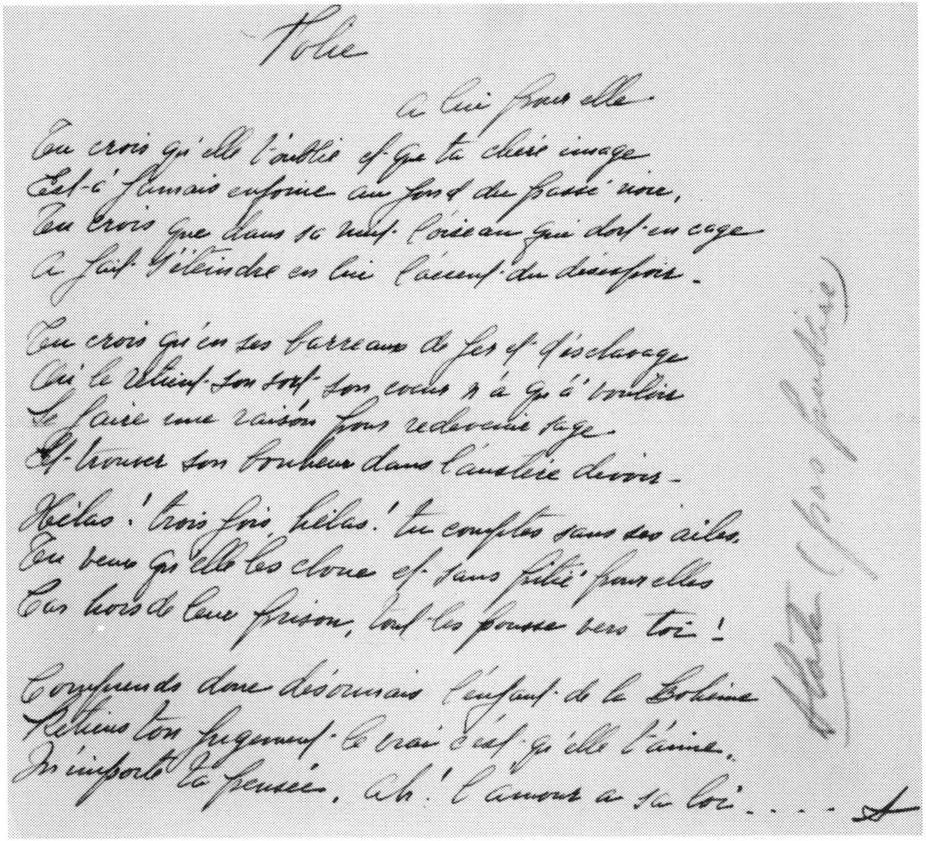

Marie Léo. Atala Valois

Léonie
(Atala)

Atala Léo Valois

Atala Léo

Léo

Léonee A. Valois

Léo A. Valois

Atala

A

25

21

Les poèmes inédits

Mon amour est si grand que j'aimerai pour deux.

L. V.,
«À toi», poésie inédite, non datée

Ayant regroupé la plupart de ses textes dans *Feuilles tombées* en 1934 et parce qu'elle est décédée en 1936, Léonise laisse donc peu de poèmes inédits. Sur la page de la table des matières de la réédition de *Fleurs sauvages,* elle en avait retranscrit trois, dont «Décalque du sonnet d'Arvers», reproduit ici au chapitre six. Les deux autres ont pour titre «Le chêne» et «Au bon petit Noël» (un poème de circonstance dédié à un petit communiant). Visiblement, ces textes non datés ont été écrits avant 1910, puisqu'elle-même semblait vouloir les ajouter à *Fleurs sauvages.*

Elle chantera l'absent et ce, jusqu'à la fin de sa vie, y compris dans quatre autres poèmes inédits qu'elle n'a pas inclus dans son dernier recueil. Il y est toujours question de son amour pour cet absent, que le texte ait pour titre «À toi», «Folie», «Lui», ou «La première étoile». Ses derniers textes ressemblent à des constats d'une vie amoureuse qui n'a pas échappé à une profonde souffrance. Elle revient à ses amours de jeunesse, avec d'autres mots, encore émue. L'absent n'aura jamais su la profondeur de ses sentiments et l'ardeur de sa passion. Ce «secret», ce «mystère» qui habita Léonise ne fut pas découvert. Car, écrit-elle pour elle-même, «L'étoile de l'amour ne brille pas pour toi».

NOTES D'ÉDITION

Les pièces «Lui» et «Folie» étaient signées «Atala» et chacune portait la mention «Pas publiée». Elles sont rédigées sur le même papier à lettres. Elles ne sont pas datées, mais elles ont probablement été écrites après la parution de *Feuilles tombées,* en 1935 ou 1936.

«La première étoile» est la première version de «L'astre du cœur», daté d'avril 1936, qui sera primé en mai de la même année par la Société des poètes canadiens-français. À la toute fin de sa copie d'auteure de *Feuilles tombées,* Atala avait recopié les trois parties de ce dernier poème, ce qui nous laisse croire qu'elle entrevoyait une autre publication ou une réédition et une mise à jour de son dernier recueil, puisque plusieurs vers sont corrigés de sa main. «L'Astre du Jour», «L'Astre du cœur» et «L'Astre de l'âme» ont été reproduits dans les journaux lors d'hommages posthumes qu'on lui a rendus.

LUI

À elle pour lui

Dieu l'a pétri d'aimant sans y mettre un cœur tendre
Son regard est de feu, son front est rayonnant.
Et c'est ton vrai malheur de ne pouvoir défendre
À ton trop faible cœur de le chérir autant.

Tu l'aimes! pourquoi donc? puisque son beau sourire
Va toujours loin de toi répandre son éclat,
Puisqu'il ne t'aime pas, puisque rien ne l'attire
Vers ton ardent regard quand si fort ton cœur bat.

Sais-tu bien s'il connaît ce sentiment intense
Qui fait bouillir ton sang et brûler ton cerveau,
Car se pourrait-il donc que son indifférence
N'éteigne pas la flamme en soufflant le flambeau.

Tu l'aimes! pourquoi donc ce singulier mystère
Puisqu'il n'a jamais dit, en toute vérité,
Le doux mot qu'on attend dans un aveu sincère
Lequel t'eût révélé sa sensibilité?

D'où te vient ce transport? L'aimer est donc folie.
Et ne vaut-il pas mieux de ce rêve insensé
Bannir le vain espoir et sa mélancolie
Chimère dont tu meurs en ton songe angoissé.

Recule ce fantôme et laisse enfin ton ombre
Errer seule en ce monde, évite tout émoi.
Tu cherches des rayons dans un printemps sombre
L'étoile de l'amour ne brille pas pour toi.

FOLIE

À lui pour elle

Tu crois qu'elle t'oublie et que ta chère image
Est à jamais enfouie au fond du passé noir,
Tu crois que dans sa nuit l'oiseau qui dort en cage
A fait s'éteindre en lui l'accent du désespoir.

Tu crois qu'en ses barreaux de fer et d'esclavage
Où le retient son sort, son cœur n'a qu'à vouloir
Se faire une raison pour redevenir sage
Et trouver son bonheur dans l'austère devoir.

Hélas! trois fois hélas! tu comptes sans ses ailes,
Tu veux qu'elle les cloue et sans pitié pour elles
Car hors de leur prison, tout les pousse vers toi!

Comprends donc désormais l'enfant de la Bohème
Retiens ton jugement, le vrai c'est qu'elle t'aime,
Qu'importe ta pensée, Ah! l'amour a sa loi...

À TOI

Ainsi tu me trompais en me disant: Je t'aime!
Non, je ne le crois pas, car moi, je t'aime trop
Pour penser que ton cœur n'est qu'un troublant problème
Dont on voudrait en vain deviner le vrai mot.

Et quand tu présentais à mes lèvres timides
La coupe de l'amour où brillait le nectar,
Ce n'étaient donc hélas! que des poisons perfides
Que ta main bien-aimée y versait avec art.

Je ne croirai jamais que l'être que j'adore,
Dont le regard puissant a subjugué mon cœur,
Ne soit qu'un vase vide, une élégante amphore,
Aux contours séduisants, mais terne et sans couleur.

Tu me croyais banale, insensible et sans âme,
Oubliant que l'amour est un creuset brûlant,
Où le cœur vrai s'épure au contact de la flamme,
Et devient généreux, magnanime, indulgent.

Tu me faisais injure, ami, je te pardonne,
Mon amour est si grand que j'aimerai pour deux,
À mon culte pour toi, tout mon cœur s'abandonne,
Et je puis vivre heureuse en te sachant heureux.

LA PREMIÈRE ÉTOILE

Astre d'or de mes plus beaux ans
Rayonnement de ma jeunesse,
Qu'on me laisse rêver de vous!
Aurore de l'amour naissant,
Pure étoile de ma tendresse,
Que votre souvenir m'est doux!

D'autres étoiles dans ma vie
Ont depuis éclairé mon cœur,
Ce miroir où plus rien ne s'efface,
Elle est entre toutes bénie,
Nulle en regard de votre bonheur,
N'a laissé plus douce trace

L'astre d'or de mes plus beaux ans,
Ce sourire de ma jeunesse,
Au fond de mon cœur toujours luit,
Et comme un soleil rayonnant,
Cette étoile de ma tendresse
Brille dans l'ombre de ma nuit!

22

L'affront

... rejeter hors de la circulation mes deux volumes et ne pas vouloir me donner même le titre
de femme de lettres, c'est ni plus ni moins me
faire un *affront*.

L. V.,
Lettre à Albert Ferland, 1936[1]

Depuis 1916, les éditions Albert Lévesque publient l'*Almanach de
la langue française*. L'année 1936 consacre un numéro spécial aux
femmes qui se sont illustrées dans divers domaines, et qui a pour titre
La Femme canadienne-française. Quel ne fut pas l'étonnement — et la
colère — de Léonise de constater que son nom ne figure pas dans le chapitre consacré à «La Canadienne-française et les lettres». Ni dans l'historique, à titre de première femme poète, ni à titre de journaliste parmi les
pionnières, ni au rang des poètes: son nom n'apparaît nulle part. De plus,
dans l'historique des femmes journalistes, il est écrit que:

> Le rôle de la femme, dans le journalisme, s'est surtout spécia-
> lisé, comme il était tout normal, dans la chronique littéraire,
> pour la femme ou l'enfant. Elle s'est rarement attachée aux po-
> lémiques, au mouvement des grandes idées, et, encore moins,
> à la politique[2].

Or, Léonise Valois n'avait-elle pas au *Monde illustré* défendu des droits et des idées, ainsi que ses consœurs journalistes? Mais ce qui importe davantage pour elle, c'est que la femme poète ait été oubliée.

Comment expliquer cette omission? Affligée, elle écrit à son ami Albert Ferland une lettre dont les termes témoignent de sa vive douleur. Léonise en avait conservé le brouillon. Il s'agit d'un feuillet manuscrit à la mine de plomb, sans date. Dans le fonds Albert-Ferland de la Bibliothèque nationale, se trouve l'original de cette lettre qui diffère quelque peu du brouillon, et qui est datée d'avril 1936. Jointes à sa lettre, Léonise avait envoyé à son ami les récentes critiques parues autour de ses livres, ainsi que son dernier poème qu'elle soumettait au concours de la Société des poètes canadiens-français[3]. Léonise avait ajouté une petite note au bas de la page:

> Ceci pour le concours de la Société des poètes. J'ai signé: *Luména*[4]. Je n'attends aucun prix. Tant d'autres écrivent mieux que moi. L.V. Je brise ma plume, maintenant, hélas!!!

Albert Ferland est son grand «ami littéraire», le seul qui peut témoigner en sa faveur puisqu'ils se connaissent de longue date et qu'ils se sont mutuellement rendu des services, comme en témoigne leur correspondance. La poésie d'Albert Ferland est reconnue. Très actif à la Société des poètes canadiens-français, il est donc en son pouvoir de réparer l'oubli dont elle vient de souffrir.

> Monsieur Albert Ferland, *Poète*
>
> Mon cher ami *littéraire*,
>
> Je vous écris tout mon *chagrin*: l'une de mes cousines, religieuse, préfète des Études chez les Sœurs de Sainte-Anne, à qui j'avais soumis mes poèmes avant de les publier, vient de m'adresser l'*Almanach de la Langue Française — 1936* de l'éditeur Albert Lévesque, avec l'expression de tous ses regrets de n'y pas voir même mentionner mon pseudonyme «Atala», pas la moindre citation de mes volumes *Fleurs sauvages* et *Feuilles tombées*. Je l'avais déjà lu ou plutôt parcouru, chez l'une de mes parentes, et cette omission m'avait douloureusement étonnée. J'ai tu, pendant quelque temps, tout le chagrin que cela me causait. Mais maintenant je constate que cette omission semble avoir affecté

mes parents, mes amis, et je ne peux savoir ce que mes lecteurs peuvent en croire. Je vous adresse mon cher ami, toutes ces délicates appréciations de mes amis littéraires dans nos journaux, lesquelles auraient bien pu appuyer celle de *leur* Almanach... Combien d'autres noms obscurs y ont trouvé leur place...

Je n'ai pourtant jamais fait de mal à ce Monsieur Lévesque, ni à lui ni à d'autres, et je me demande pourquoi l'on semble là avoir pris un malin plaisir à faire tant de tort à ma modeste œuvre littéraire. Je dis «mon œuvre littéraire». Il faut bien admettre que ma plume n'en est plus à ses débuts puisqu'autrefois, l'on a cru [bon] me donner la direction de la page féminine de l'ex-*Monde illustré* durant trois ans et plus tard, celle de *La Terre de chez nous* quatre ans, que j'ai dû quitter lors de mon terrible accident en *1931*. Il me semble que j'en ai eu assez à souffrir dans mon pauvre physique, encore quelque peu *éclopé,* sans y ajouter une peine mentale aussi *cruelle.* Ce Monsieur Lévesque a semblé ne pas s'intéresser à l'édition de mes poèmes — sans doute parce qu'il les trouvait peut-être *«sans travail et sans talent».* C'était déjà une *injure,* mais vouloir rejeter hors de la circulation mes deux volumes et ne pas vouloir me donner même le titre de femme de lettres, c'est ni plus ni moins me faire un *affront.* En m'humiliant ainsi, on a aussi humilié toute ma famille, qui certes, en vaut bien d'autres, et c'est ce que je leur pardonne plus difficilement. Plusieurs de mes amies hautement cultivées, cher Monsieur Ferland, m'ont simplement manifesté leur grande indignation de ce qu'elles appellent «une pareille *injustice».* Je me demande si quelques «djinns» quelconques ne l'ont pas quelque peu influencé dans sa manière d'agir à mon égard. Pourtant je ne me connais pas d'ennemis dans mon cercle social, ni ailleurs ce me semble. Mais vraiment, si l'on veut jeter ainsi des pierres dans mes roues, je n'ai plus qu'à briser ma plume....

Je vous adresse mon dernier travail que j'ai fait pour répondre au désir de Madame Boissonnault, la présidente de la Société des poètes. Monsieur Alphonse Désilets et elle-même m'ont cordialement invitée à me faire membre de cette Société distinguée — ce que j'ai cru devoir accepter avec plaisir. J'ignorais qu'on me jugeait si mal, ailleurs.

Je ne vous cache pas, mon cher Monsieur Ferland, que j'en suis découragée, et que cette omission m'a fait beaucoup de peine et beaucoup de tort surtout dans les Communautés religieuses qui

me les achetaient et ré-achetaient à volonté. Heureusement que
mes frais d'édition chez Beauchemin ont vite été payés et qu'un
petit surplus de la part des parents de mes parents et des amies de
mes amies m'a grandement encouragée. Mais il m'en reste encore
à écouler: j'hésite maintenant à les offrir à qui que ce soit.

Que puis-je vous en dire de plus, mon cher ami. L'on m'a con-
seillé d'écrire à ce Monsieur Lévesque pour lui demander la *raison* de son abstention. Ma famille *ne veut pas* et préfère me voir
«*garder ma dignité*» devant ce nouveau malheur et je cède à leur
désir. Qu'en pensez-vous? J'imagine que vous devez en savoir
quelque chose et je serais très heureuse de connaître votre opinion
à ce sujet. Me le direz-vous?

Amicalement, votre sincère amie. ATALA

Bien qu'elle ait pu réaliser son «rêve littéraire», les toutes dernières années de sa vie ne vont pas sans heurts et ce coup qui vient s'addi-
tionner aux autres la fait déborder d'émotions, comme en témoigne l'écriture de cette lettre. C'est une femme qui demande encore une fois que
justice soit faite et qui réclame son titre de femme de lettres «si bien
gagné», ainsi qu'elle l'avait écrit sur le brouillon de sa lettre. Ce titre
auquel elle tenait, les critiques et ses «amis littéraires» le lui avaient déjà
donné dès le début du siècle[5]. On peut penser que ses amis de la Société
des poètes ont voulu lui redonner sa place en lui offrant, en mai 1936, une
mention d'honneur pour le dernier poème qu'elle écrira. Mais il semble
que sa décision de «briser sa plume» deux fois répété, est irrévocable.

Cet «affront» ne sera pas l'occasion de sa dernière bataille. Il lui
reste encore à se défendre contre la maladie qui, depuis l'année 1935,
la tient recluse dans sa maison de l'avenue Greene.

SIXIÈME PARTIE

«Je brise ma plume, maintenant, hélas!»
1936

23

La mort d'Atala

LA «RACINE SOUFFRANTE»

Dès 1935, les forces de Léonise déclinent. Les séquelles du grave accident, l'anxiété et des hémorragies souvent répétées l'affaiblissent. Le 6 avril 1935, elle écrit dans son *Journal*:

> Je me suis sentie inondée de sang. Une véritable hémorragie que je croyais mortelle.

Sous son embonpoint et ses robes amples se cache, non pas la paresse dont on l'accuse à tort, mais bien un cancer de l'utérus qui se développe. Ce cancer serait-il l'expression de tous ses secrets si lourds à porter? Bien des mythes sont rattachés à cette maladie. On affirme souvent que des sentiments refoulés seraient à l'origine de certains cancers. Se pourrait-il que le profil mélancolique de Léonise Valois explique, du moins partiellement, la dernière attaque que subira son corps? On sait cependant que chez les femmes célibataires, les cancers de l'utérus sont fréquents. Mais l'idée du cancer comme une maladie de l'âme permet de comprendre peut-être celle qui a écrit que

> [...] le doute en ton âme est un affreux cancer
> Qui va prendre en ton cœur sa racine souffrante

«Chante»,
Fleurs sauvages

Le cancer serait-il donc la manifestation la plus profonde de l'être?

Et combien de mélancolie
Fermente et fait un fond de lie
Dans l'urne où dort notre secret.

«Confidence»,
Feuilles tombées

Quoi qu'il en soit, dans ses derniers poèmes, il ne fait pas de doute que Léonise Valois a cherché à nommer les forces qui rongent son intérieur.

À partir du mois de mars 1936, les événements se précipitent. C'est sûrement habitée d'un pressentiment, d'une lourde inquiétude, que Léonise rédige, en mars 1936, son testament. Les hémorragies se font de plus en plus fréquentes et, deux mois plus tard, le 4 mai, elle entre à l'Hôtel-Dieu de Montréal.

Ces journées à l'hôpital sont retracées dans son *Journal,* dans de courts paragraphes où, le plus souvent, elle aligne la liste des visiteurs. Tout ce monde à son chevet n'est pas sans la fatiguer, car les visites se prolongent tout l'après-midi pour recommencer le soir.

Elle est habitée d'une grande peur, celle de subir une opération. Georgette Cartier le confirme: «Les gens qui ont à subir une opération, à l'époque, sont tenus d'être inquiets bien plus qu'aujourd'hui.» Il s'agit d'une opération majeure: l'ablation de l'utérus.

«Un jour de peine, un jour de joie», écrivait-elle dans son *Journal.* C'est à l'hôpital qu'elle apprend que son poème envoyé au concours de la Société des poètes canadiens-français a été primé. Pour la première fois, son travail mérite un prix. On lui remet l'*Anthologie des poètes français contemporains,* édition luxueuse publiée chez Delagrave, reliée cuir, dédicacée et signée par maître Jean-Paul Lessard, secrétaire de la Société des poètes. Cette reconnaissance tardive vient confirmer son statut de poète au terme d'une carrière littéraire difficile.

Dussiez-vous avoir à lutter un jour avec la mauvaise foi des gens,
rappelez-vous que la vérité ne perd jamais ses droits et que sa

lumière fait toujours son chemin même à travers les méandres
des intrigues les plus mensongères.

écrivait-elle déjà dans l'*Autorité* en 1914[1].

L'opération étant prévue pour le 15, elle écrit les dernières lignes de
son *Journal* le 14 mai. Elle mourra le 20 à l'Hôtel-Dieu de Montréal.
Elle aura gardé sa lucidité jusqu'à la fin. Sa sœur Marie-Anne évoque
dans une lettre ses derniers moments.

> Ce matin même de la date fatale, de ses yeux presque totale-
> ment éteints, elle put avec grande peine, et cela se conçoit, lire
> la dédicace d'offrande de maître Lessard, le secrétaire perma-
> nent de la Société des poètes, sur la page blanche du prix tan-
> gible de son couronnement, en l'occurrence l'*Anthologie des
> Poètes français,* édition de luxe. Elle en éprouva une grande
> joie, et ce fut sûrement la dernière des joies profanes que la vie
> lui réservait, car trois heures plus tard, ses yeux se fermèrent
> pour toujours[2].

LE *JOURNAL* DE 1936, NOTES D'ÉDITION

Le *Journal* de 1936 se compose de quelques feuillets dactylogra-
phiés par sa sœur Marie-Anne, responsable de sa succession. Ces pages
ne relatent que les derniers jours de Léonise à l'hôpital. Les pages origi-
nales ont été détruites, ainsi que la fin du *Journal* de 1935 et le début de
celui de 1936. Ces écrits ont bel et bien existé, comme le témoigne la
note de Léonise à la première page d'un cahier qu'elle avait commencé
alors qu'elle habitait encore le 55, rue Saint-Antoine, et qu'elle y co-
piait les poésies qu'elle aimait.

> Suite de mon journal de l'année 1935 vers le milieu de ce volume
> – Le début aussi de l'année 1936.

De ce cahier datant du début du siècle et marqué de l'inscription
de l'École polytechnique de Montréal, il ne reste que les poèmes de
Lamartine, Hugo, François Coppée, Théodore Botrel, Sully Prud'homme,
qu'elle avait chéris dans sa trentaine et qui l'avaient nourrie.

Jusqu'à la toute fin de sa vie, Léonise Valois aura écrit et ses dernières angoisses auront été celles d'une femme de lettres:

Demain soir, pourrais-je écrire quelques lignes dans ce cahier. Je ne le pense pas[3].

24

Dernières pages du *Journal* de Léonise[1]

Mon journal. 3 mai. Confession et communion à l'église Saint-Léon[2]. Invitation pour dîner ou pour souper chez Marie-Anne. Trop malade, trop fatiguée pour y aller. Dans l'après-midi, visite de Mlles Sirois et Picard. Don de mes volumes à cette dernière, cadeau d'un beau bouquet de violettes de sa part. Soir veillée de Marie-Anne Cartier avec nous.

4 mai. Départ pour l'Hôtel-Dieu dans l'après-midi avec Philo et Mme Swimwood. Politesse de cette dernière en taxi. Arrêt à la Banque de Montréal pour affaires. Local une chambre d'*évêque* trop belle pour mes moyens, aucune chambre libre dans le département des dames. Visite de Mlle Sirois à 5 h, m'apporte un beau cadeau, une belle liseuse mauve. S'en va avec Philo et veiller avec elle. Après souper visite de sœur Harwood (Flossie), rencontre avec M.-Anne, conversation entre elles du passé.

5 mai. Changement de chambre à Sainte-Élisabeth, chambre 357, jolie, moins luxueuse, aussi confortable, bon personnel comme en bas. Courte visite de sœur Harwood pour savoir comment j'avais trouvé le docteur Hingston[3] lors de ses examens, la veille, de mon pauvre corps malade. Si savant, si consciencieux, si distingué! Absolument délicat, ai-je répondu. Visite de Philo. M'a apporté une belle lettre de Mme Boissonnault de Québec, présidente des poètes de Québec. Visite le soir de Mme Demers-Aggie[4], Alice et Yvonne Gohier[5] de Saint-Laurent, de M.-Anne Cartier. Départ de bonne heure. Encouragement de part et d'autre. On dit qu'Avila[6] le sait. Viendra-t-il? ou ses enfants?

6 mai. Journée tranquille et reposante, mais nuit inquiétante à cause de ma douleur sourde au côté gauche comme toujours. J'attends Philo aujourd'hui. En attendant, je fais toutes mes dévotions. Visites de Philomène, de Marie-Alma, de sœur Harwood, de Mlles Sirois et Picard, du curé de Burke, Héliodore. Confession au père Charlebois.

8 mai. Communion. Sacrifice de ma vie de tout mon cœur. Préfère mourir que de traîner ma vie et donner trop de troubles aux miens.

9 mai. Communion. Visite de Philo dans l'avant-midi. Beau cadeau apporté, robe de soie noire moirée.

10 mai. Dimanche dans mon lit d'hôpital, déjeuner et ensuite entente de la messe de 9 h au jubé de l'Hôtel-Dieu, dans ma chaise roulante. Au retour repos dans ma chambre. À midi, bon dîner, permission de manger un peu de volaille, repos après le dîner, et j'ai fait toutes mes prières quotidiennes. Visites de Jeannette, de Jean[7], et de leur père Avila. Visites aussi de sœur Harwood, de Marie, d'Annette et de Robert Besner, de Vaudreuil. Visites aussi de M.-Anne, Angélina et Philomène. Visite aussi de Mme L. R. Soulière. Trop de visites à la fois, fatiguée joliment. [...] Que m'arrivera-t-il cette semaine? Je l'ignore. Une opération, peut-être, que j'appréhende? Est-ce un pressentiment ou un cauchemar? Je ne sais rien, j'essaie de m'y résigner le plus chrétiennement possible. Ce dimanche, le dernier peut-être, a été bien réconfortant. On a pitié de moi sans doute, puisqu'on me comble de toutes sortes de bonnes choses. La vie est une étrange chose tout de même. Comme Philo dit souvent: «C'est un bienfait et un combat à la fois.» À la grâce de Dieu! J'ai écrit hier au crayon, encore, à Mme Boissonnault, pour répondre à sa si bonne lettre, si affectueuse et sympathique. Je désire aussi qu'elle m'adresse mon prix de lauréate du concours de la Société des poètes, mon livre primé, à Westmount. Philo me l'apportera et je le lirai ici, si... je vis encore.

12 mai. [...] Le docteur Hingston m'a appris mon opération pour jeudi le 14 mai... Réussira-t-elle? Je ne sais...

13 mai. Retard de mon opération à vendredi vers 10 h. Communion. Visites de Angélina, Philomène et sœur Harwood; de Mme Daoust de Sainte-Anne de Bellevue, de Georgette, de Madeleine[8], de Jean Valois et Gaby Hébert dans

l'après-midi... Le soir visite du curé de Burke, d'Aggie Demers, de Mme Morrison, de Blanche Resther du bureau de poste, et de sa sœur. Nuit mauvaise. Hémorragie angoissante pour moi. Pas inquiétante, plutôt rassurante pour lui. Soulagement physique immédiatement après, cependant.

14 mai. Communion. Visite de Mme Swimwood dans l'après-midi. Des fleurs de mon jardin encore apportées. Dans l'après-midi visite de Madeleine Bernier. Pleurs de cette dernière me retrouvant dans la chambre de sa pauvre mère, étant à l'hôpital lors de la mort de son mari. Pauvre Éveline! Moi qui l'invoque tous les jours actuellement. Ce matin, visite de Georges[9], Angélina[10], Philomène, Marie-Alma et Mémé. Visites de Jean, Jacqueline, de Marie-Anne et Hélène[11]. Demain, un jour pas comme les autres. Demain, dans ma communion, je ferai de tout mon cœur au bon Dieu, le sacrifice de ma pauvre vie d'éclopée. Si je peux faire encore un peu de bien avant de mourir, je Le remercierai encore tous les jours, de m'avoir encore une fois redonné ma vie. Demain soir, pourrai-je écrire encore quelques lignes dans ce cahier. Je ne le pense pas... À la grâce de Dieu!

25

Le souvenir précieux

Le 8 mars 1936, Léonise avait rédigé son testament. Dès le premier paragraphe, elle remerciait «tous ses parents et amis du ciel et aussi tous ceux de la terre qui l'ont aidée lors de son terrible accident». Consciente d'avoir bénéficié d'une seconde vie, jusqu'à la fin elle en sera reconnaissante à Dieu.

Ce qui frappe dans ce testament, c'est encore son esprit de justice concernant les droits des femmes. On se souviendra qu'au début du siècle, dans «À propos d'héritage», une chronique au *Monde illustré*[1], Léonise exposait déjà un point de vue personnel sur la question des femmes et des successions. Il ne faut pas oublier qu'encore en 1936, si une femme mariée était héritière, c'était le mari qui devait endosser le chèque, et cette pratique a été admise jusqu'en 1964. Cela rebutait Léo. Aussi avait-elle inclus une clause spéciale pour ses sœurs mariées.

> Après la mort de la dernière survivante de mes sœurs non mariées, le capital de ma maison de l'avenue Greene devra être séparé également entre mes deux sœurs mariées Mme M.-Anne Valois-Cartier et Mme Alice Valois-Gohier, personnellement bien entendu et sans la signature de leur mari ou de qui que ce soit. Si l'une ou l'autre de mes sœurs mariées était décédée à la mort de la dernière de nous non mariée, cette part devra être remise à leurs propres enfants aux mêmes conditions que celles de leur mère.

Après énumération de ses biens, une petite note est consacrée aux livres. Elle écrit:

La balance de mes volumes à vendre appartiendra à ma sœur
Philomène, si elle trouve à les vendre.

Philomène n'avait-elle pas été le témoin de ses années de création?
Non seulement elle en avait partagé les différentes étapes, mais c'est
elle aussi qui accompagnait Léo lorsqu'elle allait faire ses visites pour
vendre ses livres, c'est elle qui partageait ses joies et ses déceptions.
Même si elle trouvait que sa sœur écrivait trop, même si elle n'était pas
sans se douter que, laissée seule, Léo passait des après-midi à écrire dans
son *Journal*, Philomène a été impressionnée par les honneurs ultimes
décernés à Atala. Dans la copie d'auteure de *Feuilles tombées,* un court
billet signé de Philomène était resté collé entre deux pages:

Ne donne jamais ces volumes de Léonise à d'autres de notre
famille parce que ils m'ont été donnés personnellement à moi, et
son nom est écrit en dedans.

PHILOMÈNE
Personnelle. Souvenir précieux.

(Ce souhait s'adresse probablement à l'une de ses nièces, puisque le
livre a été conservé par Georgette Cartier.)

Le 24 juin 1936, sa sœur Marie-Anne écrivit au secrétaire de la
Société des poètes, M. Jean-Paul Lessard, cette lettre qui confirme ses sentiments.

Monsieur le secrétaire,

Les complications d'affaires et le surcroît d'occupations que m'a
causés la mort de ma sœur, mademoiselle Valois, ont fait que je
n'ai pu avant aujourd'hui, d'abord, accuser réception de la prime
que vous avez eu la bonté d'offrir à«Atala», pour son travail littéraire, concours 1936 de la Société des poètes de Québec; et
ensuite, de vous en remercier au nom de sa famille, et j'oserais
dire en son nom personnel propre, puisqu'elle-même a reçu votre
beau volume, et qu'elle en a pu lire les quelques lignes de dédicace que vous avez autographiées et qui lui ont donné une bien
douce joie.

La mort a figé dans la tombe la plume d'Atala, mais son œuvre
demeure. D'aucuns prétendront que son étoile dans le ciel de la

poésie était plutôt pâle, mais pour nous sur qui rejaillit l'honneur de son couronnement, en cette occurrence du concours, nous trouvons qu'elle était grande et belle. D'ailleurs, l'appréciation d'un jury d'élite signe merveilleusement son talent littéraire et lui rend hautement hommage. Je me permets de vous inclure sous pli une carte-souvenir. Vous y relirez les dernières stances du poème qui lui a valu son prix d'honneur. Elles sont un grand acte de foi, et il m'a semblé que leur lecture pourra continuer de faire «ce peu de bien» qu'elle voulait réaliser si, écrivait-elle dans son *Journal*, la veille de son opération, «Dieu veut encore une fois m'accorder quelques années de vie.» En vous réitérant mes sentiments de gratitude, et les remerciements de ma famille, je me souscris cher monsieur.

Votre très affligée,
MADAME MARIE-ANNE VALOIS-CARTIER[2]

Dans une lettre écrite à madame Marie D. Boissonnault, alors présidente de la Société des poètes, et datée du 23 juin 1936, Marie-Anne écrit encore:

Si la mort a été soudaine, elle était loin d'être imprévue. Léonise est morte en pleine lucidité, répondant à l'Ave Maria du chapelet: sainte Marie, Mère de Dieu, priez pour nous, pauvres pé... Et elle rendit à Dieu sa belle âme[3].

Cette image idéale d'une poète chrétienne morte en priant paraît trop belle pour être exacte. Aucune informatrice n'a pu confirmer ce récit. D'autre part, nous savons, à travers les textes que Marie-Anne a produits, qu'elle a tenu à modeler la dernière image de sa sœur.

Sa lettre à madame Boissonnault insiste sur l'ampleur de l'événement:

Les funérailles de mademoiselle Léonise Valois (Atala) ont eu lieu samedi le 23 courant à l'église de Saint-Léon de Westmount au milieu d'un grand concours de parents et d'amis.

L'inhumation a eu lieu à Vaudreuil, dans le terrain familial, après qu'un libera solennel fut chanté dans l'église paroissiale où s'était réunie une foule considérable de parents et d'amis, venus de

Montréal et des paroisses environnantes. De nombreux témoignages de sympathie ont été reçus par la famille[4].

Sa petite-nièce, Mimi Warren, se rappelle qu'«il y avait tellement de monde à ses funérailles que sa sœur Marie-Anne essayait de diriger les voitures qui bloquaient la circulation, avec son parapluie!»

Marie-Anne dressera aussi une liste exhaustive des témoignages de sympathie reçus: plusieurs pages de messes, de bouquets spirituels, de télégrammes, de tributs floraux. Parmi ces témoignages, on retrouve le nom du fidèle ami de Léonise, Albert Ferland.

L'Association des employés des postes rendit un hommage posthume dans *La Tribune postale*[5]. *Le Devoir, La Patrie*[6] et *La Terre de chez nous* soulignèrent aussi son décès. Le 9 juin, Mlle Graziella Paquette[7] résuma sa carrière à la populaire émission «L'heure provinciale», à l'antenne de CKAC, et récita ses derniers poèmes. Après ces quelques hommages, il faudra attendre près de cinquante ans pour que soit suscité un nouvel intérêt pour Léonise Valois, journaliste et poète.

La volonté d'écrire

POSTFACE

> Ainsi, en t'évoquant, je n'avais pas l'impression
> de rappeler le passé, mais d'aller à ta rencontre.
> Ce n'était pas une oraison funèbre, c'était une
> expérience vivante.
>
> LOU ANDREAS-SALOMÉ,
> *Ma vie*[1]

Léonise Valois a été une de ces femmes qui, les premières, au début du siècle, ont pris la plume afin d'inscrire dans les journaux une parole personnelle. Comme Éva Circé, Gaëtane de Montreuil et Marie Dumais-Boissonnault, Atala fut à la fois journaliste et poète. Même si chacune de ces femmes n'a peut-être pas produit une œuvre majeure par sa valeur intrinsèque, c'est en tant que groupe social et par le mouvement qui les porte qu'elles sont importantes pour nous.

Il en est de même pour Léonise. En tant que poète, on peut lui assigner une place précise, une importance relative, entre l'expression lyrique de l'amour impossible et l'enfouissement de pulsions mélancoliques sous des formes plutôt conventionnelles. En tant que journaliste, malgré la hardiesse de certains propos, elle n'a pas laissé la marque d'une réformatrice. De plus, en tant que créatrice, elle semble faire preuve de cette modestie et de cette timidité que Simone de Beauvoir, dans *Le deuxième sexe*, dénonçait durement chez la femme qui écrit sans audace:

> La femme est encore étonnée et flattée d'être admise dans le
> monde de la pensée, de l'art, qui est un monde masculin: elle
> s'y tient bien sage; elle n'ose pas déranger, explorer, exploser; il
> lui semble qu'elle doit se faire pardonner ses prétentions litté-
> raires par sa modestie, son bon goût; elle mise sur les valeurs
> sûres du conformisme[2].

Cependant, si nous n'avons pas découvert une écrivaine très originale,
nous avons rencontré une femme qui écrit. Même si sa carrière journalistique a été interrompue à deux reprises, nous avons pu lire une chroniqueuse alerte, vive, qui a fait circuler les idées de son temps et les a
soumises à la réflexion de ses lectrices.

S'il faut concéder les limites de l'expression poétique d'Atala, ainsi
que les aspects conventionnels de sa pensée, il est une dimension de sa
contribution à l'histoire des femmes que nous devons retenir: son désir
d'écrire et de publier. De plus, elle fut la première, au Québec, à avoir osé
rassembler ses poèmes en recueil, à franchir la barrière qui séparait
l'espace journalistique réservé aux femmes poètes du lieu de la parole
publique autonome, la première poète à accéder au livre. À l'aube de
l'âge de l'écriture des femmes, Léonise Valois a été du groupe, ses
gestes ont été remarqués, elle a donc soutenu et renforcé le mouvement.

Nicole Brossard affirme qu'«une femme qui écrit et qui publie
transforme toujours, quelque part, un peu de ce que chaque femme imagine d'elle-même et des autres[3]». Cela est vrai d'Atala: si elle a pu toucher l'imaginaire de ses lectrices, c'est d'abord et surtout par ce geste
d'écrire et de publier, d'écrire pour publier. Autant que Madeleine
Huguenin, autant que Blanche Lamontagne, elle a pu montrer aux femmes de son temps qu'il était possible de prendre la plume, de devenir
journaliste, d'être écrivain.

D'autre part, dans sa vie personnelle, il faut noter la persistance de
ce désir d'écrire. Aussitôt à la retraite, elle revient au journalisme. Après
son accident, c'est par l'écriture soutenue de son journal intime que,
déterminée, elle se raccroche à la vie. Finalement, afin d'illustrer, face à
elle-même et devant tous, son retour à la pleine possession de ses moyens,
elle reprend sa carrière littéraire, réédite *Fleurs sauvages,* publie *Feuilles
tombées* et obtient la reconnaissance officielle de ses «amis littéraires».
Ainsi, malgré les interruptions, les empêchements, il est une constante
dans sa vie: elle a constamment poursuivi son rêve, afin de gagner ce
titre de *femme de lettres* auquel elle tenait tant. Le témoignage de cette

persévérance et l'affirmation sans cesse renouvelée de cette *volonté d'écrire* prennent une signification capitale, dans un contexte historique et social limitant. Léonise Valois a écrit et publié au moment où, au Québec, ces activités paraissaient impensables pour la très grande majorité des femmes.

Alors qu'elle-même, après son accident, a travaillé par l'écriture à reconstruire sa vie, la rédaction de ce portrait d'Atala a aussi consisté en un patient travail de reconstitution. Il y a quelques années, «la tante Léo» n'était pour moi liée qu'à quelques anecdotes, en plus d'être l'auteure de deux recueils de poésie. Ma démarche avait donc pour but de contribuer à faire sortir Léonise Valois de l'oubli, d'aller à sa recherche et de ramener informations et matériaux utilisables pour les études féministes, littéraires et historiques. À travers la découverte de manuscrits, la cueillette de témoignages parlés, les croisements et les déductions, je suis allée vers une rencontre et, en adoptant parfois le style de l'époque, en reproduisant œuvres et documents, j'ai tenté de proposer, s'il est possible, «une expérience vivante» de ce que signifiait, au début du siècle, devenir une femme qui écrit.

L. W.
mai 1992

Chronologie

29 avril 1863	Mariage de Louis-Joseph Avila Valois et de Marie-Louise Bourque à Vaudreuil.
11 octobre 1868	Naissance à Vaudreuil de Marie-Attala-Amanda-Léonise Valois.
1872-1879	Études primaires chez les Sœurs de Sainte-Anne à Vaudreuil.
1880-1883	Études de niveau secondaire au couvent de Beauharnois, chez les Sœurs des Saints Noms de Jésus et de Marie.
1885	Rencontre Rodolphe Lemieux.
1886	La famille Valois quitte Vaudreuil pour s'installer à Montréal, au 55, rue Saint-Antoine.
1888	Court séjour chez les Dames du Sacré-Cœur au Sault-au-Récollet.
Mai 1889	«Aimer!» premier poème publié dans *Le Recueil littéraire*. Deux autres poèmes y seront publiés la même année.
1er avril 1898	Décès de son père, J. A. Valois.
Octobre 1900 à janvier 1902	Journaliste au *Monde illustré*, tient la chronique «Au coin du feu» sous le pseudonyme «Attala».

1900-1901	Correspondance avec sa sœur Orphélia au sujet d'une demande en mariage.
8 septembre 1901	Décès de sa sœur Orphélia.
1902	Publication de poèmes dans *La Presse*.
1903-1905	Publication de poèmes dans *La Patrie, Le Journal de Françoise*.
21 juin 1904	Journaliste invitée à l'Exposition universelle de Saint-Louis (articles publiés dans *Le Canada*).
8 septembre 1907	Commence à travailler au bureau de poste (d'abord à l'hôtel des Postes rue Saint-Jacques puis à la «Station C», rue Sainte-Catherine angle Plessis). Elle y occupera diverses fonctions.
1907	La famille quitte la rue Saint-Antoine.
1907-1916	Demeure en pension rue Berri avec sa sœur Philomène.
1907-1908	Collabore à *L'Écho de Vaudreuil*.
Juillet 1910	Publication de *Fleurs sauvages* chez Beauchemin sous le pseudonyme «Atala».
1913-1914	Collabore au journal *L'Autorité* dirigé par son cousin Gaëtan Valois. Elle signe sous les pseudonymes Atala et Marraine.
1916-1918	Demeure avec sa sœur Philomène au «Plateau apartment», 26/28, rue du Plateau, n° 9.
1919-1921	Demeure au 12, rue Émery.
Février 1920	Collabore à *La Revue moderne*.
25 mars 1922	Décès de sa mère.
1922-1936	Demeure au 1235, avenue Greene, Westmount. Propriétaire. (De 1922 à 1931 elle y demeure seule.)
7 août 1929	Prend sa retraite.

1929-1931	Journaliste à *La Terre de chez nous,* tient la chronique «À l'ombre du foyer», sous le pseudonyme «Atala».
Du 9 novembre 1931 au 29 janvier 1932	Accident. Hospitalisation à l'hôpital Western. Soixante-trois jours inconsciente.
1932-1933	Procès Valois-Rubinovitch. Jugement rendu le 30 décembre 1933.
Du 8 septembre 1932 au 6 juin 1933	Séjour à l'hospice Morin.
14 février 1933	Commence son journal intime.
1933	Membre de la Société des poètes canadiens-français.
1934	Réédition de *Fleurs sauvages* et parution de *Feuilles tombées,* avec une préface de Lionel Groulx, chez Beauchemin.
8 mars 1936	Rédige son testament.
4 mai 1936	Entre à l'hôpital.
Mai 1936	Prix d'honneur de la Société des poètes canadiens-français.
20 mai 1936	Décès à l'Hôtel-Dieu de Montréal.
23 mai 1936	Funérailles à l'église Saint-Léon de Westmount. Inhumée au cimetière de Vaudreuil.

Arbre généalogique abrégé
de la famille Valois[1]

1. Jacques Valois (ou Levalois) et Marie-Jeanne Couillard
(Champlain, 22 février 1694)

2. Pierre Valois et Marie-Clémence Girard
(Montréal, 6 septembre 1724)

3. Jean Valois et Marie-Josephte Dubois
(Pointe-Claire, 1er mars 1756)

4. Pierre Valois et Marie-Catherine Lefebvre, arrière-grands-parents
de Léonise V.
(Montréal, 28 juillet 1783)

5. Joseph-Eustache Valois et Marie-Angélique Lefaibvre, grands-parents
(Vaudreuil, 10 août 1819)

6. Louis-Joseph-Avila et Marie-Louise Bourque, parents
(Vaudreuil, 29 avril, 1863)

Branche paternelle de Marie-Louise Bourque[2]

1. Joseph Bourque[3] et Marguerite Mirau
(L'Assomption, 22 septembre 1767)

2. Joseph Bourque et Judith Martel
(L'Assomption, 14 janvier 1799)

3. Jean-Baptiste Bourque et Émilie Pardellian[4], grands-parents de
Léonise Valois
(Montréal, 12 novembre 1839)

4. Marie-Louise Bourque, mère de Léonise Valois

Les enfants de
Louis-Joseph Avila Valois et Marie-Louise Bourque[5]

1. **Marie-Louise Orphélia***, 11 mars 1864, mariée le 10 octobre 1882 à Azilda Valois, marchand, s. le 11 septembre 1901**.
2. J. Jean-Baptiste Avila, 20 avril 1865, s. le 26 juin suivant.
3. Louis-Héliodore Avila, 13 mai 1866, s. le 30 septembre suivant.
4. Marie-Clothilde Flora, 13 octobre 1867, s. 13 janvier 1922.
5. Marie-Atala Léonise, 12 octobre 1868, s. 23 mai 1936.
6. Marie-Joséphine-Philomène, 21 juin 1870, s. 1er septembre 1953.
7. Marie-Louise Angélina, 11 juin 1872, s. 2 septembre 1955.
8. Marie-Joséphine Alma, 1874, s. 5 mai 1882.
9. Marie-Henriette Blanche, 26 février 1876, s. 10 décembre 1877.
10. **Joseph-Valérie Avila**, 20 juillet 1877, marié à Albertine Bélanger le 31 octobre 1910, s. 9 octobre 1961.
11. **Marie-Anne**, 9 mai 1879, mariée le 9 mai 1904 à Georges-Étienne Cartier, s. 7 décembre 1963.
12. Joseph-Adolphe Héliodore, 1er décembre 1880, décédé le 30 mai 1952.
13. **Marie-Louise Alice**, 11 juillet 1882, mariée le 21 janvier 1908 à Joseph Gohier, s. 29 janvier 1942.
14. Marie-Ubaldine Amanda, 22 mars 1884, s. 20 avril 1886.
15. Louis-Joseph Adélard, 19 juillet 1889, s. 13 décembre 1890.

---

* Les noms des enfants qui se sont mariés sont identifiés en caractère gras.
** La date de sépulture est précédée d'un *s.*

1. Orphélia
Valois†

J. Azilda (marchand général)
Valois†

(remariage)
Marie
Villeneuve†

Marie-Alma
Valois†
épouse de
Louis Hébert†

Rachel
Valois†
(Aquila Jasmin†)
avocat

Anne-Marie
Valois
(Robert Besner†)
notaire

(libraire- imprimeur)
Réal
Hébert

Gabrielle
Hébert*

Aimée
Hébert*
(«Mimi»)
et
Samuel-Charles Warren†
Louise Warren

10. Avila (ingénieur électricien) et Albertine Bélanger†
Valois†

Jean
Valois†

Jeanne
Valois
(Evariste Quesnel)

11. Marie-Anne et Georges-Étienne
Valois†   Cartier †(médecin)

Madeleine	Georgette*	Georges-Étienne	Jacqueline	Hélène
Cartier†	Cartier	Cartier†	Cartier†	Cartier†
			(Dorais)	

13. Alice Valois† et Joseph
Gohier† (cultivateur)

Gabrielle	Cécile	Marcelle	Joseph-Édouard	Yvonne
Gohier*	Gohier†	Gohier*	Gohier†	Gohier*
(Héroux)				(Bélanger)
	Jean-Paul			
	Gohier†			

---

* Mes informatrices sont marqués d'un *.

Notes

Ne sont mentionnées ici que les références essentielles et appelées dans le texte et non tous les ouvrages consultés.
* CRCCF: abréviation du Centre de recherche en civilisation canadienne-française.
* SNJM: Sœurs des Saints Noms de Jésus et de Marie.
* IQRC: Institut québécois de recherche sur la culture.

Avant-propos

1. La maison familiale porte aujourd'hui le numéro civique 6, rue Saint-Michel, à Vaudreuil.

Voix de femmes. Introduction

1. Nicole Brossard, «La version des femmes du réel», *La poésie de l'Hexagone,* l'Hexagone, 1990, p. 75.
2. Conseil national des femmes du Canada, *Les femmes du Canada, leur vie, leurs œuvres,* 1900.
3. Jean de Bonville, *La presse québécoise de 1884 à 1914, Genèse d'un média de masse,* PUL, 1988, p. 228.
4. Françoise (pseudonyme Robertine Barry) (1863-1910). Journaliste, elle débute sa carrière à *La Patrie* et devient la première femme à faire partie du personnel de la rédaction. Elle est parmi les pionnières qui inaugureront la formule des pages féminines. En 1901, elle fonde sa propre revue, *Le Journal de Françoise,* où de nombreux poètes ont publié.
5. Madeleine Huguenin (pseudonyme Madeleine, née Anne-Marie Gleason) (1875-1943). Pionnière au sein du journalisme féminin. Elle laisse une œuvre journalistique considérable. Elle débute au *Monde illustré.* Elle tient pendant dix-neuf ans une chronique à *La Patrie,* où elle prend le pseudonyme de Madeleine. Elle fonde,

en 1919, *La Revue moderne* qui, en 1960, deviendra *Châtelaine*. Elle écrit également des recueils de contes et de nouvelles, se fait remarquer pour son essai *Portraits de femmes*. Cette anthologie rend hommage à 95 femmes, dont Atala.

6.   Gaëtane de Montreuil (née Marie-Georgina Bélanger) (1867-1951). Journaliste, romancière et poète. Elle commence sa carrière au *Monde illustré,* puis à *La Presse* où elle inaugurera une «Petite correspondance» avec ses lectrices. Elle épouse Charles Gill en 1902. Elle reprendra le journalisme en 1913 et fondera *Pour vous mes dames,* une revue mensuelle. Elle reviendra comme chroniqueuse à *La Presse* en 1925, elle s'est aussi consacrée à l'action politique et sociale.

7.   Jusqu'en 1910, l'orthographe de son pseudonyme se lira ATTALA. Voir quatrième partie «Le choix d'un pseudonyme».

8.   Albert Ferland (1872-1943). Poète, il publiait à seize ans ses premiers poèmes. Dessinateur aux Postes canadiennes, il a aussi réalisé plusieurs frontispices d'ouvrages littéraires. Il fut l'un des membres fondateurs de l'École littéraire de Montréal, dont il fut secrétaire de 1900 à 1903. Il fut membre de la Société royale du Canada et membre fondateur de la Société des poètes canadiens-français. Il laisse une œuvre poétique considérable.

9.   Lettre à Albert Ferland datée du 10 janvier 1927, CRCCF.

10. Madame Dandurand (née Joséphine Marchand). Pionnière du journalisme féminin. Elle fonde en 1893 *Le Coin du Feu,* considéré comme étant la première revue féminine. Elle signe sous le pseudonyme Josette. Oratrice de talent, elle se portera à la défense des droits des femmes.

11. Madame Dandurand, «Mœurs canadiennes-françaises», dans *Les femmes du Canada, leur vie, leurs œuvres, op. cit.,* p. 30.

12. Jean Royer, *Introduction à la poésie québécoise,* Bibliothèque québécoise, Leméac, 1989, p. 181.

13. Clara Lanctôt (1886-1958). Poète, elle a publié deux recueils,*Visions d'aveugle* en 1912 et *Visions encloses* en 1930.

14. Blanche Lamontagne-Beauregard (1889-1958). Poète et romancière. Elle collabore à plusieurs revues, dont *L'Action Française, La Terre de chez nous, Le Canada français*. Ses thèmes principaux sont la femme, la mère, la Gaspésie et la terre.

15. Jovette Bernier (1900-1981). Journaliste, poète et romancière. Elle collabore à la *Tribune,* à *La Patrie* et à *Châtelaine*. Son recueil de poèmes *Tout n'est pas dit,* publié en 1929, lui a valu la médaille du lieutenant-gouverneur.

16. Françoise Van Roey-Roux, *La littérature intime du Québec,* Boréal Express, 1983, p. 16.

PREMIÈRE PARTIE
Enfance et jeunesse: rites de passage
1868-1886

1. Enfance

1. Archives de la congrégation des Sœurs de Sainte-Anne.
2. *Ibid.*
3. Augustine M. Linteau, *Douce Mémoire,* cité dans Denise Lemieux, Lucie Mercier, *Les femmes au tournant du siècle,* IQRC, 1989, p. 69.
4. «L'envol de Gabrielle», «Départ d'Ange», «Lis de Pâques», dans *Fleurs sauvages.*
5. *Les femmes au tournant du siècle, op. cit,* p. 336.
6. Nadia Fahmy-Eid, «Les couventines et leur cadre de vie ou la transmission d'une culture au féminin», *Questions de culture,* n° 9, IQRC, 1986, p. 47-48.
7. Le corsage est conservé au musée de Vaudreuil. Léonise l'avait remis à sa petite-nièce Gabrielle Valois-Hébert qui en fit don au musée.
8. Léo est le diminutif de Léonise employé par ses proches. Les noms de ses frères et sœurs étaient remplacés par des diminutifs.
9. Entretien avec Georgette Cartier.
10. «Les sucres», *L'Écho de Vaudreuil,* 19 avril 1907.
11. Chanoine Adhémar Jeannotte, *Vaudreuil, notes historiques,* Vaudreuil, 1964.
12. Gustave Boyer, «Précis historique », *L'Écho de Vaudreuil,* 29 novembre 1907.
13. «Paysage de velours », *Fleurs sauvages.* Poème écrit en août 1904, publié pour la première fois le 3 septembre 1904, dans *La Patrie,* dans «Le Royaume des femmes» de Madeleine Huguenin. Il comporte plusieurs variantes.

2. Jeunesse

1. *Les femmes au tournant du siècle, op. cit.,* p. 73.
2. Dans *Quartier Saint-Louis,* Robert De Roquebrune évoque des souvenirs à propos de Philomène Lussier, ce qui démontre son appartenance à la «bonne société», Fides, 1966, p. 150.
3. Entretien avec Georgette Cartier.
4. Mgr Paul Bruchési (1855-1939). Docteur en théologie et licencié en droit canonique. Il fut secrétaire de Mgr Fabre. Professeur de théologie au séminaire de Québec. Président du Bureau des commissaires des écoles catholiques de Montréal. Il fut «l'âme dirigeante» du Congrès eucharistique de 1910.
5. Le Carmel, *Mère Séraphine du divin cœur de Jésus 1816-1888, Fondatrice et Prieure du Carmel de Montréal,* Librairie Granger Frères Limité, 1944, p. 251.
6. Toutefois, j'ai pu apprendre qu'en mars 1881, Léonise est nommée assistante de la congrégation des Saints-Anges, qu'en mars 1883, elle est postulante des Enfants de Marie et, qu'en juin 1883, elle est admise au sein des Enfants de Marie. Il

s'agit d'un honneur puisque, pour être acceptées, les jeunes filles devaient avoir une conduite exemplaire. Archives SNJM.

7. L'incendie eut lieu le 3 mai 1952. Archives SNJM.

8. Philomène et Léonise bénéficiaient d'une réduction de pension. Tout probablement parce que les trois sœurs fréquentaient la même institution. Flora fut pensionnaire pendant l'année scolaire 1881-1882. Archives SNJM.

9. À ce jour, il n'a pas été pas possible d'identifier le lieu de publication de cet article conservé dans les archives de Léonise Valois.

10. Henriette Dessaules (pseudonyme Fadette) (1860-1946). Pionnière du journalisme féminin, mais aussi essayiste, conteuse et graphologue. Elle laisse une œuvre considérable, dont *Le Journal de Fadette,* qui fut rédigé pendant son adolescence, soit entre 1874 et 1881. Comme journaliste, elle publia à *La Patrie,* au *Journal de Françoise,* dans *Le Canada,* puis dans *Le Devoir.*

11. *Fadette, Journal d'Henriette Dessaulles 1874-1880,* Montréal, HMH Hurtubise, 1971, p. 308: «Je lisais ces beaux vers de Tennyson, j'ai essayé de les traduire; c'est angoissé, douloureux, mais superbe et plus beau dans l'original *of course.* J'ai du plaisir à manier l'anglais, à l'écrire, à le plier à ma pensée, à le transformer en français; c'est un joli jeu, ce jeu de deux langues parlées depuis l'enfance.»

12. Azilda Valois (1855-1913). Natif de Vaudreuil. De son premier mariage avec Orphélia Valois il eut deux filles, Marie-Alma et Marie-Rachel. Il épousa en seconde noces Marie Villeneuve et ils eurent une fille, Anne-Marie. Il était marchand général de Vaudreuil et fut maire de cette municipalité en 1896-1897.

13. Entretien avec Gabrielle Valois-Hébert.

14. Joseph-Eustache Valois (1796-1874). Grand-père de Léonise Valois. Il était cultivateur dans le Rang de la Petite Rivière, à Vaudreuil.

15. Notes généalogiques, père Raymond Valois.

16. Robert-Lionel Séguin, *Le mouvement insurrectionnel dans la presqu'île de Vaudreuil 1837-1838,* Montréal, Librairie Ducharme Limitée, 1955, p. 142-143.

17. *Dictionnaire biographique du Canada,* vol. IX, De 1861 à 1870, PUL, 1977, p. 886.

3. Rodolphe Lemieux

1. L'honorable Rodolphe Lemieux (1866-1937). Avocat, journaliste, il mena une brillante carrière politique. Comme avocat, il pratiqua en société avec Honoré Mercier puis avec Lomer Gouin, tous deux anciens premiers ministres. Rodolphe Lemieux fut ministre des Postes, ministre de la Marine et des Pêcheries, solliciteur général, président de la Chambre des communes et sénateur.

2. *La Presse,* 13 octobre 1934, p. 29.

3. *Le temps,* «Distribution des prix», 19 juin 1907, CRCCF, Fonds Rodolphe-Lemieux.

4. *La Presse,* 13 octobre 1934, p. 29.

5. *L'Écho de Vaudreuil,* 23 avril 1908, p. 12.

6. *Id.*

7. *La Presse,* 13 octobre 1934, p. 29.

8. Entretien avec Georgette Cartier.

9. Henriette Dessaulles, *Fadette, Journal d'Henriette Dessaulles 1874-1880, op. cit.*, p. 70.
10. Entretien avec Georgette Cartier.
11. «Le secret», *Feuilles tombées*.
12. Entretien avec Gabrielle Gohier.

DEUXIÈME PARTIE
De Vaudreuil à Montréal
1886-1900

4. «L'ombre du beau tableau»

1. Entretien avec Georgette Cartier.
2. Lettre datée du 20 février 1901.
3. Angélina deviendra le bras droit de Flora, elle assistera aussi son père auprès des malades et sera continuellement en train d'aider les autres. Ainsi, elle sera fidèlement au chevet de sa sœur Orphélia, souvent malade. Même après le décès de cette dernière, elle restera auprès de son beau-frère Azilda et de ses enfants et ce, jusqu'au remariage de ce dernier. Après quoi, elle ouvrira une pension de famille à Rigaud avec sa cousine Éva Brasseur (entretien avec Gabrielle Valois-Hébert).
4. Victor-Lévy Beaulieu, *Manuel de la petite littérature du Québec*, L'Aurore, 1974, p. 191.
5. Archives, archevêché de Montréal.
6. Entretien avec Georgette Cartier.
7. Marta Danylewycz, *Profession: religieuse. Un choix pour les Québécoises, 1840-1920*, Boréal, 1988, p. 98.
8. Albertine Ferland-Angers, *Essai sur la poésie religieuse canadienne*, Montréal, l'Auteur, Éditeur, 1923, p. 39.
9. Nicole Brossard, Lisette Girouard, *Anthologie de la poésie des femmes au Québec*, Éditions du remue-ménage, 1991 p. 14.
10. Édouard-Zotique Massicotte (1867-1947). Résidant de Montréal dans le quartier de Sainte-Cunégonde (quartier où résidera la famille Valois), où son père tient un magasin de chaussures pendant près de quarante ans. E.-Z. Massicotte commence sa carrière journalistique en 1886 à *L'Étendard*, tout en terminant ses études en droit. En 1889, il prend la direction du *Monde illustré*, puis du *Samedi* en 1903. Par la suite, il occupera le poste de chef des archives au Palais de justice de Montréal. Membre de l'École littéraire de Montréal, il a signé de nombreux ouvrages, sans compter une somme imposante d'articles dans les revues et journaux de l'époque.
11. *Le Recueil littéraire*, vol. 1, n° 12, 1ᵉʳ juillet 1889, p. 80. Chronique signée Gilberte.
12. *Le Recueil littéraire*, vol. 1, n° 10, 1ᵉʳ avril 1889, p. 103. Chronique signée Gilberte.
13. Rappelons que son pseudonyme s'écrira avec deux «T» jusqu'en 1910.
14. «Confidence», *Feuilles tombées*.

15. Cette localité de Sainte-Cunégonde est devenue la Petite Bourgogne.
16. Entretien avec Gabrielle Valois-Hébert.
17. Archives nationales du Canada. Fonds Wilfrid-Laurier.
18. *La Presse*, 1er avril 1898, p. 1.
19. Marie Lavigne et Jennifer Stoddart, dans Marie Lavigne, Yolande Pinard, *Travailleuses et féministes. Les femmes dans la société québécoise*, Boréal Express, 1983, p. 108.
20. *Ibid.*, p. 109.
21. Cet édifice deviendra plus tard le théâtre Félix-Leclerc.
22. Léonise travailla entre autres à l'enregistrement du courrier. Entretien avec Gabrielle Valois-Hébert.
23. Victor Olivier, «Rodolphe Lemieux», *L'Écho de Vaudreuil*, 23 avril 1908, p. 12.
24. «L'expansion du service postal», *Le Canada*, 24 octobre 1907, CRCCF, Fonds Rodolphe-Lemieux.
25. «Les Postes», *La Patrie*, 27 décembre 1906, CRCCF, Fonds Rodolphe-Lemieux.
26. L'édifice de l'hôtel des Postes existe encore et il est situé au 715 rue Peel. «Aujourd'hui, le ministère des Postes partage l'édifice avec deux autres organismes fédéraux.» Guy Pinard, «L'hôtel des postes», *La Presse*, 13 novembre 1988, page A 12.
27. «Les Postes», *La Patrie, op. cit.*
28. «À l'hôtel des postes», *La Patrie*, 28 décembre 1906, CRCCF, Fonds Rodolphe-Lemieux.
29. «Les lettres», *Fleurs sauvages*. Le quatrain «Au Ministre des secrets» a été ajouté lors de la réédition de *Fleurs sauvages*.

5. Mélancolie

1. «Silhouette Attala», Antonio Pelletier (voir bibliographie). Antonio Pelletier (1876-1917). Médecin et poète, membre de l'École littéraire de Montréal. Il publie de la poésie, mais également de la prose dans plusieurs périodiques: *Le Monde illustré, Le Samedi, La Patrie, La Presse,* et *Le Droit.* Dans son recueil *Cœurs et homme de cœur,* publié en 1903, il réunit trois «silhouettes», dont celles de Madeleine et d'Atala.
2. «Réveil», paru la première fois dans *Le Monde illustré,* avec variantes dans *Fleurs sauvages,* première et deuxième édition. Dans la première édition, Léonise avait ajouté: «Cette poésie a été écrite peu de temps après la mort de mon père.»
3. Version de «L'orage» publiée dans *Feuilles tombées.*
4. Jean Starobinski, *La mélancolie au miroir,* Paris, Julliard, 1989, p. 12.
5. «Calendrier 1926», dans *Feuilles tombées.*
6. Jean Starobinski, *op. cit.,* p. 47.
7. Extrait du poème «Chante», Blanche Lamontagne, *Par nos champs et nos rives..., Le Devoir,* 1917, p. 93.
8. Lettre datée du 13 mars 1901.
9. Marie-José Chombart de Lauwe, *Un monde autre: l'enfance,* Paris, Payot, 1979, p. 249.

TROISIÈME PARTIE
De l'amour, du mariage, du célibat
Introduction à la correspondance
1900-1901

6. «L'étoile conductrice»

1. *Le Monde illustré*, 30 novembre 1901.
2. Suzanne Caron, «Féminisme. La célibataire volontaire», *L'Écho de Vaudreuil*, 23 avril 1908.
3. *Id.*
4. Évariste Valois (1856 -1915). Notaire et percepteur du revenu pour le district de Terrebonne. Il est le père de Roger et Gaëtan Valois, journalistes. Il se remaria le 30 avril 1901.
5. Denise Lemieux, Lucie Mercier, *Les femmes au tournant du siècle, 1880-1940, op. cit.*, p. 134.
6. *Ibid.* p. 112.
7. Lettre d'Orphélia adressée à sa mère datée du 10 octobre 1900.
8. Georges Pellissier, *Anthologie des poètes du XIXe siècle*, Paris, Librairie Delagrave, 1928, p. 420.

7. «Évariste, le brave héros de notre roman»

1. Il s'agit de la distance entre Vaudreuil et Lachute.
2. Orphélia parle en connaissance de cause, puisqu'elle s'est mariée avec son cousin.
3. Il s'agit tout probablement d'une erreur de transcription. Orphélia voulant faire allusion à la lettre du 16 avril.
4. Éva Brasseur, une cousine.
5. Marie-Alma était pensionnaire au couvent d'Hochelaga.
6. Époque de l'année où chaque famille fait son «ménage du printemps».
7. Les Valois avaient une ardoise chez leur épicier.
8. Lawn, mot anglais: linon.
9. Roger Valois (1887-1917). Fils d'Évariste Valois, de son premier mariage. Il fut journaliste, directeur du *Pays* (1910-1921). Mgr Bruchési interdira la lecture de ce journal, libéral radical, à tous les catholiques de son diocèse.
10. Chômer son anniversaire: le célébrer.
11. *Le Monde illustré*, 20 octobre 1900.
12. Acheter un garçon: accoucher d'un garçon.
13. Concours organisé dans *Le Monde illustré*.
14. Il s'agit d'Albina Petitclerc. Elle fut la fiancée d'Avila Valois, le frère de Léonise. Entrée à l'hôpital, elle mourut le jour où elle devait se marier à Avila Valois. Entretien avec Gabrielle Valois-Hébert.

15. *Le Monde illustré,* 23 mars 1901. Dans sa page, Léonise avait donné des «définitions de l'amour» en citant, entre autres, Louis Veuillot, Victor Hugo, Lamartine et Laure Conan.
16. Cette lettre n'est pas complète, elle porte l'inscription «fragment».

QUATRIÈME PARTIE
La vie littéraire
1900-1931

8. Le choix d'un pseudonyme

1. L'orthographe varie souvent. Dans l'arbre généalogique établi par Joseph Drouin, on peut lire Pardéliau, Pardaillia. Il peut s'agir de fautes typographiques, puisque nous en avons relevé de nombreuses, nous pouvons également émettre l'hypothèse que le nom de famille a subi des transformations au cours des générations.
2. Chateaubriand, *Atala. René. Les aventures du dernier Abencérage,* Classiques Garnier, 1958, p. 29.
3. Antonio Pelletier, «Silhouette Attala», voir bibliographie.
4. E. M. Terrade, *Le vrai féminisme. Études d'âmes,* Librairie VVᵉ Ch. Poussiegue, 1905, p. 151 et p. 163.
5. *Journal,* 17-18 avril 1935.
6. «Profession de foi», dans *Fleurs sauvages.*
7. Camille Roy (1870-1943). Critique littéraire, essayiste, il a publié une quinzaine d'ouvrages sur notre littérature. Il fut l'un des premiers à consacrer un ouvrage à la littérature d'ici et à inaugurer des cours de littérature canadienne-française à l'Université Laval. Il a aussi participé à la fondation de la Société du parler français.
8. Camille Roy, «Courrier littéraire», *L'Action sociale,* 10 décembre 1910, p. 5.

9. Le Monde illustré: 1900-1901

1. Antonio Pelletier, «Silhouette Attala», la version citée est celle de *Cœurs et homme de cœur.* Voir bibliographie.
2. E. M. Terrade, *Le vrai féminisme. Études d'âmes, op. cit.,* p. 181.
3. Georges Bellerive (1859-1935). Avocat. Auteur des *Brèves apologies de nos auteurs féminins,* paru en 1920. Il est le premier à avoir écrit un tel livre où plus de 35 auteures sont regroupées.
4. Adrienne Rich, *Naître d'une femme, La maternité en tant qu'expérience et institution,* Paris, Denoël/Gonthier, 1980, p. 250.

10. Atala publie

1. Il s'agit des poèmes suivants: «Nos souvenirs», «Réveil», «Calendrier».
2. Antonio Pelletier, *op. cit.*
3. Atala, «Au retour d'un voyage sans égal à Saint-Louis, Missouri », *Le Canada,* 4 juillet 1902, p. 2. Atala, «Saint-Louis, Chicago et Détroit. Impressions de voyage», *Le Canada,* 9 juillet 1904, p. 12.
4. Françoise, *Journal de Françoise,* 16 juillet 1904, p. 429.
5. *Id.,* signé F.
6. Manon Brunet, «Anonymat et Pseudonymat au XIXᵉ siècle: l'envers et l'endroit de pratiques institutionnelles», *Voix et Images,* n° 41, hiver 1989, p. 172.
7. *Ibid.,* p. 174.
8. Clara Lanctôt, *Visions d'aveugle,* Québec, Langlais/Garneau/ Dumonier, 1912.
9. Lettre à Albert Ferland datée du 10 janvier 1927, CRCCF.
10. Lettre datée du 6 mars 1901.
11. Virginia Woolf, *Une chambre à soi,* Paris, Denoël, 1977, p. 8.

11. Une première femme poète

1. Cette année-là, douze livres de poésie sont parus. Marie-Andrée Beaudet écrit que, «à partir de 1902, la poésie surclasse le roman, mais c'est en 1910 qu'elle connaît l'apogée de sa production». Marie-Andrée Beaudet, *Langue et littérature au Québec 1895-1914,* Hexagone, 1991, p.176.
2. Marie-Claire Daveluy, née en 1880. Écrivaine et bibliothécaire. Fondatrice de l'école des bibliothécaires. Elle reçut le prix David en 1925.
3. Lettre à Albert Ferland, non datée, CRCCF.
4. S'agit-il de ce «Robert» qui était un fidèle chroniqueur du «Royaume des femmes» à *La Patrie,* dans les années 1901-1902?
5. *Journal,* 14 novembre 1935.
6. Madeleine Huguenin, «*Fleurs sauvages*», *La Patrie,* 1ᵉʳ août 1910, p. 4.
7. Paul-Marie Paquin, *La librairie Beauchemin Limitée, 125ᵉ anniversaire 1842-1967,* Le Maître Imprimeur, décembre 1967.
8. *Id.*
9. Lettre à Albert Ferland, *op. cit.*
10. Guy Champagne, «*Fleurs sauvages* et *Feuilles tombées*», *Dictionnaire des œuvres littéraires du Québec,* tome 2, 1900-1939, Fides, 1985, p. 505.
11. Robert Lahaise, *Guy Delahaye et la modernité littéraire,* Hurtubise HMH, Cahiers du Québec/Littérature, 1987.
12. Madeleine Huguenin, *op. cit.*
13. Colette, «Fleurs sauvages», «La vie au Foyer», *La Presse,* 6 août 1910, p. 6. Colette (née Édouardine Lesage) (1875-1961). Elle débuta à *La Presse* en 1903, où elle remplaça, peu de temps après son arrivée, la chroniqueuse Gaëtane de Montreuil. Son courrier connut un vif succès et ce, jusqu'en 1956, date de son départ.

14.   «Jean Grondel» (pseudonyme de Marie Boissonnault), «Les feuilles qui tombent», *L'Événement,* Québec, 20 décembre 1934, p. 9.

15.   Anne-Marie Duval-Thibault (1862-1958). Née à Montréal, elle immigre en Nouvelle-Angleterre alors qu'elle est jeune enfant. Elle a publié un roman, *Les deux testaments* et un recueil de poèmes, *Fleurs du printemps,* en 1892.

16.   Élie-Joseph Auclair, «*Fleurs sauvages*», *La Revue canadienne,* août 1910, p. 191. Abbé Élie-Joseph Auclair (1866-1946). Il dirige, de 1908 à 1922, *La Revue canadienne.* Il fut l'un des secrétaires de comité du Congrès Eucharistique de Montréal en 1910 et du Congrès du Parler français tenu à Québec en 1912. Outre les nombreux articles qu'il a publiés dans les journaux et revues, il a laissé une œuvre considérable se rapportant à l'histoire et à la religion.

17.   Adjutor Rivard, «Les livres. Atala, *Fleurs sauvages*», *Bulletin du parler français,* décembre 1910, p. 165. Adjutor Rivard (1868-1945). Avocat, écrivain et linguiste. Fondateur de la Société du Parler français, il collabore activement au bulletin que publie la société. Son œuvre est consacrée à la défense de la langue française.

18.   Camille Roy, «Courrier littéraire. *Fleurs sauvages* par Atala», *L'Action sociale,* 10 décembre 1910, p. 5.

12. Les grands départs

1.   Lettre écrite à Albert Ferland lorsque celui-ci perdit sa mère, CRCCF.

2.   *Journal,* 3 mars 1933.

3.   Entretien avec Gabrielle Valois-Hébert.

4.   Entretien avec Georgette Cartier.

5.   «Patrie», «Véronique», «Au retour», «À l'immortel», «À la langue française», dans *Feuilles tombées.*

6.   Gaëtan Valois (1886-1952). Il fut, comme son père, notaire à Lachute. Les éditions Fides publieront une œuvre posthume, *Minutes retrouvées,* en 1953. Il a également écrit des opérettes dont l'une fut mise en musique par Oscar O'Brien, *Philippino.* Il fut administrateur et rédacteur en chef à *L'Autorité.* Il eut douze enfants, dont deux fils, Simon et Richard Valois qui, à leur tour, seront notaires. Richard Valois consacrera une partie de sa vie à établir la généalogie de la famille Valois.

13. Les amitiés littéraires

1.   *Portraits de femmes, op. cit.*

2.   *Journal,* 18 avril 1935.

3.   *Portraits de femmes, op. cit.*

4.   *Journal,* 7 mars 1935.

5.   *Journal,* 1er avril 1933.

6.   Réginald Hamel, *Gaëtane de Montreuil,* L'Aurore, 1976, p. 67.

7.   *Ibid.,* p. 68.

8.   Lettre de Marie-Anne Valois-Cartier adressée à Marie-Claire Daveluy, 2 septembre 1947.

9. Madame Boissonnault (née Marie-Sophie-Eléonore-Eulalie Dumais) (1866-1941). Journaliste, elle devient la première femme «reporter». Elle signe ses articles à *L'Événement,* au *Progrès du Saguenay* et au *Journal de Montréal.* Elle fut également traductrice au service des Postes royales à Ottawa. Active au sein de la Société des poètes canadiens-français, elle en assurait la présidence en 1936. On la retrouve également comme secrétaire de la Canadian Authors Association. Son recueil de poèmes, *L'huis du passé,* publié en 1924, remporta les prix Edmond-Rostand et Leconte-de-Lisle en France.

10. Joseph-Hormidas Roy (1865-1931). Médecin et poète, né au Québec. Il ira s'établir à Lowell, Massachusetts, après avoir terminé ses études en médecine. De nombreux décès viennent prématurément bouleverser sa vie: ses parents et six de ses frères et sœurs. Son recueil, *Les Voix étranges,* en sera fortement inspiré. Il fut membre correspondant de l'École littéraire de Montréal.

11. Lettre non datée, CRCCF.

12. CRCCF.

13. Lettre non datée, possiblement écrite en 1930, CRCCF.

CINQUIÈME PARTIE
Une seconde vie
1929-1935

14. *La Terre de chez nous*: **1929-1931**

1. Collectif, *La presse québécoise des origines à nos jours,* Tome sixième, 1920-1934, PUL, 1984, p. 180.
2. *La Terre de chez nous,* 15 février 1929, p. 4.
3. Collectif, *La presse québécoise des origines à nos jours, op. cit.,* p. 180.
4. «La croix du grand chemin», *La Terre de chez nous,* 25 septembre 1929.
5. «La maison de pierre», *La Terre de chez nous,* 5 juin 1929.
6. 9 avril 1930.
7. 23 avril 1930.
8. Correspondance, *La Terre de chez nous,* 29 janvier 1930.
9. Correspondance, *La Terre de chez nous,* 14 août 1929.
10. »Au temps des lilas», *La Terre de chez nous,* 19 juin 1929.
11. *L'Autorité,* 22 février 1914.
12. Le texte reproduit ici comporte des corrections mineures ajoutées par L. V.
13. À ce jour, il n'a pas été possible d'identifier la date exacte de cette publication qui n'a pas eu lieu dans *La Terre de chez nous,* mais dans une brochure publiée lors d'un congrès de l'UCC, entre 1929 et 1931.
14. *La Terre de chez nous,* 4 septembre 1929.
15. *La Terre de chez nous,* 27 novembre 1929.
16. «La rentrée des classes», *La Terre de chez nous,* 16 septembre 1931.
17. «Petit tableau champêtre», *La Terre de chez nous,* 4 novembre 1931.

15. Le terrible accident: 1931

1. Elle était allée à la banque chercher de l'argent en vue du banquet du soir que donnait *La Terre de chez nous*. Entretien avec Gabrielle Valois-Hébert.
2. L'hôpital Western n'existe plus aujourd'hui. Il s'agissait d'une division de l'hôpital Général de Montréal.
3. Entretien avec Mimi Warren (née Hébert).
4. Notes du procès. Archives du palais de justice de Montréal.
5. Entretien avec Madame Angélique Romano (née Harwood).
6. Ce traitement s'appelle aujourd'hui alimentation gastronasale par canule.
7. Entretien avec Mimi Warren (née Hébert).
8. Notes du procès. Archives du palais de justice de Montréal.
9. *Ibid.*
10. Lettre dactylographiée, copie carbone, signée par Marie-Anne Valois-Cartier.

16. Introduction au *Journal* 1933-1936

1. CRCCF, Fonds Albert-Ferland.
2. *Journal*, 25 février 1933.
3. Ce bâtiment existe toujours, mais sous le nom de résidence Morin.
4. *Journal*, 14 février 1933.
5. D'après Maurice Blanchot, *Le livre à venir*, Paris, Gallimard, coll. Idées, 1959, p. 274.
6. Philippe Lejeune, *Je est un autre. L'autobiographie, de la littérature aux médias*, Paris, Seuil, 1980, p. 175.
7. Le vœu de Léonise Valois est en quelque sorte réalisé, puisque, étant son arrière-petite-nièce, je suis la première à l'avoir lu. L. W.
8. *Journal*, 9 mars 1933.
9. *Journal*, 14 février 1933.
10. *Journal*, 14 juin 1935.
11. Françoise Van Rœy, *La littérature intime au Québec*, *op. cit.*, p. 23.
12. *Journal*, 14 novembre 1935.

17. «Pages de *Journal*» 1933

1. Les Petites Franciscaines de Marie.
2. Sœur de sa mère, Marie-Louise Bourque, qui était fortunée.
3. Poème paru dans *Feuilles tombées*.
4. Marie-Alma, nièce de Léonise, fille de sa sœur Orphélia Valois.
5. Gabrielle Valois-Hébert, sa petite nièce, fille aînée de Marie-Alma.
6. Madeleine, nièce de Léonise. Fille de sa sœur Marie-Anne Valois-Cartier.
7. Elle écrira par la suite un poème, «Marguerite Bourgeoys», paru dans *Feuilles tombées*.
8. Yvonne, nièce de Léonise, fille de sa sœur Alice Valois-Gohier.

9. Colombine (Éva Circé-Côté) (1871-1949). Journaliste, conteuse, dramaturge et poète. Elle collabore à plusieurs journaux et signe sous les pseudonymes Colombine et Musette. Fondatrice de la Bibliothèque municipale de Montréal en 1903, elle poursuivra sa carrière de bibliothécaire jusqu'en 1932. Elle publie ses chroniques et poèmes dans le recueil *Bleu, Blanc, Rouge,* en 1903.

10. Il s'agit d'un voyage effectué en juin 1930. Léonise visita entre autres une école d'agriculture. Elle fit ce voyage avec sa sœur Marie-Anne et leur cousin Aldéric Lalonde, président de *La Terre de chez nous.* Lettre de Marie-Anne à son fils Georges-Étienne Cartier, datée du 25 juin 1930.

11. En 1928, Léonise visita Toronto en compagnie de sa sœur Philomène. Lettre de Marie-Anne Valois-Cartier à son fils Georges-Étienne Cartier, datée du 24 août 1928, où cette dernière annonce le départ prochain de Philo et Léo.

12. Charles Gill (1871-1918). Peintre et poète, figure marquante de l'École littéraire de Montréal, dont il est élu président en 1912. Il collabore, à titre de poète et de critique, au *Devoir,* au *Canada,* et au journal *Les Débats. Le Cap Éternité* est une œuvre poétique posthume parue en 1919 aux éditions du Devoir. Léonise offrit son exemplaire à sa nièce Cécile Gohier le 23 septembre 1931.

13. «À l'Immortel», paru dans *Feuilles tombées.*

14. Il s'agit de la pièce *La gamine,* comédie en quatre actes de Pierre Veber et Henri de Gorsse.

15. Olivette Thibault. Comédienne, elle débute sa carrière dans les années trente et connaît de grands succès au théâtre puis à la télévision.

16. «Le lac Saint-François», paru dans *Feuilles tombées.*

17. L'assistance maternelle fut fondée en 1912 par madame Henry Hamilton. Cet organisme affilié à la Fédération des œuvres de charité canadiennes-françaises faisait la distribution gratuite de lait, de vivres, de combustible, de lingerie, de layette et offrait également les services de médecins et d'infirmières, tout cela dans le but d'aider les mères dans le besoin et de diminuer la mortalité infantile («La femme canadienne-française», *Almanach de la langue française,* Montréal, les éditions Albert-Lévesque, 1936).

18. Charles de Boucherville fut également l'avocat de Léonise lors de son procès. Pour arriver à vivre et élever ses trois enfants, Marie-Alma dut héberger des pensionnaires.

19. Titre qui sera changé pour *Feuilles tombées.*

20. Marie-Antoinette Grégoire-Coupal, née en 1905. Davantage connue comme écrivain pour la jeunesse, elle a publié une vingtaine de romans. Journaliste, elle dirige la page féminine au *Bulletin des agriculteurs* de 1922 à 1942.

21. Colette (pseudonyme d'Édouardine Lesage), *La Presse,* 6 août 1910, p. 4.

22. Aujourd'hui, Centraide.

23. Georges-Étienne, neveu de Léonise et fils de Marie-Anne Valois-Cartier. Il devint chirurgien rattaché à l'Hôtel-Dieu de Montréal et professeur émérite à l'Université de Montréal.

24. Léonise tenait des listes de ses livres donnés et prêtés.

18. Le procès 1932-1933

1. Lettre à Lionel Groulx, 9 octobre 1934, Fondation Lionel-Groulx.
2. *La Patrie*, 2 novembre 1933, p. 7.
3. Notes du procès. N° C 110, 254, Archives du palais de Justice de Montréal.
4. *Ibid.*
5. *Ibid.*
6. *Ibid.*

19. *Feuilles tombées*: 1934

1. Cette anthologie n'a jamais paru.
2. *Journal*, 3-4 avril 1933.
3. Abbé Lionel Groulx (1878-1967). Historien, romancier et essayiste, orateur, natif de Vaudreuil.
4. Lettre datée du 9 octobre 1934, Fondation Lionel-Groulx.
5. Par erreur, sa sœur Marie-Anne avait écrit «Fleurs» au lieu de «Feuilles». Lettre datée du 2 septembre 1947.
6. «Je viens vous féliciter d'avoir enfin réalisé le rêve littéraire dont vous m'avez parlé un jour: la publication de toute votre œuvre poétique.» *La Patrie*, 24 novembre 1934.
7. Une lettre adressée à Albert Ferland, en avril 1936, laisse entendre que Léonise avait soumis ses textes à la préfète des sœurs de Sainte-Anne.
8. Lettre datée du 26 novembre 1934, CRCCF, Fonds Albert-Ferland.
9. *La Patrie*, 24 novembre 1934.
10. Ils se sont connus dans leur jeunesse, ayant étudié ensemble.
11. Au moment où l'on débat d'un certain antisémitisme de l'époque de Lionel Groulx, ce passage démontre que Léonise n'est pas à l'abri de tels mouvements d'idées.

20. «Mon Journal» 1935

1. Yvonne Duckett-Audet. Professeure au conservatoire de musique et d'art drama-tique et à l'école supérieure de musique d'Outremont. Elle épouse le docteur Jean-Louis Audet en 1912. Au cours des années trente, elle ouvre sa propre école de diction pour enfants.
2. Oswald Mayrand (1876-1969). Journaliste, rédacteur en chef à *La Presse* en 1900, puis, au *Progrès* en 1908 et à *La Patrie* de 1908 à 1912. Il reviendra à *La Presse* en 1912. Il publia deux recueils de poèmes, *Fleurettes canadiennes,* en 1905, et les *Chants ultimes* en 1964.
3. Il s'agit de son frère Avila.
4. L'honorable L. Athanase David, né en 1885. Avocat. Secrétaire de la Province de Québec. Il fut le créateur du prix David.
5. Medjé Vézina (1896-1981). Poète, elle publie un seul recueil, *Chaque heure a son visage,* en 1934. Elle dirige pendant vingt-six ans la revue *Terre et foyer,* en collaboration avec Adrienne Choquette.

6. Alphonse Désilets (1888-1956). Poète et fonctionnaire, il est aussi nommé, en 1915, directeur des cercles des fermières. Un des membres fondateur de la Société des poètes canadiens-français, 1922.
7. Le cercle Récamier fut fondé en 1930 par Gabrielle Valois-Hébert (petite-nièce de Léonise). Il s'est affilié en 1943 à la Société d'études et de conférences. Ce cercle est toujours actif et le plus ancien de la société.
8. Les tantes avaient conservé l'ancien diminutif d'Aimée Hébert. Ce surnom s'est transformé en Mimi (petite-nièce de Léonise et sœur de Gabrielle Valois-Hébert).
9. Émile-Charles Hamel (1914-1961) écrivit deux romans, dont *Prix David* (1962).
10. Alice Guay maria Émile-Charles Hamel en 1938.
11. Eugénie Duckett D'Ariault, une cousine.
12. Maria Duckett, grand-mère de Olivette Thibault.
13. Blanche Sirois, une amie du bureau de poste.
14. Jacqueline Francœur, née en 1904. Membre de la Société des poètes canadiens-français. Elle remporte le prix David en 1935 et le prix Edgar Poe à Paris, l'année suivante, pour l'unique recueil qu'elle publiera, *Aux sources claires*. On raconte que l'auteure abandonna sa carrière à la suite des querelles qui éclatèrent entre les critiques lors de l'attribution de ce prix.
15. Réal Hébert, frère de Gabrielle et de Mimi.
16. Jean Valois, neveu de Léonise, fils d'Avila Valois.

22. L'affront

1. Lettre à Albert Ferland, Fonds Albert-Ferland, Bibliothèque nationale.
2. «La Canadienne-française et les lettres», *Almanach de la langue française,* Albert Lévesque, 1936, p. 54.
3. Ce concours s'adressait uniquement aux membres de la Société des poètes. En 1936, la Société comptait 54 membres.
4. Luména vient du latin *lumen* (lumière). Prénom que portait la sœur de son beau-frère Azilda Valois.
5. Déjà, en 1905, dans la page «Le Royaume des femmes», Madeleine Huguenin regroupe sur deux pages les «Femmes de lettres canadiennes-françaises» et, dans ce groupe, figure Atala. *La Patrie,* 24 juin 1905, p. 22-23.

SIXIÈME PARTIE
«Je brise ma plume, maintenant, hélas!»
1936
23. La mort d'Atala

1. *L'autorité,* «En causant», 22 février 1914.
2. Lettre de Marie-Anne Valois-Cartier adressée à Marie-Claire Daveluy, le 2 septembre 1947.
3. *Journal,* 14 mai 1936.

24. «Dernières pages du *Journal* de Léonise

1. Titre donné par Marie-Anne Valois-Cartier.
2. Sa paroisse, Saint-Léon de Westmount.
3. Dʳ Donald Hingston, chirurgien en chef à l'Hôtel-Dieu jusqu'en 1950. Il avait succédé à son père, le Dʳ William Hale Hingston. Pierre Meunier, *La chirurgie à Hôtel-Dieu de Montréal au XIXᵉ siècle,* Les Presses de l'Université de Montréal, 1989, p. 154.
4. Une amie du bureau de poste.
5. Alice, sa plus jeune sœur et sa nièce Yvonne, fille d'Alice.
6. Avila, son frère.
7. Jeanne(tte) et Jean, sa nièce et son neveu, les enfants d'Avila.
8. Georgette et Madeleine Cartier, ses nièces, filles de Marie-Anne.
9. Dʳ Georges-Étienne Cartier, son beau-frère, médecin rattaché à l'Hôtel-Dieu de Montréal.
10. Sa sœur.
11. Hélène Cartier, sa nièce, fille de Marie-Anne.

25. Le souvenir précieux

1. *Le Monde illustré,* 30 mars 1901, p. 804-805.
2. Double de la lettre, copie signée.
3. Double de la lettre, copie signée.
4. Double de la lettre, copie signée.
5. *La Tribune postale,* journal de l'association des postiers, annonce, en février 1937, la fondation du Cercle littéraire des Postiers de Montréal, qui aura pour nom Le Relais. La vignette de la chronique réservée au Cercle fut exécutée par Albert Ferland, également membre d'honneur du Cercle. Dans le numéro de la *Tribune postale* du mois de décembre 1936, on peut lire cet appel fait aux postiers: «Postiers! encouragez les écrivains postiers.» (p. 19)
6. Les communiqués de presse dans *La Patrie* et la *Tribune postale* ne sont pas signés, mais l'auteur est sans aucun doute Albert Ferland. Un brouillon du communiqué se trouve aux Archives de la Bibliothèque nationale, Fonds Albert-Ferland.
7. Graziella Paquette étudia au conservatoire Lasalle et fut à son tour professeur de diction.

La volonté d'écrire. Postface

1. Lou-Andréas Salomé, *Ma vie,* Presses Universitaires de France, Paris, coll. Quadrige, 1977, p. 220.
2. Simone de Beauvoir, *Le deuxième sexe,* tome 2, Paris, Gallimard, coll. Idées, 1949, p. 471.
3. Nicole Brossard, «La version des femmes du réel», *La poésie de l'Hexagone,* l'Hexagone, 1990, p. 75.

Arbre généalogique abrégé de la famille Valois*

1. Raymond Valois, c.s.v., *Généalogie des familles Valois,* 1970.
2. Arbre généalogique dressé par Joseph Drouin.
3. Joseph Bourque était Acadien.
4. Nous avons respecté l'orthographe utilisé par Léonise Valois dans une note inédite. Drouin écrit Pardaillia ou Pardéliau. Émilie Pardellian est la fille de Jean-Baptiste Pardellian (immigré au Québec en 1819) et de Thérèse-Émilie Métayer Saint-Onge. Ses grands-parents, Joseph Pardellian et Eliz Telarique, se sont mariés et sont morts en France. Ils étaient de la ville de Narbonne.
5. Raymond Valois, *op. cit.*

---

* Je tiens à remercier Yves Jasmin, Michel Lapierre, Richard Valois ainsi que mes informatrices, qui m'ont fourni les renseignements nécessaires afin d'établir la généalogie de Léonise Valois.

Bibliographie

1. Écrits de Léonise Valois (Atala)

La présente bibliographie des poèmes, chroniques et articles ne prétend pas être exhaustive, elle est le produit de mes recherches à ce jour.

1.1 Poèmes publiés

Fleurs sauvages, Montréal, Beauchemin, 1910, 62 pages.

Fleurs sauvages, Montréal, Beauchemin, 1934, deuxième édition, 91 pages.

«Réveil», *Le Monde illustré,* vol. XVIII, n° 914, 2 novembre 1901, p. 424.

«Migration d'oiseaux», *La Terre de chez nous,* 11 décembre 1929, p. 54.

«Gabrielle», paru sous le titre «L'envol de Gabrielle», *Le Recueil littéraire,* vol. I, n° 12, 1er août 1889, p. 104.

«Rayons, Papillons et Fleurs», *La Patrie,* 24 octobre 1903, p. 22

«Nos souvenirs», *Le Monde illustré,* vol. XVII, n° 873, 26 janvier 1901, p. 636.

«Le don des larmes», *Le Monde illustré,* vol. XVIII, n° 935, 29 mars 1902, p. 795. *La Terre de chez nous,* 9 avril 1930, p. 326.

«Calendrier», paru sous le titre «Calendrier 1902», *Le Monde illustré,* vol. XVIII, n° 924, 11 janvier 1902, p. 623. *La Patrie,* 9 janvier 1904, p. 22. *La Terre de chez nous,* 1er janvier 1930, p. 102.

«Idéales sympathies», *La Presse,* 12 juillet 1902, p. 14.

«Lis de Pâques», *La Patrie,* 26 mars 1904, p. 22.

«Paysage de velours», *La Patrie,* 3 septembre 1904, p. 22 et 24 juin 1905, p. 23.

«Sur l'eau», *La Presse,* 11 octobre 1902, p. 14. *L'écho de Vaudreuil,* vol. I, n° 43, 25 octobre 1907, p. 14. *La Terre de chez nous,* 17 juillet 1929, p. 4.

«Les voix étranges», *La Patrie,* 17 septembre 1904, p. 22.

«La voix des pins», *L'écho de Vaudreuil,* vol. I, n° 41, 11 octobre 1907, p. 14. *La Terre de chez nous,* 28 août 1929, p. 6.

«Le parfum de grand prix», *La Patrie,* 2 avril 1904, p. 22. *La Terre de chez nous,* 1er avril 1931, p. 310.

«À la Reine du printemps», *Le Journal de Françoise,* vol. III, n° 3, 7 mai 1904, p. 355.
L'écho de Vaudreuil, vol. I, n° 43, 25 octobre 1907, p. 14. *La Terre de chez nous,*
8 mai 1929, p. 4. *La Terre de chez nous,* 13 mai 1936, p. 6. Albertine Ferland-
Angers, *Essai sur la poésie religieuse canadienne,* Montréal, 1923, L'auteur éditeur, p. 40.

«La tête et le cœur» *La Patrie,* 20 février 1904, p. 22. *La Terre de chez nous,* 11 juin
1930, p. 470. Camilienne Séguin, *Répertoire poétique,* Montréal, 1937, Arbour
et Dupont, p. 34.

«Les ombres», *La Patrie,* 5 novembre 1904, p. 22. *La Terre de chez nous,* 30 octobre
1929, p. 6.

«Les ruines», *La Terre de chez nous,* 27 août 1930, p. 646.

Feuilles tombées, préface de l'abbé Lionel Groulx, Montréal, Beauchemin, 1934, 86 pages.

«Patrie!», *La Terre de chez nous,* 18 novembre 1931, p. 102.

«Niagara», *La Terre de chez nous,* 30 juillet 1930, p. 582.

«Calendrier 1926», paru sous le titre «Année nouvelle». *La Terre de chez nous,* 15 janvier 1930, p. 134.

«L'orage», *Le Journal de Françoise,* vol. II, n° 15, 7 novembre 1903, p. 200. *La Terre
de chez nous,* 30 septembre 1931, p. 726.

«Le secret», *La Terre de chez nous,* 17 juin 1931, p. 486.

«Rabboni», *L'Autorité,* vol. I, n° 16, 12 avril 1914, p. 2. *La Terre de chez nous,* 27 mars
1929, p. 4.

«Désespérance», *La Terre de chez nous,* 25 février 1931, p. 230.

«Ma Gaspésie», *La Terre de chez nous,* 3 avril 1929, p. 4.

«Le lac Saint-François», *La Terre de chez nous,* 25 septembre 1929, p. 6.

1.2. Publications en revues et journaux
Chroniques et poèmes

Le Recueil littéraire
1889

«Aimer!», vol. I, n° 7, mai 1889, p. 36.
«À la mémoire de Paul-Émile», vol. I, n° 10, 1ᵉʳ juillet 1889, p. 80.
«Gabrielle», vol. I, n° 12, 1ᵉʳ août 1889, p. 104.

Le Monde illustré
1900

«Chronique du jour», vol. XVII, n° 857, 6 octobre 1900, p. 359.
«Un mot à tous», vol. XVII, n° 858, 13 octobre 1900, p. 378.
«Une fleur à regret», vol. XVII, n° 858, 13 octobre 1900, p. 378.
«Chronique», vol. XVII, n° 859, 20 octobre 1900, p. 391.

«Chronique du jour», vol. XVII, n° 861, 3 novembre 1900, p. 426.

«Woman's Art Association», vol. XVII, n° 861, 3 novembre 1900, p. 426.

«Chronique», vol. XVII, no° 862, 10 novembre 1900, p. 439.

«Chronique» [Le vent est au féminisme], vol. XVII, n° 863, 17 novembre 1900, p. 458. ⟵

«La mode», vol. XVII, n° 864, 24 novembre 1900, p. 471.

«L'Œuvre de Mère Barat», vol. XVII, no° 865, 10 décembre 1900, p. 486.

«Au Cercle Ville-Marie», vol. XVII, n° 866, 8 décembre 1900. p. 502.

«Concours ouvert à nos lectrices», vol. XVII, n° 868, 22 décembre 1900, p. 535.

«Chronique», vol. XVII, n° 868, 22 décembre 1900, p. 535.

1901

«Chronique», vol. XVII, n° 870, 5 janvier 1901, p. 584.

«L'odorat chez la femme», vol. XVII, n° 871, 12 janvier 1901, p. 594.

«Échos», vol. XVII, n° 871, 12 janvier 1901, p. 594.

«La femme qui travaille» (anonyme), vol. XVII, n° 872, 19 janvier 1901, p. 614.

«La mode», vol. XVII, no° 873, 26 janvier 1901, p. 626.

«Nos souvenirs», vol 17, n° 873, 26 janvier 1901, p. 626.

«Aux dames», vol. XVII, n° 874, 2 février 1901, p. 646.

«Causerie. À propos d'héritage», vol. XVII, n° 882, 30 mars 1901, p. 804-805. ⟵

«Concours des dames», vol. XVII, n° 884, 13 avril 1901, p. 836.

«Causerie. Nos domestiques», vol. XVIII, n° 895, 29 juin 1901, p.138. ⟵

«Causerie. Les dettes», vol. XVIII, n° 898, 20 juillet 1901, p. 186.

«Le secret de l'affection», vol. XVIII, n° 900, 10 août 1901, p. 234.

«Souvenirs d'enfance», vol. XVIII, n° 902, 17 août 1901, p. 250.

«Montréal et ses misères soulagées par la femme», vol. XVIII, n° 906, 14 septembre 1901, p. 308.

«À nos amis» [départ de M. Antonio Pelletier], vol. XVIII, n° 908, 28 septembre 1901, p. 308.

«Ils ont passé...», vol. XVIII, n° 911, 12 octobre 1901, p. 308.

«Réveil», vol. XVIII, n° 914, 2 novembre 1901, p. 424.

«La fête des trépassés», vol. XVIII, n° 915, 9 novembre 1901, p. 440.

«Causerie. Les vieilles filles», vol. XVIII, n° 918, 30 novembre 1901, p. 498. ⟵

«À mes amis» [annonce du départ d'Atala], vol. XVIII, n° 919, 7 décembre 1901, p. 515.

«Pourquoi. Conte de Noël», vol. XVIII, n° 922, 28 décembre 1901, p. 558.

1902

«Calendrier», vol. XVIII, n° 924, 11 janvier 1902, p. 623.

Le Journal de Françoise
1903-1904

«L'Orage», vol. II, n° 15, 7 novembre 1903, p. 200.

«À la reine du printemps», vol. III, n° 3, 7 mai 1904, p. 355.

La Patrie
1903

«Au barde de la Bretagne», 2 mai 1903, p. 22.
«Rayons, papillons et fleurs», 4 octobre 1903, p. 22.
«Le merci d'Attala», 12 décembre 1903, p. 22.

1904

«Calendrier», 9 janvier 1904, p. 22.
«Lis de Pâques», 6 mars 1904, p. 22.
«Le parfum de grand prix», avril 1904, p. 22.
«Paysage de velours», 3 septembre 1904, p. 22.
«Femme du peuple» [chronique], 10 septembre 1904, p. 22.
«Les voix étranges», 17 septembre 1904, p. 22.
«La tête et le cœur», 20 février 1904, p. 22.
«Les ombres», 5 novembre 1904, p. 22.

1905

«Paysage de velours», 24 juin 1905, p. 23.

1936

«L'astre du jour, l'astre du cœur, l'astre de l'âme», 3 mai 1936, p. 24.

La Presse
1902

«Idéales sympathies», 12 juillet 1902, p. 14.
«Sur l'eau», 11 octobre 1902, p. 14.

L'Écho de Vaudreuil
1907

«Symphonie pascale. Envoi», vol. I, 4 avril 1907, p. 9.
Causerie «Les sucres», vol. I, 19 avril 1907, p. 12.
«L'art militaire au Canada», vol. I, n° 28, 12 juillet 1907, p. 12; vol. I, n° 30, 26 juillet 1907, p. 12; vol. I, n° 41, 11 octobre 1907, p. 14.
«La Voix des Pins», vol. I, n° 41, 11 octobre 1907, p. 14.
«À la reine du printemps», vol. I, n° 43, 25 octobre 1907, p. 14.
«Sur l'eau», vol. I, n° 43, 25 octobre 1907, p. 14.

L'Autorité
1913-1914

«La guignolée», vol. I, n° 1, 28 décembre 1913, p. 3.
«Les Rois», vol. I, n° 3, 11 janvier 1914, p. 3.
*«En causant», vol. I, n° 5, 25 janvier 1914, p. 2.
*«En causant», vol. I, n° 6, 1er février 1914, p. 2.
*«En causant», vol. I, n° 9, 22 février 1914, p. 2.
«Rabboni!», vol. I, n° 16, 12 avril 1914, p. 2.

Le Canada
1904

«Au retour d'un voyage sans égal à Saint-Louis, Missouri», 4 juillet 1904, p. 2.
«Saint-Louis, Chicago et Detroit. Impressions de voyage», 9 juillet 1904, p. 12.

La Revue moderne
1920

«Calendrier nouveau», vol. I, n° 4, 15 février 1920, p. 31.

*La Terre de chez nous**
1929

«À l'ombre du foyer», 15 février 1929, p. 4.
«À l'ombre du foyer», 6 mars 1929, p. 4.
«À l'ombre du foyer», 13 mars 1929, p. 4.
«À l'ombre du foyer», 27 mars 1929, p. 4.
«Rabboni», 27 mars 1929, p. 4.
«Ma Gaspésie», 3 avril 1929, p. 4.
«À l'ombre du foyer», 17 avril 1929, p. 4.
«À l'ombre du foyer», 24 avril 1929, p. 4.
«À l'ombre du foyer», 1er mai 1929, p. 4.
«Les secrets de la mode», 8 mai 1929, p. 4.
«À la reine du printemps», 8 mai 1929, p. 4.
«Correspondance», 15 mai 1929, p. 4.
«Correspondance», 22 mai 1929, p. 4.
«À l'ombre du foyer», 29 mai 1929, p. 4.
«La maison de pierre», 5 juin 1929, p. 4.
«Correspondance», 12 juin 1929, p. 4.
«Au temps des lilas», 19 juin 1929, p. 4.
«Correspondance», 3 juillet 1929, p. 4.
«Échos d'une fête sociale agricole, la part de l'élément féminin», 10 juillet 1929, p. 4.

---

* Léonise signe sous le pseudonyme Marraine.

«Correspondance», 17 juillet 1929, p. 4.
«Sur l'eau», 17 juillet 1929, p. 4.
«En vacances!», 7 août 1929, p. 5.
«Correspondance», 14 août 1929, p. 4.
«À l'ombre du foyer», 21 août 1929, p. 5.
«Correspondance», 28 août 1929, p. 6.
«La voix des pins», 28 août 1929, p. 6.
«Notre congrès», 4 septembre 1929, p. 6.
«Billet d'Atala», 11 septembre 1929, p. 6.
«La rentrée des classes», 18 septembre 1929, p. 6.
«La croix du grand chemin», 25 septembre 1929, p. 6.
«Le lac Saint-François», 25 septembre 1929, p. 6.
«Correspondance», 2 octobre 1929, p. 6.
«Notre congrès», 16 octobre 1929, p. 6
«L'automne», 23 octobre 1929, p. 6.
«Correspondance», 30 octobre 1929, p. 6.
«Les ombres», 30 octobre 1929, p. 6.
«Notre congrès», 6 novembre 1929, p. 6
«Les détails du congrès», 20 novembre 1929, p. 6.
«Le programme féminin du congrès agricole», 27 novembre 1929, p. 6.
«Échos du congrès agricole», 4 décembre 1929, p. 38.
«À l'ombre du foyer», 11 décembre 1929, p. 54.
«Migration d'oiseaux», 11 décembre 1929, p. 54.
«À l'ombre du foyer», 18 décembre 1929, p. 70.
«Conte de Noël», 25 décembre 1929, p. 86.

1930

«Calendrier», 1er janvier 1930, p. 102.
«Calendrier», [chronique], 8 janvier 1930, p. 118.
«Année nouvelle», 15 janvier 1930, p. 134.
«Correspondance», 22 janvier 1930, p. 150.
«À l'ombre du foyer», 29 janvier 1930, p. 166.
«À l'ombre du foyer», 5 février 1930, p. 182.
«L'Exposition des travaux à l'aiguille», 12 février 1930, p. 262.
«À l'ombre du foyer», 19 février 1930, p. 214.
«La jeune morte», 26 février 1930, p. 230.
«Commentaires de la directrice», 5 mars 1930, p. 246.
«À l'ombre du foyer», 12 mars 1930, p. 262.
«À l'ombre du foyer», 19 mars 1930, p. 278.
«À l'ombre du foyer», 26 mars 1930, p. 294.
«Notre petite poste», 2 avril 1930, p. 310.
«Correspondance», 9 avril 1930, p. 326.
«Le don des larmes», 9 avril 1930, p. 326.
«Pâques», 16 avril 1930, p. 342.

«Au sujet de notre "petite poste"», 23 avril 1930, p. 358.

«Petite poste», 30 avril 1930, p. 374.

«Avis final», 7 mai 1930, p. 390.

«Correspondance», 14 mai 1930, p. 406.

«Petite poste», 21 mai 1930, p. 422.

«Petite poste», 28 mai 1930, p. 458.

«Le jour des Mères», 4 juin 1930, p. 454.

«La tête et le cœur», 11 juin 1930, p. 470.

«Correspondance», 18 juin 1930, p. 486.

«Le respect humain», 25 juin 1930, p. 502.

«Correspondance», 2 juillet 1930, p. 518.

«Impressions de voyage», 9 juillet 1930, p. 534.

«La mode», 16 juillet 1930, p. 550.

«Un grand concours», 23 juillet 1930, p. 566.

«Un mot de notre concours», 30 juillet 1930, p. 582.

«Niagara», 30 juillet 1930, p. 582.

«L'Éducation du cœur», 6 août 1930, p. 598.

«Notre concours», 13 août 1930, p. 614.

«Le deuil», 20 août 1930, p. 630.

«Notre concours», 28 août 1930, p. 646.

«Les ruines», 27 août 1930, p. 646.

«La mode», 3 septembre 1930, p. 662.

«La rentrée des classes», 10 septembre 1930, p. 678.

«Les expositions régionales», 17 septembre 1930, p. 694.

«Notre concours», 1er octobre 1930, p. 710.

«Notre concours», 8 octobre 1930, p. 742.

«Écho de l'exposition missionnaire», 15 octobre 1930, p. 758.

«La mode», 22 octobre 1930, p. 774.

«Correspondance», 29 octobre 1930, p. 790.

«La mode (suite)», 5 novembre 1930, p. 806.

«Fin de saison», 12 novembre 1930, p. 822.

«Jour d'Action de Grâces», 19 novembre 1930, p. 6.

«Correspondance», 3 décembre 1930, p. 38.

«À l'ombre du foyer», 10 décembre 1930, p. 54.

«Correspondance», 17 décembre 1930, p. 70.

«Pourquoi! Conte de Noël», 24 décembre 1930, p. 86.

«Vœux de Bonne Année», 31 décembre 1930, p. 102.

1931*

«À l'ombre du foyer», 7 janvier 1931, p. 118.

«Correspondance», 14 janvier 1931, p. 134.

«L'écriture soignée», 28 janvier 1931, p. 166.

---

* Bien que Léonise Valois soit hospitalisée, la page féminine figure sous son nom jusqu'en août 1932.

«Exposition des travaux à l'aiguille», 4 février 1931, p. 182.

«La mode», 11 février 1931, p. 198.

«Correspondance», 18 février 1931, p. 214.

«Désespérance», 25 février 1931, p. 230.

«Correspondance», 18 mars 1931, p. 278.

«Gratitude», 25 mars 1931, p. 294.

«Le parfum de grand prix», 1er avril 1931, p. 310.

«Correspondance», 13 avril 1931, p. 342.

«Correspondance», 6 mai 1931, p. 390.

«Le traitement des institutrices est trop bas...», 12 mai 1931, p. 496.

«Parlons déménagement», 27 mai 1931, p. 438.

«Le secret», 17 juin 1931, p. 486.

«Collation des diplômes à l'école ménagère des sœurs grises, Montréal», 8 juillet 1931, p. 534.

«Correspondance», 15 juillet 1931, p. 530.

«Les amicales et l'A.F.C.C», 22 juillet 1931, p. 566.

«À l'ombre du foyer», 29 juillet 1931, p. 582.

«Correspondance», 5 août 1931, p. 598.

«Au sujet d'une journée sociale agricole», 19 août 1931, p. 630.

«La rentrée des classes», 16 septembre 1931, p. 694.

«L'orage», 30 septembre 1931, p. 726.

«Correspondance», 7 octobre 1931, p. 6.

«À propos de chômage», 14 octobre 1931, p. 22.

«Congrès agricole», 21 octobre 1931, p. 38.

«Congrès agricole», 28 octobre 1931, p. 54.

«Petit tableau champêtre», 4 novembre 1931, p. 70.

«Patrie», 18 novembre 1931, p. 102.

1932

«Acte de foi, d'espoir et d'amour. La nature!», 14 septembre 1932, p. 782.

1936

«À la reine du printemps», 13 mai 1936, p. 6.

La Tribune postale
1936

«L'astre du jour, l'astre du cœur, l'astre de l'âme», décembre 1936, p. 22.

Inédits

Poèmes

«Oui, mon cousin», daté de mars 1900.

«L'Amour et l'Espérance», daté de mars 1900.

«Décalque du Sonnet d'Arvers», sans date, possiblement écrit autour des années 1900.

«Bouquet», 1908.

«Au bon petit Noël (Giroux)», mai 1909.

«Le chêne», sans date (possiblement avant 1910).

*«Lui», sans date.

«Folie», sans date.

«À toi», sans date.

«La première étoile», sans date.

Correspondance

Correspondance adressée à sa sœur Orphélia Valois reproduite dans la troisième partie de cet ouvrage (1900-1901). Archives familiales.

Cartes postales adressées à Georgette Cartier (1907-1914) et à Marie-Alma Valois-Hébert (1933). Archives familiales.

Lettres adressées à sa sœur Orphélia Valois (1895-1896). Archives familiales.

Brouillon d'une lettre adressée à Albert Ferland. Non datée (avril 1936).

Correspondance adressée à Albert Ferland, Fonds Albert-Ferland, CRCCF et la Bibliothèque nationale.

Correspondance adressée à l'abbé Lionel Groulx, Fondation Lionel-Groulx.

Journaux intimes

Deux cahiers datés de 1933 et 1935. Extraits reproduits dans la cinquième partie de cet ouvrage. Archives familiales.

Dernières pages du *Journal* de Léonise, 1936. Extraits reproduits dans la sixième partie de cet ouvrage. Archives familiales.

Prose

«Noces d'argent», daté de 1897.

«Noces d'argent... Funérailles...», daté de 1931.

«Conte de Noël Merry Christmas», daté de 1935. Archives familiales.

---

* Les quatre derniers poèmes ont possiblement été écrits après 1934. Archives familiales.

2. Écrits sur Léonise Valois et sur son œuvre

Pelletier, Antonio,«Silhouette (Attala)», dans *Le Monde illustré,* 14 septembre 1901, p. 304-305; repris dans *Cœurs et homme de cœur,* Montréal, Dumont, 1903, p. 32-38; puis dans Gouin, Jacques, *Antonio Pelletier, la vie et l'œuvre d'un médecin et poète inconnu, 1876-1917,* Montréal, Le Jour, 1975, p. 142-144.

Madeleine (Madeleine Huguenin), «À travers l'Exposition universelle», Le royaume des femmes, *La Patrie,* 2 juillet 1904, p. 22.

Madeleine (Madeleine Huguenin), «Femmes de lettres canadiennes-françaises», Le royaume des femmes, *La Patrie,* 24 juin 1905, p. 22.

Anonyme, «La littérature canadienne», *La Presse,* 22 juin 1910, p. 2.

E. J. A. (Élie-Joseph Auclair), *«Fleurs sauvages»,* La Revue canadienne, août 1910, p. 191; reproduit dans *La Presse,* 17 septembre 1910, p. 10.

Madeleine (Madeleine Huguenin), *«Fleurs sauvages»,* La Patrie, 1er août 1910, p. 4.

Colette (pseudonyme d'Édouardine Lesage), *«Fleurs sauvages»,* «Vie au foyer», *La Presse,* 6 août 1910, p. 6.

Rivard, Adjutor, «Les livres. Atala. *Fleurs sauvages»,* Bulletin du parler français, décembre 1910, p. 165.

Roy, Camille, «Courrier littéraire. *Fleurs sauvages* par Atala», *L'Action sociale,* 10 décembre 1910, p. 5; reproduit dans *Érables en fleurs,* Québec, 1923, p. 38-42.

Bellerive, Georges, *Brèves apologies de nos auteurs féminins,* Québec, Garneau, 1920, 137 pages, p. 69-71.

Ouimet, Raphaël, «M. A. L. Valois», *Biographies canadiennes-françaises,* 1922, p. 135; 1923, p. 231; 1924, p. 345.

Ferland-Angers, Albertine, *Essai sur la poésie religieuse canadienne,* Montréal, L'auteur, éditeur, 1923, p. 39-41.

P. B. (Paul Boucher), «Atala, Mlle L. Valois, Biographie», *La Terre de chez nous,* 28 octobre 1931, p. 53.

Anonyme, «Jeune fille blessée au cours d'une collision», *La Presse,* 10 novembre 1931, p. 22.

Anonyme, «Grièvement blessée», *La Presse,* 11 novembre 1931, p. 3.

Anonyme, «Femme écrivain qui réclame 24,741 $ de dommages et intérêts», *La Patrie,* 2 novembre 1933, p. 7.

Anonyme, «One judgment for variety of claims», *The Gazette,* 2 janvier 1934, p. 4.

Groulx, Lionel, «Préface», dans Atala (Léonise Valois), *Feuilles tombées,* Montréal, Beauchemin, 1934, p. 7-8.

Ferland, Albert, «Atala et son œuvre poétique», *La Patrie,* 24 novembre 1934, p. 24.

Jasmin, Guy, «D'autres vers de la Canadienne Atala», «En bouquinant», *Le Canada,* 5 décembre 1934, p. 2.

Grondel, Jean, «Les feuilles qui tombent», *L'Événement,* Québec, 20 décembre 1934, p. 9.

Lamontagne-Beauregard, Blanche, «Fleurs sauvages et Feuilles tombées», *La Patrie,* 29 janvier 1935.

Des Écores, Julien (pseudonyme de l'abbé Élie-J. Auclair), «Les feuilles tombées après les fleurs sauvages», *La Voix nationale,* août 1935.

Paul M., «Deux livres d'Atala (Léonise Valois)», *La Revue des livres,* octobre 1935, p. 98.

Anonyme, «Mort de Mlle L. Valois, Femme de lettres et poétesse», *Le Devoir,* 22 mai 1936.

Anonyme, «Femme-poète. Léonise Valois (Atala)», *La Patrie,* 23 mai 1936, p. 24.

Anonyme, «Un deuil pour l'U.C.C.», *La Terre de chez nous,* 27 mai 1936, p. 6.

Paquette, Graziella, «Atala (Mlle Valois)», conférence à l'émission «L'heure provinciale», au poste CKAC, le 9 juin 1936. Texte dactylographié, non publié.

Anonyme, «Hommage posthume à Mlle Léonise Valois, une postière poétesse montréalaise», *La Tribune postale,* Montréal, décembre 1936, p. 22.

Huguenin, Madeleine, «Marie-Léonise Valois», *Portraits de femmes,* Montréal, La Patrie, 1938, p. 262; reproduit dans *La Patrie.*

Eleanor, Sœur M., «Les écrivains féminins du Canada français de 1900 à 1940», thèse de maîtrise ès arts, Québec, Université Laval, 1947, p. 7-8.

Giroux, Rollande, «Bibliographie de Léonise Valois (Atala)», École des bibliothécaires de l'Université de Montréal, Montréal, 1947, 21 p. non publiée.

Vinet, Bernard, *Pseudonymes québécois,* Québec, Garneau, 1974, p. 17-18.

Champagne, Guy, «*Fleurs sauvages* et *Feuilles tombées*», *Dictionnaire des œuvres littéraires du Québec,* t. II, Montréal, Fides, 1985, p. 505.

Prévost, Robert, «Léonise Valois – Atala», *Québécoises d'hier et d'aujourd'hui,* Montréal, Stanké, 1985, p. 218.

Royer, Jean, *Introduction à la poésie québécoise,* Bibliothèque québécoise, Montréal, Leméac, 1989, p. 38 et p. 181.

Monet-Chartrand, Simonne, *Pionnières québécoises et regroupements de femmes d'hier à aujourd'hui,* Montréal, Éditions du remue-ménage, 1990, p. 116.

Brossard, Nicole, Girouard, Lisette, *Anthologie de la poésie des femmes au Québec,* Montréal, Éditions du remue-ménage, 1991, p. 40-42.

Index

Cet index inclut les principaux noms
cités en littérature et en histoire.

Arvers, Alexis-Félix, 74, 75.
Asselin, Olivar, 238.
Auclair, Élie-Joseph (Abbé), 154, 235, 236, 239, 283.
Beaudet, Marie-Andrée, 282.
Beaulieu, Victor-Lévy, 278.
Beauvoir, Simone de, 265.
Bellerive, Georges, 130, 211, 281.
Bennett, R. B., 238.
Bernier, Jovette, 15, 114, 275.
Blanchot, Maurice, 285.
Boissonnault, Marie (Dumais), 117, 153, 162, 206, 208, 209, 210, 219, 226,
    230, 232, 234, 263, 265, 283.
Bonville, Jean de, 275.
Bordeaux, Henri, 211, 212.
Bossuet, 120, 133.
Botrel, Théodore, 255.
Bourget, Paul, 212.
Bruchési, Paul (Mgr), 27, 45, 46, 152, 158, 276.
Brossard, Nicole, 13, 48, 266.
Brunet, Manon, 143, 144.
Byron, Lord George, 211.
Champagne, Guy, 152.
Chateaubriand, François-René de, 119, 120, 121, 122, 195, 210.
Chénier, André, 210.

Chombart de Lauwe, Marie-Josée, 68.
Colette (Édouardine Lesage), 153, 209, 282.
Colombine (Éva Circé-Côté), 203, 265, 285.
Conan, Laure, 13, 49, 281.
Coppée, François, 255.
Coupal, Antoinette (Grégoire-Coupal), 199, 209, 286.
Dandurand, Madame (Joséphine Marchand), 14, 126, 130, 275.
Danylewycz, Marta, 278.
Daveluy, Marie-Claire, 149, 220, 282.
David, Athanase, 229, 230, 231, 235, 236, 237, 287.
Delahaye, Guy, 153.
Desbordes-Valmore, Marceline, 211.
Désilets, Alphonse, 231, 232, 236, 237, 287.
Dessaulles, Henriette, 30, 37, 277.
Duval-Thibault, Anne-Marie, 154, 283.
Fahmy-Eid, Nadia, 276.
Ferland-Angers, Albertine, 47.
Ferland, Albert, 14, 39, 141, 144, 152, 157, 163, 164, 188, 194, 195, 209, 220,
    226, 228, 247, 248, 264, 275.
Flaubert, Gustave, 120.
Francoeur, Jacqueline, 237, 238, 288.
Françoise (Robertine Barry), 13, 142, 143, 274.
Fréchette, Louis, 35, 151.
Gérin-Lajoie, Marie, 199.
Gill, Charles, 142, 203, 286.
Gill, Madame Charles, voir Montreuil, Gaëtane de.
Girouard, Lisette, 48.
Gouin, Lomer, 37.
Groulx, Lionel (Abbé), 23, 150, 215, 220, 221, 222, 229, 238, 287.
Hamel, Charles (Émile-Charles), 235, 288.
Hamel, Réginald, 283.
Hitler, Adolf, 231, 233.
Houde, Camillien, 232.
Hugo, Victor, 152, 194, 206, 255, 281.
Huguenin, Madeleine (née Anne-Marie Gleason), 13, 142, 143, 147, 148, 151,
    153, 160-164, 170, 204, 209, 211, 213, 225, 226, 230, 233, 266, 274.
Jeannotte, Adhémar (Chanoine), 275.
Lacordaire, Henri de, 120.
Lahaise, Robert, 281.
Lamartine, Alphonse de, 120, 255, 281.
Lamontagne, Blanche, 14, 65, 144, 162, 163, 204, 208, 213, 226, 236, 237, 266,
    275.

Lanctôt, Clara, 14, 144, 275.
Laurier, Wilfrid, 33, 37, 53, 202.
Lavigne, Marie, 278.
Lejeune, Philippe, 189.
Lemieux, Denise, 275.
Lemieux, Rodolphe, 33, 35-41, 46, 55, 56, 57, 71, 152, 198, 200, 204, 277.
Lévesque, Albert, 247-250.
Mackenzie King, William Lyon, 238.
Madeleine, voir Huguenin, Madeleine.
Maintenon, Madame de, 133.
Massicotte, Édouard-Zotique, 48, 125, 227, 278.
Mayrand, Oswald, 226, 287.
Mercier, Honoré, 37.
Mercier, Lucie, 275.
Montespan, Madame de, 197.
Montreuil, Gaëtane de (Madame Charles Gill, née Marie-Georgina
    Bélanger), 13, 142, 160, 162, 163, 209, 213, 225, 226, 233, 265, 274.
Musset, Alfred de, 206, 211.
Ouimet, Raphaël, 227.
Papineau, Louis-Joseph, 203.
Pelletier, Antonio, 60, 127, 128, 141, 142, 144, 162, 211, 279.
Pellissier, Georges, 280.
Pinard, Yolande, 279.
Prudhomme, Sully, 255.
Rich, Adrienne, 131.
Rivard, Adjutor, 154, 283.
Roquebrune, Robert de, 276.
Roure, R. du, 121, 122, 150.
Roy, Camille (Abbé), 122, 155, 211, 230, 281.
Roy, Joseph-Hormidas, 162, 163, 284.
Royer, Jean, 14.
Salomé, Lou-Andréas, 265.
Sand, George, 76.
Séguin, Robert-Lionel, 277.
Sévigné, Madame de, 49, 133.
Staël, Madame de, 49
Starobinski, Jean, 64.
Stoddart, Jennifer, 279.
Taschereau, Alexandre, 239.
Valois, Gaëtan, 31, 117, 160, 283.
Valois, Joseph-Eustache, 32, 118, 271, 277.
Valois, Michel-François, 32.

Valois, Narcisse, 32.
Valois, Roger, 31, 160, 280.
Van Roey-Roux, Françoise, 14.
Veuillot, Louis, 281.
Vézina, Medjé, 230, 287.
Woolf, Virginia, 145.

Table des illustrations

PREMIER CAHIER PHOTO

1. Léonise Valois à huit ans. Archives familiales.
2. Portrait de groupe, enfants Valois vers 1885. Archives familiales.
3. Avila Valois, père de Léonise, en 1870. Archives du photographe Notman, Musée McCord.
4. Rodolphe Lemieux en 1903. Archives Nationales du Canada.
5. Carte postale de Vaudreuil. Archives familiales.
6. Maison d'été à Dorion. Archives familiales.
7. Orphélia Valois, sœur de Léonise. Archives familiales.
8. Lettre manuscrite d'Orphélia Valois. Archives familiales.
9. L'Hôtel des postes vers 1910, *La Presse*. Bibliothèque Nationale.
10. Bureau de poste, station "C" en 1966. Photo Robert Warren.
11. Avila Valois vers la fin de sa vie. Archives familiales.
12. Marie-Louise Bourque, mère de Léonise, dans le jardin des sœurs à l'Asile de la Providence. Archives familiales.
13. Photo de groupe, familles Cartier, Gohier, Valois. Deuxième rangée, debout, à gauche, Léonise Valois. Archives familiales.
14. Léonise Valois à la fin de sa vie. Archives familiales.

DEUXIÈME CAHIER PHOTO

15. Groupe des journalistes invités à l'Exposition universelle de Saint-Louis Missourri, *La Patrie,* 1904. De gauche à droite (debout): Mlle K. Hughes, M. Notman, Mlle Dawson, Mlle Gérin-Lajoie, Mme Asselin, Mme Laberge, «Françoise», «Hélène Dumont», M. Ham, Mme Watt, M. Uscher. Rangée du bas: Madeleine, Mlle Plouffe, «Attala», Mlle Graham, Mlle Love, Mme Hayes. Bibliothèque Nationale.

16. Attala en 1900, *Le Monde illustré.* Bibliothèque Nationale.

17. *Le Monde Illustré,* chronique. Bibliothèque Nationale.

18. Vignette «Au coin du feu», *Le Monde illustré.* Bibliothèque Nationale.

19. Page couverture, *Le Journal de Françoise,* 1903. Bibliothèque Nationale.

20. Page couverture, *Le recueil littéraire,* 1889. Bibliothèque Nationale.

21. Page couverture de *Fleurs sauvages* illustrée par Albert Ferland. Archives familiales.

22. Pages couvertures de *Fleurs sauvages* et de *Feuilles tombées.* Archives familiales.

23. Dédicace de Gaëtane de Montreuil, 1916. Archives familiales.

24. «Folie», manuscrit. Archives familiales.

25. Spécimens des signatures d'Atala, Léonise Valois.

Table

Avant-propos 11

Voix de femmes. Introduction 13

PREMIÈRE PARTIE

Enfance et Jeunesse: rites de passages, 1868-1886

1. Enfance 19

    La petite école 19
    Portrait de famille 21
    Marie-Louise et Avila 22
    Le premier cavalier de Léo 22
    Vaudreuil, paysage de velours 23

2. Jeunesse 27

    «Un beau talent» 27
    1er septembre 1882 29
    Vie de famille 31
    Une passion «rouge» 32

3. Rodolphe Lemieux 35

    Le secret 38

DEUXIÈME PARTIE
De Vaudreuil à Montréal, 1886-1900
4. L'ombre du beau tableau 45

    L'ombre 45
    Poésie religieuse 47
    «Aimer!» 48
    Indigence 52
    La mort de son père 54
    Le travail au féminin 55
    Hôtel des postes 55

5. Mélancolie 59

    «La note plaintive» 59
    Le rêve fou 64
    L'héritage du père 67
    Le jardin du père 67

TROISIÈME PARTIE
De l'amour, du mariage, du célibat, 1900-1901
6. «L'Étoile conductrice» 71

    «Canevas en mains» 71
    Écrire sur l'amour 73
    Orphélia 76
    Poèmes inédits 77

7. «Évariste, le brave héros de notre roman» 83

    Notes d'édition 83
    Correspondance intégrale entre Orphélia et Léonise Valois 84

QUATRIÈME PARTIE
La vie littéraire, 1900-1931
8. Le choix d'un pseudonyme 117

    «Marraine» et «Patriote» 117
    Atala 119
    Le nom du père 121

9. *Le Monde illustré*: 1900-1901 125

    Les années «Au coin du feu» 125

    Le «Concours des Dames» 127

    Le féminisme d'«Attala» 127

    Choix de chroniques 131

10. Atala publie 141

    De la chronique au poème 141

    La préparation de *Fleurs sauvages* 143

    «Une chambre à soi» 144

11. Une première femme poète 147

    Fleurs sauvages 147

    Le choix d'un éditeur 151

    La critique 152

    Première femme poète? 153

    La réplique aigre-douce 154

12. Les grands départs 157

    Le vide immense 157

    La guerre 159

    Les années silencieuses 160

13. Les amitiés littéraires 161

CINQUIÈME PARTIE

Une seconde vie, 1929-1935

14. *La Terre de Chez nous*: 1929-1931 167

    À l'ombre du foyer 167

    La petite poste 169

    Une femme sincère 170

    Une attitude «sage et prudente» 174

    À la défense des institutrices 176

15. Le terrible accident 179

    L'événement 179

    La convalescence 182

16. Introduction au *Journal*:1933-1936 187

    Les pages intimes 187

    L'aide-mémoire 188

    L'année 1935 190

17. Pages de *Journal*: 1933 193

18. Le procès: 1932-1933 215

19. *Feuilles tombées*: 1934 219

    Le «rêve littéraire» 219

    Feuilles tombées ou la mort dans l'âme 221

20. «Mon *Journal*»: 1935 225

21. Les poèmes inédits 241

    Notes d'édition 242

22. L'affront 247

SIXIÈME PARTIE

«Je brise ma plume, maintenant, hélas!», 1936

23. La mort d'Atala 253

    La «racine souffrante» 253

    Le *Journal* de 1936, notes d'édition 255

24. Dernières pages du *Journal* de Léonise 257

25. Le souvenir précieux 261

La volonté d'écrire. Postface 265

Chronologie 269

Généalogie 272

Notes 275

Bibliographie 293

Index 305

Tables des illustrations 309

Hectorine Valois
Dorion (Vaudreuil -Station)
Courgral

6 janvier 97

Cet ouvrage composé en Times corps 11
a été achevé d'imprimer
le premier avril mil neuf cent quatre-vingt-treize
sur les presses de l'Imprimerie Gagné
à Louiseville
pour le compte des
Éditions de l'Hexagone.

Imprimé au Québec (Canada)